JN086650

新·基礎からの社会福祉

4

# 障害者福祉

|第4版|

山下幸子/竹端 寛/尾﨑剛志/圓山里子

|著|

ミネルヴァ書房

# 第4版 はじめに

　本書を読んでくださるのは，どのような方だろうか。多くは社会福祉を学ぶ学生だろうか。障害者福祉の現場で働いたり支援を受けたりと，障害者福祉に何らかの形で関わっている方々に，読んでいただけるのもうれしい。

　著者4人の共通点は，地域での暮らしを目指した障害当事者の活動に影響を受け，その重要性を様々なかたちで伝えようとしていることだ。本書にも随所に登場する障害者権利条約は，「私たち抜きに私たちのことを決めないで！」という障害当事者からのスローガンのもと，障害当事者の権利獲得への願いが結実したものである。障害者権利条約は日本の制度を実際に変え，そして今後も条約内容に沿うように，制度や実践のありようを変えていく原動力となることだろう。

　障害者権利条約第19条は障害者の自立について規定するが，この条文についての国連障害者権利委員会による一般的意見第5号には，次のようにある（傍点筆者）。

　　「自立した生活：自立した生活／自立して生活することは，障害のある個人が，自己の人生を選択し，コントロールし，自己の人生に関するあらゆる決定を下せるように，必要な手段をすべて提供されることを意味する。」（パラグラフ16（a））

　自立とは障害者個人の頑張りによるのではなく，自立した生活が障害者の当たり前の権利となるよう，そのための手段を社会が用意しなければならない。「そのための手段」に関わる領域は多様であるが，その1つに社会福祉─障害者福祉がある。

　本書には，障害者福祉の価値・理念，歴史，制度，方法が網羅されている。読んでくださる方々においては，本書の記述を，ただ知識として覚えるためにではなく，障害者の福祉実践，特に障害者の地域生活という権利獲得に向けた手段のために使うという発想をもっていただけるとうれしい。本書は社会福祉士資格取得に向けて有用であることを目指すが，それ以上の意味がある。そう思って，私たちは本書を書いている。

**2024年1月**

著者を代表して　**山下　幸子**

# もくじ　CONTENTS

# CONTENTS

# 第3章　障害者福祉の歴史的展開

# CONTENTS

# 第Ⅱ部　障害者を支える法制度の現状と課題

## 第4章　障害者総合支援法の体系と概要

## 第5章　年齢・障害種別に対応した法律

# CONTENTS

# CONTENTS

# CONTENTS

# 第Ⅲ部　障害者支援とソーシャルワーク

# 第7章　障害分野におけるソーシャルワーク

# 第8章　事例から考える障害者支援の実態

# CONTENTS

# 第 I 部

## 障害者福祉の理念と歴史

# 第1章

---

# 障害者福祉とは何か

**本章で学ぶこと**

- ●ICF はどのような特徴を持っているかについて学ぶ。（第1節）

- ●障害の社会モデルを理解する。（第1節）

- ●優生思想は障害者福祉にどう関係したかを知る。（第2節）

- ●なぜ障害者を支える必要があるのかを考える。（第2節）

- ●障害者の生活実態について学ぶ。（第3節）

# 「障害」の定義をめぐって

## この節のテーマ

● 「障害」のとらえ方について考える。
● 国際生活機能分類（ICF）を学ぶ。
● 障害の社会モデルを理解する。
● 「障害」が障害者個人に及ぼす影響を考える。
● 法律で「障害」を定義することの意味を考える。

## 「障害者」とは誰のことか

　「障害者」とは，どのような人をいうのだろうか。たとえば，歩くことができない人，目が見えない人，耳が聞こえない人，お金の計算や文章の読み書きが苦手でうまくできない人，自分にしか聞こえない人の声が気になる人。そして，そういった心身の状態の制約から，日常生活に支障をきたしている人といったイメージをもつ人もいるだろう。

　また，パラリンピックでの選手の活躍を見て，困難を乗り越えて頑張っている人という印象をもっている人もいるかもしれない。

　あるいは，自身が「障害者」とよばれる特性をもっている人の中には，自己像と他者からのまなざしとの間にズレを感じているかもしれない。

　さて，「障害者」とは，どのような人のことだろうか。

　現在の日本で，障害者をもっとも広く規定している法律は障害者基本法である（第5章第1節）。また，厚生労働省の統計で示される障害者の人数の基準となったり，個々人が社会福祉制度を活用する際の前提になっているものが「身体障害者手

帳」「療育手帳」「精神障害者保健福祉手帳」である（第5章第2節，第3節，第4節）。このような手帳をもっている人のことを障害者ということもできる。

　しかし，法律上の障害者の定義は対象規定（受給資格）に関わるという制約があるため，法制度が成立したその時代状況を色濃く反映しており，さらに新たに対応すべき社会問題が生じた場合においても既存の法制度を修正拡大することで対応してきた経過もあり，何をもって「障害者」とするのか整合性のある説明ができない面がある。

## 「障害」とはどのような状態か

　「障害」を理解する枠組みとして，現在，保健福祉医療分野では国際生活機能分類（以下，ICFとする）が広く活用されている（図1-1）。ICF は，「障害」といった否定的なイメージではなく生活機能という中立的な用語を用い，その生活機能を質的に異なる諸要素に区分し，諸要素が関連した結果として生じたある「状態」としてとらえる。これは，その人がどのような健康状態にあるのかを示したものとされ，障害者のみならず，すべて

の人々に活用される。

　ICF では，生活機能を「**心身機能・身体構造**」「**活動**」「**参加**」という３つのレベルとし，各次元での制限・制約を検討する。そして，生活機能に影響するものとして「**環境因子**」と「**個人因子**」をモデルの中に加えた。障害とは，これらの各要素の相互作用の結果，生じるものであるととらえる。したがって，ICF は障害の相互作用モデルとして理解されている。

　ICF は，障害者の支援に関わる多領域の人々の間で個人の「障害」状況の共通認識を形成する。そのため，援助の目標や方向性を共有し，それぞれの専門性を効果的に発揮した援助を展開することができる。

　また，障害者の日常生活を支え，社会生活を広げる支援をするためにも，様々な障害の特性の理解も大切である（第８章）。たとえば，車いす利用者が目の前にいたとして，完全に歩くことができないのか，短い距離ならば伝い歩きができるのか，あるいは，足の感覚があるのかないのか，座

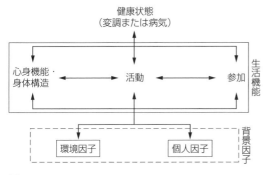

図1-1
ICF の構成要素間の相互作用

っている姿勢が崩れた時に自分で姿勢をなおすことができるのかできないのか，それらは各々の障害の特性や程度によって異なる。その障害者にとって適切な援助を行うためにも，また知識不足を原因とした不適切な対応やひいては虐待をしないためにも，障害特性の知識や理解は必要不可欠である。

　しかし，様々な障害特性の知識が増えても，また，ICF を活用して個人の「障害」の状態とその要因を説明することができても，この社会において，なぜ「障害」が発生しているかを説明することができない。その意味で，ICF は障害の個人モデルなのである。

　そこで登場してきたのが障害の「**社会モデル**」である。

## 障害の社会モデル

　たとえば，次のような二つの状況を考えてみよう。

　手話で楽しそうに歓談している５人がいる。この集団の一人は音を聞くことができるが手話がわからない。そのため，他の４人が会話している内容を把握せずにその場にいるだけだった。はたして何が「障害」で，誰が障害者なのだろうか。

　もう一つの例を考えてみる。[4]自分の足で歩行が可能なＡさんと，車いすを利用して移動をしているＢさんがいる。ＡさんとＢさんは，建物の１階から２階へ移動したい。建物に，①階段があればＡさんは移動ができるがＢさんは移動ができない，②エレベーターがあればＡさんもＢさんも移

動できる，③階段もなく２階の床に穴があいているだけだとしたらＡさんもＢさんも移動ができない。さて，①②③ではいったい何が異なっているのだろうか。

　１つ目の例は，コミュニケーション手段が異なることによって少数派に「障害」が生じていることを示している。すなわち，音が聞こえるかどうかという心身機能・構造によってコミュニケーションの「障害」が生じているのではなく，多数派が使っている言語が理解できないために会話がわからないという「障害」が少数派に生じている。

　２つ目の例は，配慮が平等ではないことを示している。高い場所への移動に関して，①ではＡさんだけに配慮されており，②ではＡさんとＢさんの両方に配慮があるが，③ではＡさんにもＢさんにも配慮されていない。配慮の平等という観点からみれば，高い場所への移動に関してどちらにも配慮をしていないという意味で③は平等である。なぜ，①の配慮は当然とされるのに，②は特別な配慮とみなされがちなのだろうか。

　この二つの例から，何かを達成するために採用される手段や方法は社会によって変動すること，そして人々に対する配慮は平等に配分されていないことがわかる。つまり，「障害」は社会によって生み出される側面がある。とすれば，社会のあり方を変えること，社会の側の変革こそが，「障害」を解消するために必要だといえる。

　このように，社会が「障害」を生み出すという理解を障害の**社会モデル**という。障害の社会モデルは障害学の基本概念であり，障害者運動による

異議申し立ての主張から生み出された認識枠組みである。社会モデルにおいては「障害」を，身体的制約である「**インペアメント（impairment）**」と，社会によってつくられた障壁や差別である「**ディスアビリティ（disability）**」とに区別する。障害者とは，障害（インペアメント）があるために活動に制限がある人ではなく，社会によって無力化されている人（disabled people）なのである。

## ■ 社会モデルにもとづく個別化

　このような障害の社会モデルは，障害者の権利に関する条約（以下，**障害者権利条約**）の制定過程においても大きな役割を果たしてきた。

　とはいえ，「障害」がある／「障害者」にさせられている人の，今まさに困っている状態をないがしろにはできない。困っている人は，「障害」があることを要因とした困難が積み重なった結果として，固有の心身をもった生活のしづらさに直面しているからだ。

　星加良司は，社会モデルの意義を踏まえた上で，「障害」つまり「ディスアビリティとは，不利益が特有な形式で個人に集中的に経験される現象である」と整理した。多様なコミュニケーション手段の保障や，アクセスしやすい公共交通機関等を整備することは，「障害」にかかわらず誰もが暮らしやすい社会のあり方に求められることだろう。しかし，障害者にとっては現に様々な場面での不利益が重なり，「社会生活全般にわたって，また人生の多くの期間を通じて様々な不利益を集中的に経験することそのものが，深刻なディス

アビリティとして経験されている」。[(7)]

　また，テレジア・デグナーは，社会モデルは個々人の「障害」経験を軽視しているという社会モデルへの批判について言及し，障害者権利条約制定過程における社会モデルの貢献を評価しつつ，障害者権利条約の実現を推進する基礎としての価値観や方針（ポリシー）を提供する**人権モデル**を提唱している。[(8)] 人権モデルは，人間としての固有の尊厳に焦点をあて，なんらかの機能障害があったり援助を必要としているとしても，すべての人には無条件の権利として人権があることに価値をおいている。

　個々人の「障害」経験については，「障害」に潜んでいる否定的な価値の問題もある（第1章第2節参照）。これはなかなか厄介な問題で，「障害」がある人の自己イメージにも影響を与える。横塚晃一は，障害者自身も「健全者は正しくよいものであり，障害者の存在は間違いなのだからたとえ一歩でも健全者に近づきたい」と思い，「自分の障害者としての立場はどこかへおき忘れ，健全者になったつもりの言葉が口からとびだす」ような意識構造を健全者幻想とよんだ。[(9)]

　このような健全者幻想から脱却する戦略としては，一つには障害者本人が自信をとりもどすこと，もう一つは「障害」に対して積極的な意味・価値を見出すことがあげられる。自分は無力な存在ではないと自信を取り戻すためには，たとえば，**ピア・カウンセリング**◆1の取り組み等がある。だが，障害者本人が自分を無力な存在ではないと考えていたとしても，周囲からのまなざしが否定的なままであれば，そのズレに居心地の悪さを感じて

◆1　ピア・カウンセリング
33頁参照。

| 必ず覚える用語 |
| --- |

- ☐ 障害者
- ☐ 障害者権利条約
- ☐ 国際生活機能分類（ICF）
- ☐ 心身機能・構造
- ☐ 活動
- ☐ 参加
- ☐ 環境因子
- ☐ 個人因子
- ☐ 社会モデル
- ☐ インペアメント
- ☐ ディスアビリティ

**Check**

**障害者基本法に関する次の記述の正誤を答えなさい。**

　社会モデルを踏まえた障害者の定義は，国際障害者年に向けた取組の一環として導入された。

(答)×：社会モデルを踏まえた障害の定義は，障害者権利条約において示された。
(第34回社会福祉士国家試験問題61より)

しまうだろう。このようなズレを解消するために
は，「障害」に対する否定的な見方を転換する価
値観の変更が社会の側に迫られている。

さらに，個々人の「障害」経験に注目すること
で改めて浮き彫りになってくる問題が**インター
セクショナリティ**（交差性）である[10]。インターセ
クショナリティとは，障害，性別，人種，セクシ
ョナリティ等の異なるカテゴリーが相互に交わ
り人々の経験を形づくっていることを示す分析
枠組みである。たとえば，障害女性が経験してい
る差別の現状は，「障害」の視点からは女性の経
験が，逆に女性の視点からは「障害」の経験が，
それぞれ軽視あるいは無視されてしまう。しかし，
障害女性の経験は，障害と女性のそれぞれの経験
がかけあわされ交わって生じている現実なので
ある。このようなインターセクショナリティ（交
差性）に着目することで，たとえば，障害の社会
モデルやフェミニズムが，他のマイノリティを排
除していたのではないかと批判的に検討するこ
とができる。

## ■「障害」から社会を考える

前項では，障害の社会モデルの限界や社会モデ
ルへの批判を紹介してきた。では，もはや障害の
社会モデルは賞味期限切れなのだろうか。

私たちの社会は残念ながら，「障害」のある人
たちにとって暮らしやすい社会ではなく，暮らし
にくさが障害者を排除している社会でもある。し
たがって，障害の社会モデルは依然として有力な
認識枠組みである。

むしろ，社会モデルの適切な理解が，今，求め
られている。日本における障害者権利条約の批准
に先立ち成立した障害者基本法改正法で障害者
の定義に社会モデルの考え方として「社会的障
壁」が盛り込まれ，障害者差別解消法においては
**合理的配慮**の提供義務が規定された。そのような
状況にあって，社会モデルの言葉自体は以前より
も知られるようになってきた。しかし，星加らは，
「障害」を解消する手段の社会性や「障害」を解
消する責任は社会の責務であるといった実践論
のみが強調され，障害の社会モデルの本質である
「障害発生の認識論」，すなわち，障害は社会的障
壁から生じているという視点が軽視された結果，
やや歪んだ社会モデルの用法が流布し，障害の個
人モデルの温存や障害者個人の負担の強化を引
き起こしかねないことに対して警鐘をならして
いる[11]。

障害の社会モデルを歪めないためには，障害の
社会モデルは，「障害」を理解することのみなら
ず，私たちのこの「社会」の偏りを考える道具で
もあることに気づく必要がある。社会モデルの説
明をする際に，「建物の1階から2階へ移動する」
例をあげ，高いところへの移動に関して配慮が平
等になされていないことを指摘した。これはつま
り，階段を歩くことができるというマジョリティ
にしか配慮されていない社会においては，そのよ
うなマジョリティは何ら心配することなく無意
識・無自覚に移動ができるという**「特権」**を有し
ていることを示している。ここでいう特権とは[12]，
権力も含めて，マジョリティ側の社会集団に属し
ていることで，労なくして得ることのできる優位

性のことである。つまり，合理的配慮が特権なのではなく，特別に合理的配慮といわなくても自動的に受けることができる恩恵が既に社会に多々あることが特権なのである。かつて，青い芝の会は，闘争に「ふれあい」とふりがなをふり，障害者と健全者が衝突を避けることを拒み，健全者やこの社会がもつ差別性を鋭く問うてきた[13]。知らず知らずに有している特権に気づくことが，この社会のあり方を考えることにつながるのである。

　特権に気づくことは自らの内面にある差別性と対面することでもあり，しんどいことではある。しかし，考えてみてほしい。「障害」を含めた多様な人々が存在し，どのような状態であっても個人の尊厳が保持されて暮らしている社会は，マジョリティにのみ配慮され単一の価値観で塗られている社会よりも面白いではないか。暮らしにくさを生じさせている社会的障壁をどのように崩していこうかと考えて，その社会的障壁すなわち「障害」をなくすために活動することは，苦労も多いが楽しいことでもある。

　「障害」や障害者福祉を学ぶことを通して，面白く，楽しく，あなたも私も暮らすことができるような社会をつくるために行動していこう。

注

(1)　荒井裕樹（2022）『障害者ってだれのこと？――「わからない」からはじめよう』平凡社。
(2)　藤井渉（2017）『障害とは何か――戦力ならざる者の戦争と福祉』法律文化社。
(3)　障害者福祉研究会（2002）『ICF 国際生活機能分類――国際障害分類改定版』中央法規出版。
(4)　倉本智明（2006）『だれか，ふつうを教えてくれ！』理論社（よりみちパン！セ）復刻，2012年，イースト・プレス。
(5)　石川准（2004）『見えないものと見えるもの――社交とアシストの障害学』医学書院。
(6)　星加良司（2007）『障害とは何か――ディスアビリティの社会理論に向けて』生活書院，194-195頁。
(7)　同前書，194頁。
(8)　テレジア・デグナー　佐藤久夫仮訳（2014）「障害の人権モデル」（https://www.dinf.ne.jp/doc/japanese/rights/rightafter/a_human_rights_model_of_disability_article_December_2014.pdf）。
(9)　横塚晃一（2010）『母よ！　殺すな　第2版』生活書院，（初版1981年），64頁。
(10)　市川ヴィヴェカ（2022）「なぜ今インターセクショナリティなのか？――アイデンティティの交差性が照らし出す社会福祉実践の光と影」『季刊福祉労働』172，10-21頁。
(11)　飯野由里子・星加良司・西倉実季（2022）『「社会」を扱う新たなモード――「障害の社会モデル」の使い方』生活書院。
(12)　ダイアン・J・グッドマン／出口真紀子監訳，田辺希久子ほか訳（2017）『真のダイバーシティをめざして――特権に無自覚なマジョリティのための社会的公正教育』上智大学出版。
(13)　荒井裕樹対談集（2019）『どうして，もっと怒らないの？―生きづらい「いま」を生き延びる術は障害者運動が教えてくれる』現代書館，28頁。

# なぜ障害者を支える必要があるのか

第2節

## この節のテーマ

- ●優生思想はどのような悲劇を生み出したかを知る。
- ●わが国の優生保護法にはどのような問題点があったかを知る。
- ●「科学の知」と「臨床の知」の違いについて学ぶ。
- ●「支配」と「支援」の違いについて学ぶ。
- ●なぜ障害者を支える必要があるのかを考える。

### 障害者安楽死「政策」

なぜ、障害者を支える必要があるのか。

あなたなら、この問いにどう答えるだろうか。以下の文章を読む前に、自分なりに答えを考えてみてほしい。どういう答えが思い浮かんだだろうか？

「支援が必要とされているから」「かわいそうだから」「法律で定められているから」……。

色々な答えが浮かぶと思う。だが、たとえば上の3つの答えと真っ向から異なることを、思想にとどまらず国家政策にした国もある。それは、優生思想政策を進めたナチスドイツである。

**優生思想**とは遺伝的に優良とされるものを保存し、劣等な遺伝子の淘汰を考えた優生学に基づく思想であり、ダーウィンの生物学的進化論の考えを社会政策に持ち込んだ社会的ダーウィニズムの考え方だと言われている。だが、本来誰が「優良」な人間で、誰が「不良」な人間か、は遺伝子だけでは決まらない。そもそもある社会で「優良」と見なされる行為は、別の社会では「不良」とされるかもしれない。また、その人の生育歴や生活環境で、どのような人生を歩むか、は変

わってくる。それに「優良」とか「不良」というラベルを貼るのは、**ラベリング**[1]の一種であり、あくまでも一つの「価値判断」である。

だが、この優生思想が「遺伝」という科学的な材料と結合した時、ラベリングを超えた恐ろしい政策へと「発展」してしまう。それが、障害者安楽死「政策」である。

ナチスドイツでは、T4作戦という障害者を安楽死させる「政策」を行っていた。その中で、遺伝病だけでなく、精神障害や知的障害をもつ障害者を劣った人間であると断定し、子孫を産まないようにする強制不妊手術や、ガス室に送り込んで安楽死させる「政策」を進めた。その犠牲者は10万人とも言われ、この作戦が後のユダヤ人「絶滅収容所」にもつながった、と言われている。

だが、このような思想や政策は、決して過去の、異国の話にとどまらない。

### 価値前提への問いかけ

日本では1996年まで存在した**優生保護法**[2]の下で多くの障害者が強制不妊手術を受けさせられた。現在では法に基づく**強制不妊手術**[3]はなくなったが、妊婦の出生前診断、選択的人工妊娠中絶な

10 | 第Ⅰ部 障害者福祉の理念と歴史

どで争点となるのは,「わが子が遺伝疾患やダウン症などの障害を持って生まれる可能性が高いとわかっていて,出産するかどうか」という問題である。ではなぜ,これが問題となるのか。

その理由として,「障害を持って生まれてくるのは不幸だから」という価値前提がある。視覚と聴覚の双方に障害をもつ**ヘレン・ケラー**はかつて,「障害は不便です。でも,不幸ではありません」と述べた。だが,現在の日本社会でも「障害は不便ではなく不幸である」という価値前提がある。第2章で述べる障害者の自立生活運動が戦ってきたもの,あるいは障害の社会モデルで問いかけたものは,「障害は不幸か？」という問いであった。そして,日本の障害者たちは「母よ！殺すな」と訴え続け,障害がある人の地域自立生活を求めた運動を展開してきた。

この問題を,もう一段深く掘り下げてみると,次の問いに行き着く。なぜ「障害」が「不幸」という価値に結びつくのか,という問いである。それは,現在の日本社会が何を「幸せ」と定義しているのか,ということと結びつく問いである。

個々人の「幸せ」について,一つの答えがあるわけではもちろんない。だが,グローバライゼーションの進む資本主義社会の中にあって,「お金を沢山持っていること」や,「○○ができること」という,拝金主義や能力主義,生産性至上主義が,強くこの社会の価値前提に結びついている。一言で言えば,経済的効率を優先する社会である。そして,経済的効率を最優先するならば,その効率の枠組みから脱落する人は,障害者だけでなく,ホームレスや認知症高齢者,社会的ひきこもりの

**◆1　ラベリング**

もともとは,ラベルを貼る,という意味。そこから社会学では,「逸脱の中核にあるのは,社会によって逸脱というラベルが貼られることがあるとする見方」(現代社会学事典)とするラベリング理論が生まれた。社会が障害を,「劣っている」とラベリングすることで,障害者は劣った存在であるという認識が生まれ,そこから社会的排除が生まれる,ともいえる。

**◆2　優生保護法**

1948年に制定された法律であり,その第1条では「この法律は,優生上の見地から不良な子孫の出生を防止するとともに,母性の生命健康を保護することを目的とする」と書かれている。この「不良な子孫の出生を防止する」ために,国はガイドラインの中で,障害者を時にだましてでも強制不妊手術をさせてよい,と指導し,優生手術が行われていた。1996年,優生的条項を全て削除し,母体保護法と名前も改められた。

## Check

**次の文の正誤を答えなさい。**

「ラベリング理論」では,特定の行為を逸脱と定義することが逸脱の生成要因であると考える。

(答) ○
(第21回社会福祉士国家試験問題59より)

若者なども，社会の隅に追いやられる。この経済的効率を徹底的に突き詰めると，「非効率な人間の排除」というナチスドイツの障害者安楽死「政策」と同じ思想に行き着いてしまう。これは，何が正しいか，ではなく，どのような価値観に基づいて生きるのか，という価値前提を巡る問いである。

## 「科学の知」と「臨床の知」

優生思想という考え方は，科学的な知識は正しい，という「科学の知」の延長線上にある。また，経済的効率の優先とは，経済学という「科学の知」を絶対化している。そして，第 2 次世界大戦以後の日本社会も，この「科学の知」を最優先にする社会であった。

この「科学の知」に対して，「**臨床の知**」という考え方がある。哲学者の中村雄二郎はこの二つの知の違いを，次のように述べている。

> 「科学の知は，抽象的な普遍性によって，分析的に因果律に従う現実にかかわり，それを操作的に対象化するが，それに対して，臨床の知は，個々の場合や場所を重視して深層の現実にかかわり，世界や他者がわれわれに示す隠された意味を相互作用のうちに読み取り，捉える働きをする。」[1]

障害者は健常者に比べて生産性が低いから，劣った存在である，という価値観。これは，「○○ができない」という「結果」を障害者という「原因」と「因果律」で「分析的」に結びつけようとする「科学の知」に基づく価値前提である。一方

で，「臨床の知」とは，誰が劣り，誰が優れているか，を普遍的に決められない，という価値前提である。個々の障害者がどのような場所で暮らしているのか。その場面や状況，あるいは支援者との相互作用の中で，その人の可能性が開かれることも，あるいは閉ざされる事もありうる，という価値前提である。そして，障害者支援だけでなく，高齢者や児童支援でも，あるいは学校教育でも，対人直接支援とは，誰がやっても同じという意味での標準化や普遍化ができる「科学の知」ではなく，他でもない支援者のあなたと，支援される私の出会いという相互作用の関係性の中から生まれる「臨床の知」である。両者の出会い方や，双方の状況，どういう場所で出会うか，などによって，その相互作用は変容するものである。

「なぜ障害者を支える必要があるのか？」

「科学の知」なら，それに対して，「○○障害だから」「○○病だから」，障害支援区分 6 だから，といった，「客観的な指標」を答えとして出すであろう。だが，「臨床の知」ならば，こう答えるだろう。

「そこに，支援を求める人がいるから」と。

すると，最後に考えなければならないのは，支援とは何かという問いである。

## 「支配」と「支援」

**支援**とは何か。これを考えるために，支援と一字違いの，でも支援とは対極にある「**支配**」について考える必要がある。『広辞苑』では，二つの言葉をこう定義している。

「支配：ある者が自分の意思・命令で他の人の思考・行為に規定・束縛を加えること。そのものの在り方を左右するほどの，強い影響力を持つこと。

支援：ささえ助けること。援助すること。」

「支配」と「支援」の違い，それは一方的な「反一対話的関係」か，双方向の「対話的関係」か，の違いである。「支配」関係であれば，一方が他方に圧倒的な影響力を持ち，支配される側は普通反論できない。一方，支配と違う支援とは，そのような一方通行ではなく，双方向性の中での「対話」が求められる。

先に「臨床の知」とは，「個々の場合や場所」における「相互作用」だ，と述べた。「支え助ける」という関係性をもつ中で，相互に作用し，話し合いながら，関わり合う。そのような支援関係から，支える側も支えられる側も，変わりうる関係。それが，支援現場という「臨床」の現場で行われていることである。あなたも，そんな現場に関わる事になるだろう。

そこで大事なのは，「ささえ助ける」という現場で，あなたは「支配者」か「支援者」のどちらの役割を担うか，という問いである。支援する側は，支援される側を「支配」することも不可能ではない。そしてこの「支配」関係は，「非効率な人間の排除」という価値前提とも地続きである。専門性や科学的知識を振りかざして，当事者や保護者，関係者を支配・排除する立ち位置に立つことも，不可能ではない。

だが，支援関係，とは，そのような専門性や科学的知識を，支配ではなく，対話のために用いる関係である。障害のある人の思いや願い，本音を聞く。その上で，どうしたらそれが実現できるか，を共に考え，試行錯誤しながら共に探していく関係。そのような関係の中で，支援という専門性を用いることができれば，あなたと当事者の間に，支配関係ではなく支援関係が生まれる。

支援関係に「これをやれば正解」という唯一の答えはない。その現場の，あなたが向き合う障害当事者と一緒に作り上げていくしかない。それと同じように「なぜ障害者を支える必要があるのか」という問いには，唯一の答えはない。答えは，支援者であるあなたと，支援を受ける障害当事者が，臨床の現場で，一緒に考えながら，かかわり合う中で，作り上げていくしかない。つまり，この問いは，「唯一の正解」のない問いなのだ。

3

◆3　強制不妊手術
2019年4月，旧優生保護法下で行われた障害者に対する強制不妊手術に関して，その被害者に「おわび」すると共に，一時金320万円を支給する救済法が議員立法で成立した。2018年に被害者が国に損害賠償を求めた訴訟をおこしたことがきっかけになり，与野党で調査を行い，立法化および首相による反省とおわびの談話を発表した。

注　　(1) 中村雄二郎（1992）『臨床の知とは何か』岩波新書，135頁。

第 **3** 節

# 障害者の生活実態・社会環境

○ この節のテーマ

- 在宅と施設別にみる身体・知的・精神障害者の総数について学ぶ。
- 年齢階層別にみる障害者の実態について学ぶ。
- 障害者の居住や就学・就労等の状況について学ぶ。
- 障害者の福祉サービスの利用希望状況について学ぶ。
- 各種調査から障害者を取り巻く社会環境について学ぶ。

## 障害者数

　この節では，厚生労働省による「平成28年**生活のしづらさなどに関する調査**◆1」等の実態調査に基づき，障害者の生活実態について述べていく。

　近年の障害者数は**図1-2**の通りである。総数をみれば身体障害児・者，精神障害者数が多いのだが，施設入所者数をみたとき，知的障害者においてはその割合が他障害に比べて極めて高いことがわかる。障害者の**地域移行**は近年の重要な障害福祉政策課題となっている。社会的な必要に迫られての障害者の施設入所，入院を，障害者の意思に沿いつつ，いかに減らしていくことができるかが，政策上および実践上の課題となっている。

## 年齢階層別にみる障害者の実態

　2016（平成28）年現在，65歳以上の在宅の**身体障害者**◆2の割合は74.0％であり，多くが高齢者であることが**図1-3**から読み取れる。1970（昭和45）年からの推移をみれば，**高齢化**の影響が強く表れていることがわかる。

　**図1-4**をみると，在宅の知的障害者においては

2016（平成28）年現在，18～64歳までが60.3％であり，65歳以上は15.5％となっている。身体障害と比べると知的障害者の65歳以上人口は少ないが，2011（平成23）年の調査結果からは，65歳以上の知的障害者数は増えている。外来の精神障害者では2020（令和2）年現在，64歳未満が約380万9,000人，65歳以上が約205万6,000人である（**図1-5**）。

## 障害者の居住状況

　「平成28年生活のしづらさなどに関する調査」に基づき居住の状況を障害別にみると，身体障害者手帳所持者では「自身の持ち家」に住んでいる割合が他の居住形態より高いのに比べ，**療育手帳**◆3所持者や精神障害者保健福祉手帳所持者では，家族の持ち家で暮らしている割合が高い。65歳未満の療育手帳所持者の53.9％，65歳未満の精神障害者保健福祉手帳所持者の42.8％が，家族の持ち家で暮らしている。

　同じく「平成28年生活のしづらさなどに関する調査」で同居者の状況をみると，65歳未満で親と同居しているのは，身体障害者手帳所持者で48.6％，療育手帳所持者で92.0％，精神障害者保

（在宅・施設別）

障害者総数 1160.2 万人（人口の約 9.2%）
うち在宅 1111.0 万人（95.8%）
うち施設入所 49.3 万人（4.2%）

| 身体障害者（児）436.0 万人 | 知的障害者（児）109.4 万人 | 精神障害者 614.8 万人 |
|---|---|---|
| 在宅身体障害者（児）428.7 万人（98.3%） | 在宅知的障害者（児）96.2 万人（87.9%） | 在宅精神障害者 586.1 万人（95.3%） |
| 施設入所身体障害者（児）7.3 万人（1.7%） | 施設入所知的障害者（児）13.2 万人（12.1%） | 入院精神障害者 28.8 万人（4.7%） |

（年齢別）

65 歳未満　51%
65 歳以上　49%

| 身体障害者（児）419.3 万人 | 知的障害者（児）94.3 万人 | 精神障害者 614.5 万人 |
|---|---|---|
| 65 歳未満の者（26%） | 65 歳未満の者（84%） | 65 歳未満の者（64%） |
| 65 歳以上の者（74%） | 65 歳以上の者（16%） | 65 歳以上の者（36%） |

**図1-2**

**障害者数**

注：(1)在宅身体障害者（児）及び在宅知的障害者（児）は，障害者手帳所持者数の推計。障害者手帳非所持で，自立支援給付等（精神通院医療を除く。）を受けている者は19.4万人と推計されるが，障害種別が不明のため，上記には含まれていない。

(2)在宅身体障害者（児）及び在宅知的障害者（児）は鳥取県倉吉市を除いた数値である。

(3)施設入所身体障害者（児）及び施設入所知的障害者（児）には高齢者施設に入所している者は含まれていない。

(4)年齢別の身体障害者（児）及び知的障害者（児）数は在宅者数（年齢不詳を除く）で算出し，精神障害者数は在宅及び施設入所者数（いずれも年齢不詳を除く）で算出。

(5)複数の障害種別に該当する者の重複があることから，障害者の総数は粗い推計である。

(6)令和２年から患者調査の総患者数の推計方法を変更している。具体的には，再来外来患者数の推計に用いる平均診療間隔の算出において，前回診療日から調査日までの算定対象の上限を変更している（平成29年までは31日以上を除外していたが，令和２年からは99日以上を除外して算出）。

資料：在宅身体障害者（児）及び在宅知的障害者（児）：厚生労働省「生活のしづらさなどに関する調査」（平成28年），施設入所身体障害者（児）及び施設入所知的障害者（児）：厚生労働省「社会福祉施設等調査」（平成30年）等，在宅精神障害者及び入院精神障害者：厚生労働省「患者調査」（令和２年）より厚生労働省社会・援護局障害保健福祉部で作成。

出所：障害福祉サービス等報酬改定検討チーム（2023）「第28回資料１」３頁（https://www.mhlw.go.jp/content/12401000/001098279.pdf，2023年７月24日閲覧）。

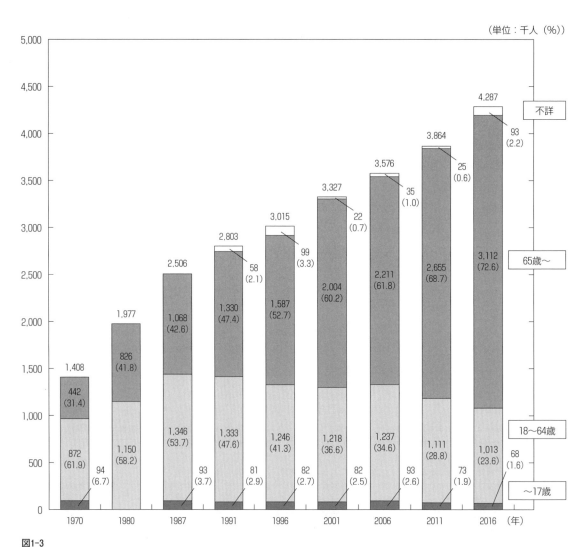

（単位：千人（％））

図1-3
年齢階層別障害者数の推移（身体障害児・者（在宅））
注：(1)1980年は身体障害児（0〜17歳）に係る調査を行っていない。
　　(2)四捨五入で人数を出しているため，合計が一致しない場合がある。
資料：厚生労働省「身体障害児・者実態調査」（〜2006年），厚生労働省「生活のしづらさなどに関する調査」（2011・2016年）。
出所：内閣府（2023）『令和5年版障害者白書』222頁。

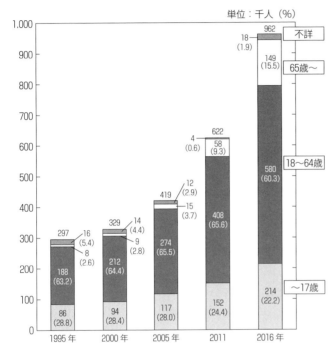

単位：千人（％）

図1-4
**年齢階層層別障害者数の推移（知的障害児・者（在宅））**
注：四捨五入で人数を出しているため，合計が一致しない場合がある。
資料：厚生労働省「知的障害児（者）基礎調査」（～2005年），厚生労働省「生活のしづらさなどに関する調査」（2011・2016年）。
出所：内閣府（2023）『令和5年版障害者白書』223頁。

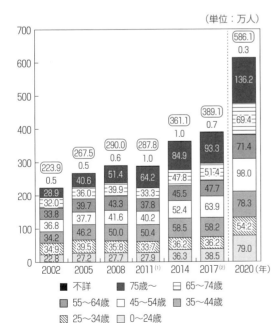

（単位：万人）

図1-5
**年齢階層層別障害者数の推移（精神障害者・外来）**
注：(1)2011年の調査では宮城県の一部と福島県を除いている。
　　(2)2020年から総患者数の推計方法を変更している。具体的には，外来患者数の推計に用いる平均診療間隔の算出において，前回診療日から調査日までの算定対象の上限を変更している（2017年までは31日以上を除外していたが，2020年からは99日以上を除外して算出）。
　　(3)四捨五入で人数を出しているため，合計が一致しない場合がある。
資料：厚生労働省「患者調査」（2020年）より厚生労働省社会・援護局障害保健福祉部で作成。
出所：内閣府（2023）『令和5年版障害者白書』224頁。

健福祉手帳所持者で67.8%である。近年，障害者の**親なき後**の支援の必要が指摘されている。この調査結果をみても，親の持ち家で，親と同居しながら暮らす障害者の割合の高さは，日々の支援や介護を親に依存している状況にあることを予測させるものである。これに関連して，障害者の**きょうだいへの支援**が障害者福祉の重要な論点となっている。きょうだいが自らの人生を歩めるとともに家族全体の支援が行われることを目指し，当事者組織の活動の促進や，きょうだい支援に関する普及啓発が行われる必要がある。

## 就学・就労の状況

文部科学省によると，2022（令和4）年5月1日現在での義務教育段階での全児童生徒数のうち，**特別支援学校**◆4に通う児童生徒は約8万2,000人（全体の0.9%）で2012（平成24）年と比較して2.0倍増，小学校・中学校の特別支援学級に在籍する児童生徒は約35万3,000人（全体の3.7%）で，2012（平成24）年比で2.1倍増となっている。小学校・中学校の通常学級から通級による指導を受けている児童生徒は約18万2,000人（全体の1.9%）で，2012年比で2.5倍である。義務教育段階の児童生徒数は減少傾向なのに対し，特別支援教育を受ける児童生徒は増加傾向にある。

就労状況をみると，2022（令和4）年現在，民間企業での障害者の実雇用率は2.25%，雇用されている障害者数は61万3,958人である。この数値は毎年上がっている。しかし，障害者雇用促進法で定める**法定雇用率**◆5達成にはまだ至っていない

現状がある。2022（令和4）年6月1日現在の法定雇用率達成割合は，民間企業で48.3%，国の機関で10.0%，都道府県の機関で93.3%，市町村の機関で75.0%，都道府県等教育委員会で61.1%となっている。

## 福祉サービスの利用希望の状況

「平成28年生活のしづらさなどに関する調査」によると，障害者の生活のしづらさの頻度は，「毎日」と回答している障害者の割合が最も多く，65歳未満で35.9%，65歳以上で42.8%がそのように回答している。一方，福祉サービスの利用希望の状況（**表1-1・2**）をみると，障害者手帳所持者のすべてにおいて，福祉サービスを「利用していない」と答えている割合が他に比べて最も高い。もっとも，「生活のしづらさ」は**介護需要**と直接結びつくわけではない。ただ，「福祉サービスを利用していない」と答えるのには福祉サービス受給へのスティグマが関連しているのかもしれず，この関係を考えていくことが必要であろう。

## 障害者の芸術・スポーツ

障害者の芸術に関しては，2018（平成30）年に，「障害者による文化芸術活動の推進に関する法律」が公布・施行されている。この法律の目的は，「障害者による文化芸術活動の推進に関する施策を総合的かつ計画的に推進し，もって文化芸術活動を通じた障害者の個性と能力の発揮及び社会参加の促進を図ること」である（第1条）。

株式会社ニッセイ基礎研究所が2020（令和2）年に実施した「全国の障害者による文化芸術活動の実態把握に資する基礎調査」をみる。文化芸術活動に興味関心があると回答した障害当事者は，88.1％にのぼる。一方，この調査では障害福祉サービスの事業所も対象としており，利用者に文化芸術活動に興味関心があると思うかを問うたところ，「興味や関心があると思う」は60.6％，「わからない（利用者と話したことがない・考えたことがない）」は21.3％という結果であった。ここから，障害当事者と事業所職員との間の認識の相違がうかがわれるほか，障害者が芸術にふれる機会を，今後さらに考えていく必要がある。<sup>(4)</sup>

スポーツについては，東京都が2022（令和4）年に行った「障害者のスポーツに関する意識調査」をみる。調査対象となった障害者の約半数（47.1％）がスポーツや運動に関心がないという結果が出ている。この背景には障害の程度も関係するだろうが，東京都は必要な支援についても調査しており，その結果から会場までの送迎や適切な指導者の不足の状況がうかがえる。<sup>(5)</sup>

## ▌障害者虐待

障害者虐待の防止，障害者の養護者に対する支援等に関する法律については，第6章第1節にあるので参照されたい。この法律では，養護者による虐待，障害者福祉施設従事者等による虐待，使用者による虐待を扱い，類型として身体的虐待，性的虐待，心理的虐待，放棄・放置，経済的虐待を扱う。近年の障害者虐待の実態を**表1-2**に示す。

**◆1　生活のしづらさなどに関する調査**
在宅の障害児・者等の生活実態とニーズ把握を目的に厚生労働省が5年に1回行う調査のことである。これまでの身体障害児・者実態調査及び知的障害児（者）基礎調査を拡大・統合して実施している。

**◆2　身体障害者**
身体障害者福祉法別表「身体障害者障害程度等級表」によると，身体障害の種類には，視覚障害，聴覚又は平衡機能の障害，音声機能・言語機能又はそしゃく機能の障害，肢体不自由，じん臓若しくは呼吸器又はぼうこう若しくは直腸，小腸，ヒト免疫不全ウイルスによる免疫若しくは肝臓機能の障害（内部障害と称する）に分かれる。このうち，「平成28年生活のしづらさなどに関する調査」によると，在宅の身体障害者のうち肢体不自由者が最も多く，次いで内部障害者が多い。

**◆3　療育手帳**
児童相談所または知的障害者更生相談所において，知的障害であると判定された者に交付される手帳である。

**◆4　特別支援学校**
学校教育法第72条によると，特別支援学校は，視覚障害，聴覚障害，知的障害，肢体不自由，または病弱（身体虚弱を含む）のある児童生徒に対して，幼稚園，小学校，中学校または高等学校に準ずる教育を施すとともに，障害による学習上または生活上の困難を克服し自立を図るために必要な知識技能を授けることを目的としている。

**◆5　法定雇用率**
障害者雇用促進法に基づき，法定雇用率によって計算される法定雇用障害者数以上の障害者を雇用しなければならない。2023年現在の法定雇用率は，民間企業で2.3%，国・地方公共団体等で2.6%，都道府県等の教育委員会で2.5%である。

表1-1
**障害者手帳所持者等，日常生活の支援状況・支援の種類別（65歳未満）**

| | | 総数 | 障害者手帳所持者 | 障害者手帳の種類（複数回答） | | | 手帳非所持で，自立支援給付等を受けている者 |
|---|---|---|---|---|---|---|---|
| | | | | 身体障害者手帳 | 療育手帳 | 精神障害者保健福祉手帳 | |
| 福祉サービスを利用 | 総数 | 100.0%<br>(1,891) | 100.0%<br>(1,776) | 100.0%<br>(859) | 100.0%<br>(631) | 100.0%<br>(472) | 100.0%<br>(115) |
| | 毎日 | 1.0%<br>(19) | 1.1%<br>(19) | 1.6%<br>(14) | 0.8%<br>(5) | 0.6%<br>(3) | —<br>(—) |
| | 1週間に3～6日程度 | 2.6%<br>(49) | 2.8%<br>(49) | 4.3%<br>(37) | 2.9%<br>(18) | 2.1%<br>(10) | —<br>(—) |
| | 1週間に1～2日程度 | 3.5%<br>(67) | 3.6%<br>(64) | 4.0%<br>(34) | 1.9%<br>(12) | 6.6%<br>(31) | 2.6%<br>(3) |
| | その他 | 0.7%<br>(13) | 0.7%<br>(13) | 0.7%<br>(6) | 1.1%<br>(7) | 0.8%<br>(4) | —<br>(—) |
| | 利用していない | 48.4%<br>(916) | 47.8%<br>(849) | 48.5%<br>(417) | 43.1%<br>(272) | 48.9%<br>(231) | 58.3%<br>(67) |
| | 不詳 | 43.7%<br>(827) | 44.0%<br>(782) | 40.9%<br>(351) | 50.2%<br>(317) | 40.9%<br>(193) | 39.1%<br>(45) |
| 家族等の支援 | 総数 | 100.0%<br>(1,891) | 100.0%<br>(1,776) | 100.0%<br>(859) | 100.0%<br>(631) | 100.0%<br>(472) | 100.0%<br>(115) |
| | 毎日 | 27.8%<br>(525) | 28.2%<br>(501) | 24.1%<br>(207) | 41.8%<br>(264) | 24.4%<br>(115) | 20.9%<br>(24) |
| | 1週間に3～6日程度 | 1.4%<br>(26) | 1.4%<br>(25) | 0.9%<br>(8) | 1.0%<br>(6) | 2.8%<br>(13) | 0.9%<br>(1) |
| | 1週間に1～2日程度 | 2.8%<br>(53) | 2.6%<br>(47) | 3.0%<br>(26) | 1.1%<br>(7) | 3.2%<br>(15) | 5.2%<br>(6) |
| | その他 | 2.7%<br>(51) | 2.6%<br>(46) | 2.8%<br>(24) | 1.0%<br>(6) | 3.6%<br>(17) | 4.3%<br>(5) |
| | 支援を受けていない | 33.4%<br>(632) | 33.1%<br>(587) | 37.3%<br>(320) | 21.6%<br>(136) | 35.2%<br>(166) | 39.1%<br>(45) |
| | 不詳 | 31.9%<br>(604) | 32.1%<br>(570) | 31.9%<br>(274) | 33.6%<br>(212) | 30.9%<br>(146) | 29.6%<br>(34) |
| その他の支援 | 総数 | 100.0%<br>(1,891) | 100.0%<br>(1,776) | 100.0%<br>(859) | 100.0%<br>(631) | 100.0%<br>(472) | 100.0%<br>(115) |
| | 毎日 | 0.3%<br>(5) | 0.3%<br>(5) | 0.2%<br>(2) | 0.2%<br>(1) | 0.4%<br>(2) | —<br>(—) |
| | 1週間に3～6日程度 | 0.3%<br>(6) | 0.3%<br>(5) | 0.5%<br>(4) | 0.3%<br>(2) | —<br>(—) | 0.9%<br>(1) |
| | 1週間に1～2日程度 | 0.4%<br>(7) | 0.4%<br>(7) | 0.5%<br>(4) | 0.6%<br>(4) | 0.4%<br>(2) | —<br>(—) |
| | その他 | 1.0%<br>(18) | 1.0%<br>(18) | 1.2%<br>(10) | 0.6%<br>(4) | 1.1%<br>(5) | —<br>(—) |
| | 支援を受けていない | 50.7%<br>(959) | 50.2%<br>(892) | 51.6%<br>(443) | 44.8%<br>(283) | 53.0%<br>(250) | 58.3%<br>(67) |
| | 不詳 | 47.4%<br>(896) | 47.8%<br>(849) | 46.1%<br>(396) | 53.4%<br>(337) | 45.1%<br>(213) | 40.9%<br>(47) |

出所：厚生労働省社会・援護局障害保健福祉部（2018）「平成28年生活のしづらさなどに関する調査（全国在宅障害児・者等実態調査）結果」39頁。

表1-2
養護者，障害者福祉施設従事者による虐待行為の類型と構成割合
（複数回答）

|  | 身体的虐待 | 性的虐待 | 心理的虐待 | 放棄・放置 | 経済的虐待 |
|---|---|---|---|---|---|
| 養護者による虐待（％） | 67.8 | 3.7 | 31.0 | 12.4 | 15.8 |
| 障害者福祉施設従事者等による虐待（％） | 56.8 | 15.3 | 42.2 | 5.4 | 5.0 |

出所：社会保障審議会障害者部会（2023）「第136回資料7」（https://www.mhlw.go.jp/content/12601000/001110996.pdf，2023年7月23日閲覧）。

注
(1) 厚生労働省社会・援護局障害保健福祉部（2018）「平成28年生活のしづらさなどに関する調査（全国在宅障害児・者等実態調査）結果」19頁。
(2) 内閣府（2023）『令和5年版障害者白書』58頁。
(3) 同前書，80-81頁。
(4) 株式会社ニッセイ基礎研究所（2021）「全国の障害者による文化芸術活動の実態把握に資する基礎調査報告書」（https://www.mhlw.go.jp/content/12200000/000797310.pdf，2023年7月23日閲覧）。
(5) 東京都生活文化スポーツ局（2023）「令和4年度障害者のスポーツに関する意識調査報告書」（https://www.sports-tokyo-info.metro.tokyo.lg.jp/pdf/awareness_survey_r04.pdf，2023年7月23日閲覧）。

## さらに学びたい人への基本図書

渡辺一史『なぜ人と人は支え合うのか』ちくまプリマー新書，2018年
障害者について考えることは，健常者について考えることであり，同時に，自分自身について考えることでもある。この視座に立ち，わかりやすく支援の本質を問う入門書。

パウロ・フレイレ／三砂ちづる訳『新訳 被抑圧者の教育学』亜紀書房，2011年
ブラジルで，大地主に搾取されることを「どうせ」「しかたない」と「諦め」ていた農民達への識字教育に携わった教育学者フレイレは，「支配的関係」を「銀行型教育」，そして「支援的関係」を「問題解決型教育」と整理し，前者から後者への転換こそ，人々のエンパワメントに繋がる，と唱えた。障害者福祉と思想的に通底する一冊。

横塚晃一『母よ！ 殺すな』生活書院，2007年
1970年代，重度の障害を持つ我が子と無理心中を図った母親に対して，「減刑嘆願運動」が起こった。その時，「母よ！ 殺すな」と迫った，重度障害者の自立生活運動「青い芝の会」。その活動の中心的人物であった横塚さんが，魂を込めて絞り出した「殺される側の論理」は，障害者への支配と支援の違いを考える上でも，今なお根本的な問いを発している。

児玉真美『殺す親 殺させられる親』生活書院，2019年
重度重複障害を持つ娘，海さんを育てる中で，障害者運動や安楽死問題とも出逢い，『アシュリー事件』『海のいる風景』などの著作もある筆者が，相模原事件以後感じた，親へのバッシングに対して，振り絞るように反論を綴る一冊。誰かを悪者にする議論は「木を見て森を見ず」の議論だという警鐘が，読む人の心に突き刺さる。

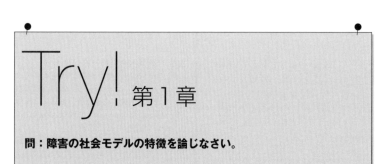

## Try! 第1章

**問：障害の社会モデルの特徴を論じなさい。**

ヒント：インペアメントのみを重視する医学モデルとの違いは何か。

# 第**2**章

## 障害者福祉の理念

### 本章で学ぶこと

● ノーマライゼーションは何を目指しているのかについて考える。(第1節)

● 障害者の自立生活運動について知る。(第2節)

● エンパワメントについて学ぶ。(第3節)

● 障害者権利条約について知る。(第4節)

● 障害者差別解消法について学ぶ。(第4節)

● 脱施設や意思決定支援について学ぶ (第5節)

# 第**1**節 ノーマライゼーションと ソーシャルインクルージョン

○ **この節のテーマ**
- ●**ノーマライゼーションについて知る。**
- ●**バンク-ミケルセンやニィリエの主張について学ぶ。**
- ●**ノーマライゼーションの考え方が障害者政策に与えた影響について学ぶ。**
- ●**脱施設化や地域生活支援について知る。**
- ●**わが国ではノーマライゼーションは進んでいるかについて考える。**

## ノーマライゼーションの原理

**ノーマライゼーション**とは何か。その源流を辿ると，デンマークの「1959年法」に行き着く。この法律は，当時デンマーク社会省で知的障害者福祉を担当していた官僚，**ニルス・エリック・バンク-ミケルセン**（Bank-Mikkelsen, N., E.）によって起草された。この法律は「ノーマルな生活」という言葉が初めて法制化されたものであった。

バンク-ミケルセンはノーマライゼーションについて以下のように語っている。

　「障害がある人たちに，障害のない人々と同じ生活条件を作り出すことを『ノーマリゼーション』といいます。『ノーマライズ』というのは，障害がある人を『ノーマルにする』ことではありません。彼らの生活の条件をノーマルにすることです。このことは，とくに正しく理解されねばなりません。ノーマルな生活条件とは，その国の人びとが生活している通常の生活条件ということです。[(1)]」

そして，このノーマルな生活条件について8つの原理として具体的に整理したのが，**ベンクト・ニィリエ**（Nirje, B）である。スウェーデンの

FUB（知的障害者の家族会）のオンブズマン兼事務局長だったニィリエは，アメリカ大統領諮問委員会からの委嘱をうけ，1969年に「ノーマライゼーションの原理とその人間的処遇との関わり合い」と題する英語論文を発表した。その中でも，彼はノーマライゼーションについて次のように定義した。[(2)]

「1　ノーマライゼーションは，知的障害者にとっての一日のノーマルなリズムを意味している。

2　ノーマライゼーションはまた，ノーマルな生活上の日課も含んでいる。

3　ノーマライゼーションはまた，本人にとって意味のある休日や家族と一緒に過ごす日々を含む，一年のノーマルなリズムを経験することを意味する。

4　ノーマライゼーションはまた，ライフサイクルにおけるノーマルな発達的経験をする機会を意味している。

5　ノーマライゼーションの原理はまた，知的障害者本人の選択や願い，要求が可能な限り十分に考慮され，尊重されなければならないことを意味している。

6　ノーマライゼーションはまた，男女が共に住

む世界に暮らすことを意味する。
7　知的障害者にできるだけノーマルに近い生活を獲得させるための必要条件とは，ノーマルな経済水準を適用することである。
8　ノーマライゼーションの原理で特に重要なのは，病院，学校，グループホーム，福祉ホーム，ケア付きホームといった場所の物理的設備基準が，一般の市民の同種の施設に適用されるのと同等であるべきだという点である。」

## ■ ノーマルな生活条件を確保すること

　バンク-ミケルセンやニィリエは「障害がある人たちに，障害のない人々と同じ生活条件を作り出すことを」を求めた。ニィリエの提唱する 8 つの原理は，「生活の条件をノーマルにする」とは何か，を具体的に述べたものだ。そして，この 8 つの原理を満たそうとすれば，障害者を入所施設や精神科病院に隔離・収容するのではなく，障害者を地域の中で支える中で，「ノーマルな生活条件」を提供することが求められる。
　欧米ではこのノーマライゼーションという言葉がきっかけとなり，**脱施設化**◆1 と **地域生活支援**◆2 が障害者福祉の新たな常識になった。この考え方は自立生活運動（第 2 章第 2 節参照）や社会モデル（第 1 章第 1 節参照）の考え方とも共鳴し，障害を理由に隔離・収容される（特定の生活施設で生活する義務を負わされる）のは差別である，という障害者権利条約（第 2 章第 4 節参照）にもつながっていく。

1

**◆1　脱施設化**
社会学者ゴッフマン（Goffman, E.）は，入所施設や精神科病院における「個人の自己が無力化される過程」が刑務所や強制収容所のそれと共通している，として「全制的施設」と名付けた。脱施設化とは，そのような管理・支配的な施設を廃止し，障害者が地域の中で自分らしい暮らしを取り戻す支援を行うことをいう。日本では「地域移行」という名称で，総合支援法の中でも一部施策化されているが，その内容は欧米に比べ，不十分である。

2

**◆2　地域生活支援**
欧米ではコミュニティ・ケアと言われている。入所施設や精神科病院での暮らしは24時間365日の生活がパッケージ化されているが，それを地域で，家族ではなく他の社会資源で担うには，様々な制度的保証が必要だ。支援付き住宅のグループホームや，ホームヘルプ，日中活動の場の確保，移動支援やコミュニケーション支援，相談支援など，様々な支援をつなぎ合わせて地域生活支援が成立する。総合支援法で拡充が求められるのもこの部分である。

### Check

**次の文の正誤を答えなさい。**

　バンク-ミケルセンはノーマライゼーションの原理を世界に広めるためには，各国の文化の違いを考慮して，「可能なかぎり文化的に通常となっている手段を利用すること」という要素をこの原理の定義に含める必要があると主張した。

(答)×：これはヴォルフェンスベルガーの考えである。
(第24回社会福祉士国家試験問題23より)

## ■ ノーマライゼーションの変容

北欧のノーマライゼーションの考え方は，後にアメリカ人の**ヴォルフ・ヴォルフェンスベルガー**（Wolfensberger, W.）によって，次のように解釈し直された。[3]

「可能なかぎり文化的に通常である身体的な行動や特徴を維持したり，確立するために，可能なかぎり文化的に通常となっている手段を利用すること」

彼は，障害者の行動や外観を改善することが障害者に対する偏見の改善につながる，と捉えていた。そこで，1983年には「価値を奪われるおそれのある人々のために，価値ある社会的役割を創造し，それを支えること」を重視した「**ソーシャル・ロール・バロリゼーション：社会的役割の実現**」（Social Role Valorization：SRV）という概念を提起し，ノーマライゼーションという言葉からも独立していく。

このノーマライゼーション概念の変容は，障害者の社会への「同化」を目標としており，障害当事者たちの反発も強く，やがて，「当事者参画」「他の者との平等」という表現に置き換えられていった。だが，わが国ではいささかこの世界的な流れと異なっている。

## ■ アブノーマルな状態が続く日本

「本来は誰もが地域で暮らしを営む存在であり，障害者が一生を施設や病院で過ごすこと

は普通ではない。入院・入所者が住みたいところを選ぶ，自分の暮らしを展開するなど，障害者本人の意志や希望，選択が尊重される支援の仕組みと選択肢を作ることが早急に求められる。」[4]

これは，2011年8月に，障がい者制度改革推進会議総合福祉部会がまとめた「骨格提言」に書かれた文章である（くわしくは第3章第3節参照）。国の会議で，こんな当たり前のことが書かれなければならない背後には，日本のアブノーマルな現実がある。

現在，日本の精神科病棟には約28万人が入院している。また，身体障害者・知的障害者の入所施設にも，10万人余りの人が入所している。一方，たとえばイタリアでは単科精神病院（マニコミオ）を全廃したし，スウェーデンでは障害者向けの入所施設を全廃した。また，日本では10年，20年という単位での長期の**社会的入院・入所**が大きな政策課題となっている。だが，諸外国では脱施設化と地域生活支援はすでに半世紀前から展開されている「常識」だ。日本の障害者福祉政策は，未だに入院・入所への偏重が続く「アブノーマルな現実」なのだ。

## ■ ソーシャルインクルージョンに向けて

このようなアブノーマルな現実とは，社会的排除の温存である。社会的排除とは，**図2-1**にあるように「症状・障害の出現」が「経済的な影響」につながり，ひいては「貧困」になって，より「症状・障害が悪化」し…という悪循環のことを

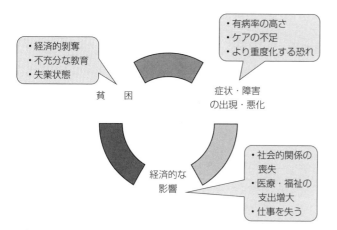

・経済的剥奪
・不充分な教育
・失業状態

貧　困

・有病率の高さ
・ケアの不足
・より重度化する恐れ

症状・障害
の出現・悪化

経済的な
影響

・社会的関係の
　喪失
・医療・福祉の
　支出増大
・仕事を失う

図2-1
社会的排除（Social Exclusion）の悪循環
出所：Thomicroft and Tansella（2009）*Better Mental Health Care*, Cambridge
　　　Univ. Press, pp.12-13の図を基に筆者作成。

指す。そして，それは支援の不足・不十分によっ
て社会的に構築されたものである，という見方で
ある。
　そして，社会的に構築された悪循環なのだから，
法制度等を改善することで社会的によりよく変
えよう，という視点がソーシャルインクルージョ
ン（社会的包摂）の考え方である。症状や障害を
持つ人でも，充分なケアや支援が提供されること
で，仕事や社会的関係を失わずにすみ，貧困化を
防げる。2019年には国会議員となった重度障害者
への業務中の重度訪問介護利用を認めるか，が争
点になったが，これは社会的排除を防ぎ，仕事の
場面でもソーシャルインクルージョンを進める
上での重要な論点である，と言える。

3

◆3　社会的入院・入所
治療や療養の必然性がないにもかかわらず，
「社会的」に入院や入所を余儀なくされる，と
いうこと。その背景には，地域での支援体制
の不足があげられる。近年では医療的ケアが
必要な人，重度の重複障害を抱える人，認知
症の高齢者などが社会的入院・入所の対象に
なりやすい。だが，地域生活支援が整った地
域ではこれらの人々も地域移行できており，
社会的入院・入所の国内格差も拡がっている。

注

⑴　バンク-ミケルセン，N. E.／花村春兆訳
　（1994）『ノーマリゼーションの父』ミネル
　ヴァ書房，167頁。
⑵　ニィリエ，B.／河軸博他訳（1998）『ノー
　マライゼーションの原理』現代書館（一部
　筆者が訳変）。
⑶　ヴォルフェンスベルガー，W.／中園康
　夫・清水貞夫編訳（1982）『ノーマリゼーシ
　ョン──社会福祉サービスの本質』学苑社，
　48頁。
⑷　「障害者総合福祉法の骨格に関する総合
　福 祉 部 会 の 提 言」（http://www.mhlw.
　go.jp/bunya/shougaihoken/sougoufukusi/
　dl/110905.pdf）。

# 第2節 障害者の自立と自立生活運動

## この節のテーマ

- ●障害者の自立の意味について考える。
- ●自立生活とは何かを知る。
- ●アメリカの自立生活運動についてその与えた影響を学ぶ。
- ●リハビリテーション・パラダイムと自立生活パラダイムについて学ぶ。
- ●日本の自立生活運動の展開について知る。

## 「自立」への問いかけ

　障害当事者による社会運動は，1960年代末から70年代にかけてアメリカ，イギリス，日本といった各国で，ほぼ同時代的に始められた。こうした当事者運動では，障害者差別の構造を広く社会に問いかけるとともに，既存の価値観を障害当事者の視点からとらえ直してきたのだが，そうして再考された価値観の一つに「自立」がある。

　自立について，読者はいかなる状態を考えるだろうか。一般的に言われるのは，身辺自立（身の回りのことは人の手を借りずに自分で行う），経済的自立（自分の食い扶持は自分で稼いで一人前）といったところだろうか。「人の助けを借りず，独り立ちする」といったことが自立の意味ととらえられることが多い。

　こうした自立観でもって，成長や達成，回復の度合いを感じとることはあり，そのことの重みを否定はしない。しかしそれがかなわない場合，その人はどのように他者から応対されるのであろうか。たとえば，先天性の重度肢体不自由者である場合，上記の自立観からは離れた存在になるのだが，その人は自立できない存在なのであろうか。

　そして，より重要な問いとして，自立できないとみなされるがゆえに「半人前の存在」とされ，保護されることや障害に係る専門家や家族の期待に沿うように行動することはやむをえないことなのだろうか。

## アメリカでの自立生活運動

　そうした問いを考えるにあたり，日本の障害当事者運動にも大きな影響を及ぼしたアメリカにおける自立生活運動の軌跡をみよう。

　その起こりは，1960年代初頭，カリフォルニア大学バークレー校に在籍する障害学生の運動にある。ポリオによる四肢障害をもつエド・ロバーツをはじめとする障害学生らの大学への働きかけの結果，学内での様々な支援，障害者がアクセス可能なアパート探し，介助者の斡旋とコーディネート，車いす修理，権利擁護を内容とする身体障害学生プログラムが学内で開始された。このプログラムの成功を機に，卒業生や学外の障害者からも同様のサービスを求める声が高まり，1972年には学籍の有無によらず上記支援を提供する**自立生活センター**が誕生した。

　バークレーで生まれた自立生活センターは，や

がて全米に普及するとともに，障害者の政治参加を求める運動や障害者の権利保障のための運動への拡張につながった。そして運動の思想と実践は，障害者の暮らしに大きな影響を与えた。これまで病院や入所施設での暮らしを余儀なくされていた障害者に，そうした場を出て暮らす道が示されたのである。施設や病院，親元での生活ではなく，介助者を活用しながら，自身が決めた地域で暮らす生活である。

　そうした生活のことを「**自立生活**」と呼ぶ。そしてこの運動は，従来の自立の定義を大きく変換した。「最大のポイントは，障害者がどれだけ自分の人生を管理できるかだ。補助なしで自分だけで何かを行えるかではなく，援助を得ながら生活の質をいかにあげられるか。これが，自立のものさしだ」[(1)] と定義された。

## リハビリテーション・パラダイムと自立生活パラダイムとの違い

　自立生活運動の理論化に寄与したガベン・デジョング（Gerben Dejong）は，医師等の「専門家」が治療や処遇の主体となるリハビリテーション・パラダイム[◆1]と，障害者自身が生活や介助のあり方等について主体的に関わることを志向する自立生活パラダイムとを区分した（**表2-1**）。それによると，自立生活パラダイムでは，障害者は受動的な存在ではなく，主体的に環境や資源に働きかける「消費者」として位置づける。加えて注目すべきは，障害者が直面する問題の定義づけや解決法の違いである。

### 必ず覚える用語

- [ ] 自立
- [ ] 自立生活センター
- [ ] 自立生活
- [ ] 社会的障壁
- [ ] 優生思想
- [ ] 全身性障害者介護人派遣事業
- [ ] 自立生活運動

◆1　パラダイム
その時代・分野において「当たり前」と考えられている認識や価値観のこと。

### 間違いやすい用語

**「医学モデル」と「社会モデル」**

- - - - - - - - - - - - - - - - - - - - -

障害のある人が被る不利益の原因を，その人個人の機能障害に見出す考え方のことを「障害の医学モデル」と呼ぶのに対し，その原因を，障害者を無力化する社会のありように見出す考え方を「障害の社会モデル」と呼ぶ。

## Check

**次の文の正誤を答えなさい。**

　1980年代に日本で広がった自立生活運動は，デンマークにおける知的障害者の親の会を中心とした運動が起源である。

(答)×：発端の1つはアメリカの自立生活運動
　　である。
(第33回社会福祉士国家試験問題58より)

表2-1
リハビリテーション・パラダイムと自立生活パラダイムの比較

| 項　目 | リハビリテーション・パラダイム | 自立生活パラダイム |
|---|---|---|
| 問題の定義づけ | 身体障害／職業技術の欠如 | 専門家や近親者等への依存 |
| 問題の所在 | 個人 | 環境，リハビリテーションの過程 |
| 問題の解決法 | 医師，セラピスト，職業リハビリテーションセラピスト，職業リハビリテーションカウンセラー等による専門的介入 | ピアカウンセリング，アドボカシー，セルフヘルプ，消費者による管理，障壁の除去 |
| 社会的役割 | 患者／クライエント | 消費者 |
| 誰が管理するか | 専門家 | 消費者としての障害者 |
| 望ましい帰結 | 最大限のADL，有給雇用 | 自立生活 |

出所：Dejong, G.（1979）"Independent Living: From Social Movement to Analytic Paradigm", *Archives of Physical Medicine and Rehabilitation*, 60, 443.

リハビリテーション・パラダイムでは目標をADL自立におき，直面する問題の理由を障害のある個人の身体に見出している。この考え方を障害の**医学モデル**（または個人モデル）と呼ぶ。一方自立生活パラダイムでは，問題の所在は環境や専門家による処遇の過程にあるとし，その解決には**社会的障壁**の除去やアドボカシー，当事者による援助活動が有効だとした。この発想は障害の**社会モデル**である。

## 日本における自立生活運動

アメリカ自立生活運動が日本に紹介され，その影響を受けた運動や障害福祉研究が具体化してくるのは1980年代以降であるが，それ以前にも今日の障害者の自立生活を考える上で重要な運動がいくつもあった。ここでは二つ紹介したい。

一つは**青い芝の会**[◆2]による運動である。同会は，健常者中心社会の中で脳性まひ者として生きること，**優生思想**に抗うことについて運動と思考を重ねた[(3)]。運動を機に，各地に親元や施設を出て暮らす障害者が現れており，重度障害者の自立生活運動はこの時から始まったといえるだろう。

もう一つが公的介護保障要求運動である[(4)]。運動の成果として，東京都で1974年，障害者の自立生活とそれを支える介護者への保障として「重度脳性麻痺者等介護人派遣事業」が実施された。同事業はその後，全国の障害者による粘り強い運動の末，様々な自治体で実施された。対象も重度脳性麻痺に限らず全身性障害者に拡大されており，事業各称は一般的に「**全身性障害者介護人派遣事業**[◆3]」とされた。それは現在の重度訪問介護の基礎となっている。

アメリカにならった自立生活センターを中心

とした**自立生活運動**は，1980年代から全国各地で普及しはじめ，障害者による自立生活支援が行われている。それは1970年代からの運動を底流に，または併走して展開されている。

　自立生活運動とはいえ，担い手によってその方向性や方法は一様ではない。しかし，障害当事者が主体となり自立生活の安定を目指して行政や国に働きかけるとともに，多くの障害者に「自立生活という暮らしがある」と伝え支援してきたことは同じだ。介護を受けること自体は避けるべき依存の形ではない。いかに介護を受け生活の質を高めることができるか，そしていかに社会的障壁を除去するかということが，自立生活運動の重要な点である。

**2**

◆2　青い芝の会

1957年に結成された脳性まひ者による会である。発足当初は会員同士の懇親が中心であったが，1970横浜市での母親による重症児殺害事件を契機に運動方針が転換する。障害児の親の会等が，介護の労苦ゆえの殺害であるとして母親への減刑嘆願運動を行っていたが，青い芝の会は「殺される立場」からの主張として減刑嘆願反対運動を展開した。殺される側として自らを位置づけ，障害者差別の構造を社会に浮き上がらせていったのである。

**3**

◆3　全身性障害者介護人派遣事業

在宅時，外出時問わず，その障害者に必要な介護が，障害者の推薦を受けた介護人によって行われる事業であり，全身性障害者の自立生活において，重要な意義をもった。2003（平成15）年度からの支援費制度開始以降は，主に日常生活支援の類型へと移行し，その後現在の重度訪問介護につながっている。

注

(1) Shapiro, Joseph P. (1993) *No Pity: People with Disabilities Forging a New Civil Rights Movement*, Times Books ( = (1999) 秋山愛子訳『哀れみはいらない——全米障害者運動の軌跡』現代書館，84頁)。
(2) 本節ではアメリカ自立生活運動を下敷きに社会モデルについて論じているが，イギリスにおいても同時期に医学モデル（個人モデル）から社会モデルへ，という主張がなされた。1972年に設立された「隔離に反対する身体障害者連盟（UPIAS）」は，その声明書（1976年）において身体的にインペアメントのある人々を“障害者にする”（disables）のは社会なのであるといった，明確な社会モデルの提起を行っている。
(3) 青い芝の会に関しては次の文献を参照。横塚晃一 (1975)『母よ！　殺すな』すずさわ書店 ( = (2007) 生活書院)。
(4) 新田勲 (2009)『足文字は叫ぶ！——全身性重度障害者のいのちの保障を』現代書館。

# 第3節　エンパワメントとアドボカシー

## この節のテーマ
● エンパワメントについて学ぶ。
● アドボカシーについて学ぶ。
● セルフヘルプグループの役割を知る。
● 市民アドボカシーについて学ぶ。
● 法に関する二つのアドボカシーの具体例を知る。

## エンパワメントとアドボカシー

長い間，病院や入所施設での暮らしを余儀なくされる。あるいは障害ゆえに職場や学校，仲間から排除されてしまう。そのような経験が続くと，夢や希望を抱けなくなり，自信を喪失し，諦めに支配され，「どうせ」「しかたない」と思い込むようになる。

従来これらの問題は，個人の性格や障害の特性の問題，とされてきた。だが，パワーの欠如状態（powerlessness）が続く中で，無力化（disempowerment）された人だ，ととらえると，同じ人でも随分見方が変わる。無力感を自信に変え，自分らしく生きるための自己主張や自己選択の機会を取り戻すためには，様々な支援が必要とされる。この支援プロセスこそ，**エンパワメント**の本質である。

Empower という英語は，新英和大辞典では「権能［権限］を付与する，可能にさせる」と定義されている。アメリカでは，人種差別の中で公民権を得られていなかった黒人達が，自身の権利を主張し，抑圧された状態からの解放を社会に訴えていく公民権運動が1950年代から1960年代に拡がった。その後，1976年にソロモン（Solomon, B.）が「黒人のエンパワメント（Black Empowerment）」という著作の中で，ソーシャルワークにおけるエンパワメントの重要性を説いた。

その後，エンパワメントの考え方は「抑圧された状態にある人」全般へと広まっていき，女性運動や様々なマイノリティの権利獲得運動，障害者運動の中で使われるようになった。エンパワメントを達成するための重要な手段がアドボカシーである。

**アドボカシー**（advocacy）とは，「特定の対象者（集団）のために既存の/今後の政策や実践を変える目的を持つ活動」であり「**権利擁護**」とも呼ばれている。ある個人の権利侵害の実態を変えるための個別アドボカシーと，同じような問題を抱える集団全体の権利を護るために法制度の制定・変更を求めるシステムアドボカシーの双方が重要である。方法論としては，セルフアドボカシー，市民アドボカシー，法に関するアドボカシーの三つがある。また，関連性の高いものとして，セルフヘルプグループもあげられる。

## セルフヘルプグループと
## セルフアドボカシー

　セルフヘルプグループ（SHG）とは，同じ悩み
や苦しみを抱えている者どうしが体験を共有し，
自分たち相互で支え合う自助活動のことを言う。
この活動の特徴は，自分たちの悩みや問題をまず
仲間達で気持ちや情報，考え方を「わかちあい」，
それを抱えた一人の人間として自己決定・自己
選択しながら社会へ参加して「ひとりだち」する
と共に，自分への尊厳を取り戻し，社会に向かっ
て積極的に働きかけ，その問題から「ときはな
つ」ことである。(2)このSHGのプロセスの中から，
**セルフアドボカシー**が生まれる。

　セルフアドボカシーとは，「自分のために発言
し，自分の人生に影響を与える決定に参画できる
ようエンパワメントすること(3)」を目的とした権利
擁護実践である。この活動は，知的障害者のピー
プルファースト運動や，身体障害者の自立生活運
動，精神障害者の患者会活動のような形で「社会
への働きかけ」も進む。その最たる例が，国連の
権利条約制定やわが国の障がい者制度改革など
の場で，障害当事者の求める政策形成にも取り組
む**障害者インターナショナル（DPI）◆1**であろう。
また，セルフアドボカシーの具体的な手段として，
**ピア・カウンセリング◆2やピア・ヘルパー◆3**等のピ
ア・サポートという，当事者同士の助け合いやエ
ンパワメント実践も重要である。

| 必ず覚える用語 |
| --- |
| ☐ エンパワメント |
| ☐ アドボカシー |
| ☐ 権利擁護 |
| ☐ セルフヘルプグループ |
| ☐ セルフアドボカシー |
| ☐ 障害者インターナショナル（DPI） |
| ☐ ピア・カウンセリング |
| ☐ ピア・ヘルパー |
| ☐ 市民アドボカシー |
| ☐ オンブズマン |
| ☐ 法的アドボカシー |
| ☐ 立法アドボカシー |

◆1　障害者インターナショナル（DPI）
1980年に開かれた，障害者のための専門家組織リハビリテーション・インターナショナル（RI）世界会議の際に，世界各国の障害当事者が「各国代表団の半分を障害者とする」という提案をするも否決された。そこで障害者達は独自の組織を結成する事にし，翌81年に障害者インターナショナル（DPI）を設立。日本でも同年，身体，知的，精神など，障害の種別を超えて自らの声をもって活動する障害当事者団体として DPI 日本会議が設立された。

◆2　ピア・カウンセリング
ピア（peer）とは仲間や対等という意味であり，仲間同士のカウンセリングのことを言う。従来の専門家によるカウンセリングと違い，同じ悩みや障害を抱えるもの同士が，同じ立場を共有しながら，精神的なサポートや情報提供，自己決定や地域自立生活に向けた準備・支援等を行う活動を指している。

## 市民アドボカシー

　入所施設や精神病院を生活の拠点としている障害者にとって，自分の思いや願い，あるいは職員への不満などを，入居者の介助をする立場の職員側に直接伝えることは，時として大変難しいことである。そんな時に，行政でも専門家でもない，第三者の市民の立場から入居者の権利擁護や代弁をするのが**市民アドボカシー**である。日本でも，様々な形での「オンブズマン活動」として市民アドボカシーが実践されている。

　**オンブズマン**とは，「代弁者」という意味を持つスウェーデン語であるが，日本の福祉オンブズマン活動は，①自治体の福祉行政をチェックする行政型福祉オンブズマン，②単独あるいは地域の施設においてサービス内容を第三者がチェックする施設型福祉オンブズマン，③行政文書の情報公開などを通してサービス内容をチェックする市民運動型福祉オンブズマン，の3つに分類できる。

## 法的・立法アドボカシー

　法に関するアドボカシーに関しては，現行法の中での問題解決という**法的（legal）アドボカシー**と，新たな法制度の制定を求める**立法（legislative）アドボカシー**の二つがある。法的アドボカシーとは，現行法で保障されている権利が侵害されている・その恐れがある場合での救済活動を指す。成年後見制度や障害者虐待防止法で

の法的対応だけでなく，たとえば地域自立生活を営む当事者が求める介護量（介護時間）が支給決定されない場合に行政を訴える裁判活動も，法的アドボカシーの一つといえる。

　また立法アドボカシーとしては，国連障害者権利条約制定に向けた動きだけでなく，第3章第3節で述べる障害者自立支援法違憲訴訟もあげられる。

　この法的・立法アドボカシーの領域でも障害当事者の参画が進んでいる。障害者基本法に制定された障害者政策委員会には，様々な障害当事者団体が関わっている。また，都道府県レベルでの差別禁止条例制定にも多くの障害者団体がコミットしている。自分たちのために「既存の/今後の政策や実践を変える目的を持つ活動」は，様々なレベルで展開されていることがわかる。

　さらに2019年には2人の重度障害者の国会議員が誕生し，2022年にはその数が3人に増えた。就労時の重度訪問介護の利用や，新幹線の車椅子利用者への対応など，厚生労働省に限らず，国土交通省や文部科学省の所管の法・制度における障害者対応の不備・不全を取りあげ，大きな変化をもたらしつつある。このような国政レベルでの法的・立法アドボカシーも実に大きな要素であり，今後の展開が期待されている。

## アドボカシーの制度化事例

　日本の精神医療において，市民アドボカシーが法的・立法アドボカシーに発展し，制度化につながった事例を紹介したい。

NPO 大阪精神医療人権センターは，精神科病院への面会や病棟訪問，電話相談活動を続けている。このうち病棟訪問活動は大阪府の「療養環境サポーター活動」として事業化されたオンブズマン活動である。また，同センターは情報公開制度を使って大阪府内の精神科病院の実態をチェックし続ける活動も続けており，市民アドボカシー活動の好事例といえる。

この大阪府の事業は，精神保健福祉法の改正時に，「入院者訪問支援事業」として制度化された（第3章第3節）。これは精神医療の閉鎖性に風穴をあけるだけでなく，市民アドボカシー活動が国制度に取り入れられた好事例といえる。

◆3　ピア・ヘルパー
当事者が同じ障害を抱えた当事者を支援すること。日本では，精神病を体験した人が，ホームヘルパーの資格を取り，同じ病気のしんどさや生活のしづらさを抱える精神障害者へのホームヘルパーとして活躍するという精神障害者ピア・ヘルパー養成事業も全国各地で展開されている。

## Check

**次の文の正誤を答えなさい。**

　エンパワメントアプローチにおいては，利用者が自らの置かれている否定的な抑圧状況を認識し，自らの能力に気付き，その能力を高め，問題に対処することに焦点を当てる。

(答) ○
(第22回社会福祉士国家試験問題92より)

注
(1) Ezell, Mark (2001) *Advocacy in the human services*, CA: Brooks/Cole.
(2) 岡知史 (1999) 『セルフヘルプグループ』星和書店。
(3) INTRODUCTION TO SELF-ADVOCACY (http://www.disabilityrightsca.org/pubs/507001.htm).

# 第4節 権利保障と障害者権利条約・障害者差別解消法

## この節のテーマ

- ●障害者権利条約採択以前の国際的な動向について学ぶ。
- ●障害者権利条約の柱となる社会モデルの考え方について理解する。
- ●合理的配慮の意味と意義について知る。
- ●障害者権利条約での障害者差別の定義について知る。
- ●障害者差別解消法について学ぶ。

### 障害者権利条約の国連採択

「障害者の権利に関する条約」（以下，**障害者権利条約**）は，2006年12月の第61回国連総会において採択され，2008年5月に批准国が20か国に達したことにより発効した。

これまで，「知的障害者の権利宣言」（1971年），「障害者の権利宣言」（1975年），「国際障害者年」（1981年），及び「国連・障害者の10年」（1983～1992年），「障害者の機会均等化に関する標準規則」（1993年）等，障害者の権利保障に関する国際的な宣言，取組，規則は存在していたが，法的拘束力のあるものではなかったため，その理念の実効性を担保するしくみが，障害当事者を中心に強く求められていた。

そうした状況のなか，障害者の権利保障と差別禁止に係る法が各国で作られ始める。「**障害をもつアメリカ人法（ADA）**」[1]（1990年），イギリスの「障害者差別禁止法」（1995年）等である。障害者の権利保障のための条約をつくろうという声は，1990年代末から高まりを見せるようになってきた。

国連では2001年から障害者権利条約特別委員会（アドホック委員会）が設置され，2006年まで8回の議論を重ねた。各国から障害当事者も委員として席に着いたが，RI（国際リハビリテーション協会）やDPI（障害者インターナショナル）等のNGOも活発なロビー活動を行った。

障害当事者による条約制定のための大きな運動が展開された。「私たち抜きで私たちのことを決めないで！（Nothing about us without us!）」というスローガンにあらわれるように，権利保障を望む多くの障害者が中心となり，この条約は採択されたのである。

### 条約の内容

条約は前文及び本文50条からなり，目的や定義等の総則部分，各論部分，条約の実効性を担保する機関や効力の発生等に関する部分で構成される。障害者権利条約の目的は，「全ての障害者によるあらゆる人権及び基本的自由の完全かつ平等な享有を促進し，保護し，及び確保すること並びに障害者の固有の尊厳の尊重を促進すること」（第1条）である。条約締約国にはそのための施策実施が求められる。

では具体的にどのような「権利」について規定

しているのか。例をあげれば，平等及び無差別（第5条），障害のある女子（第6条），障害のある児童（第7条），施設及びサービス等の利用の容易さ（第9条），法律の前にひとしく認められる権利（第12条），搾取，暴力及び虐待からの自由（第16条），自立した生活及び地域社会への包容（第19条），教育（第24条），労働及び雇用（第27条），相当な生活水準及び社会的な保障（第28条），等である。

　これらの内容を通して，障害者がもつ権利の具体的内容とともに，現在障害者がいかなる状況の下におかれているのかを理解することができるだろう。第16条には障害者への搾取や暴力，虐待から障害者を保護し，それら行為を防止することが規定されているが，それは現実に障害者への身体的・経済的・精神的な虐待が行われていることを反映している。

## ┃障害者の地域生活を考える上で重要な第19条

　様々な条文のうち，本章で述べてきた障害者の地域での自立生活に直接的に関わるのが第19条である。第19条では，すべての障害者が障害をもたない人と同様に地域社会で生活する権利を有すると述べたうえで，次の3点を示す。

　(a)　障害者が，他の者との平等を基礎として居住地を選択し，及びどこで誰と生活するかを選択する機会を有すること並びに特定の生活施設で生活する義務を負わないこと。

　(b)　地域社会における生活及び地域社会への

◆1　障害をもつアメリカ人法（ADA）
アメリカで1990年に制定された連邦法であり，Americans with Disabilities Act of 1990の頭文字をとり，ADAとも呼ばれる。障害を理由とした差別を禁止する公民権法の一つである。法は，雇用，公共サービス，公共施設の利用，電話通信という4つの柱からなる。この法でも合理的配慮について規定されている。

1

包容を支援し，並びに地域社会からの孤立及び隔離を防止するために必要な在宅サービス，居住サービスその他の地域社会支援サービス（個別の支援を含む。）を障害者が利用する機会を有すること。

(c)　一般住民向けの地域社会サービス及び施設が，障害者にとって他の者との平等を基礎として利用可能であり，かつ，障害者のニーズに対応していること。

自分の住む場所を他者から強要されずに選択し，その生活のために必要な支援は障害者本人に利用可能なかたちで提供されるということが示される。ここでいう個別の支援とは**パーソナルアシスタンス**（personal assistance）のことであり，障害者の個々の必要に応じた支援を提供することを指す。

## 障害者権利条約における重要かつ基本的な考え方

障害者権利条約は障害者の権利について明記しているのだが，それら権利は次の考え方に貫かれてのものである。

一つに，機能障害のみならず**社会的障壁**が障害をもたらすとする**社会モデル**の考えである。第1条には，次のように障害者の概念が示されている。「障害者には，長期的な身体的，精神的，知的又は感覚的な機能障害であって，様々な障壁との相互作用により他の者との平等を基礎として社会に完全かつ効果的に参加することを妨げ得るものを有する者を含む」。様々な「障壁」により社会参加が妨げられているといった，"社会によってつくられる障害"をも障害の概念に含めている。こうした考え方を障害の社会モデルと呼ぶ。

そして，障害者権利条約の重要なポイントが「**合理的配慮**」を定めた点である。合理的配慮とは，「障害者が他の者との平等を基礎として全ての人権及び基本的自由を享有し，又は行使することを確保するための必要かつ適当な変更及び調整であって，特定の場合において必要とされるものであり，かつ，均衡を失した又は過度の負担を課さないもの」である（第2条）。たとえば，普段は点字で読み書きする視覚障害者が試験を受験する場合，晴眼者と同様の墨字の問題・解答用紙では，その人が本来もっている力をまったく発揮できなくなってしまう。その人の必要に応じて点字受験や受験時間の拡張等の措置をとることが「合理的配慮」なのである。

合理的配慮は障害者への特別扱いではない。障害をもたない者と同等の権利を保障するための措置である。社会モデルの視点に立ち，障害者の生きる場面での様々な局面において合理的配慮の措置がとられるようにすること。それは障害者の社会への完全かつ効果的な参加と包含（inclusion）（**社会的包摂**）の方向性を示すうえで重要である。

## 日本での批准

日本政府は2007（平成19）年9月に署名の後，2014（平成26）年1月に条約を批准（国内発効は2014年2月19日）した。国が条約に批准するとい

うことは，そこに定められた義務を果たしていく
こととなるが，その効力の強さは，日本国憲法の
次に優位となる。つまり，各法律よりも優位に立
つため，条約の内容に違反や不足のある場合は，
法改正や立法措置を取る必要が生じる。それゆえ，
**「障がい者制度改革推進会議」**が2009（平成21）
年に内閣府に設置され，障害者基本法の改正，障
害者自立支援法の改正，障害者差別を禁止する法
の新設に向けた検討が進められてきた（第3章第
3節参照）。

　ここでは，障害者差別を禁止する法の制定につ
いて述べる。条約では合理的配慮を規定するとと
もに，「障害に基づく差別」について次のように
定めている。「障害に基づくあらゆる区別，排除
又は制限であって，政治的，経済的，社会的，文
化的，市民的その他のあらゆる分野において，他
の者との平等を基礎として全ての人権及び基本
的自由を認識し，享有し，又は行使することを害
し，又は妨げる目的又は効果を有するものをいう。
障害に基づく差別には，あらゆる形態の差別（合
理的配慮の否定を含む。）を含む」（第2条）。障
害を理由とした区別や排除といった直接的な差
別だけではなく，合理的配慮を行わないことも差
別として規定しているのである。

　条約では締約国の義務の一つに「この条約にお
いて認められる権利の実現のため，全ての適当な
立法措置，行政措置その他の措置をとること」
（第4条）とある。そのため，障害者差別を禁止
し，その解決・解消を図るための法を整備するこ
とが必要になる。

◆2　社会的包摂（Social Inclusion）
障害者に限らず，様々な生活課題や困難を抱
えた人々を当該社会から排除することなく，
包含することを意味する。障害，貧困，疾病，
老化等により地域社会での人のつながりや居
場所をなくし，またそうした状況から脱却す
るための制度などにたどり着けない場合，そ
の人は社会的排除の状態に置かれてしまう。
人々が地域社会の中で排除されることなく暮
らしていくために，社会的包摂の思想は重要
である。

間違いやすい用語

**「障害者の権利宣言」と
「障害者権利条約」**

- - - - - - - - - - - - - - - - - - - - - - -

1975年の障害者の権利宣言には法的拘束
力が伴わず，さらには採択後も全世界で
十分に周知されるには至らなかった。そ
のため1981年に国際障害者年を迎え，そ
の後，実質的な権利保障に向けて，2006
年に障害者権利条約が採択された。

## 障害者差別解消法による
## 「障害を理由とした差別」とは

　日本の法律において障害者差別の禁止を明記しているのは障害者基本法第 4 条であるが，その内容に沿いつつ，より具体化するのが，「障害を理由とする差別の解消の推進に関する法律」（**障害者差別解消法**）である。2013（平成25）年に成立，2016（平成28）年 4 月 1 日に施行され，その後，2021（令和 3 ）年に改正法が成立し，2024（令和 6 ）年度から施行される。

　この法律での**「障害者」の定義**について第 2 条で，「身体障害，知的障害，精神障害（発達障害を含む。）その他の心身の機能の障害（以下「障害」と総称する。）がある者であって，障害及び社会的障壁により継続的に日常生活又は社会生活に相当な制限を受ける状態にあるもの」と規定している。

　障害者差別解消法は，正当な理由なく障害を理由にしたサービス提供拒否や制限をするといった不当な差別的取扱いのみならず，過度な負担とならないにもかかわらず合理的配慮を実施しないことも差別としている。第 7 ，8 条で，不当な差別的取扱いについては，国・地方公共団体及び民間事業者において禁止と規定している。合理的配慮の提供については，これまでは国・地方公共団体に対しては義務，民間事業者は努力義務と規定されていた。改正法により2024（令和 6 ）年度から民間事業者も提供義務が課せられる。なお，障害者雇用においては障害者雇用促進法により，

2016（平成28）年からは，国・地方公共団体等とともに民間事業者においても，合理的配慮の提供が義務づけられている。

## 障害者差別解消法が定める
## 差別解消の取り組み

　この法律は，障害者差別をした人々を罰することを目的としたものではない。障害のある人とない人との平等のために，「何が差別か」を判断できる「ものさし」としての意味をもつ。障害者権利条約の中心と言える合理的配慮の重要性を，理念目標だけに終わらせるのではなく実行力のあるものとするためにも，障害者差別禁止に係る整備が強く求められる。

　差別解消にあたり，「政府は，障害を理由とする差別の解消の推進に関する施策を総合的かつ一体的に実施するため，**障害を理由とする差別の解消の推進に関する基本方針**（以下，基本方針という）を定めなければならない」（第 6 条）。この作成においては，障害者基本法が定める**障害者政策委員会**の意見を聴かなければならない。

　基本方針をもとに，不当な差別的取扱いの具体例や合理的配慮の好事例等を示す，国等職員対応要領，地方公共団体等職員対応要領，事業者のための対応指針が定められる。

　相談や紛争解決の仕組みでは，こうした問題についてすでに対応している各種機関の活用により，体制整備がなされることとなる。そのなかでも，障害を理由とする差別に関する相談や紛争解決のために，**障害者差別解消支援地域協議会**を組

織できることとしている（第17条）。

## 2021（令和3）年，障害者差別解消法改正法の成立

　障害者政策委員会での継続的な議論をふまえ，2021（令和3）年に障害者差別解消法改正法が成立した。施行は，2024（令和6）年4月1日であり，改正内容の概要は次の3点である。

　1点目は，国及び地方公共団体の連携強化の責務の追加である（第3条第2項）。

　2点目は，民間事業者による合理的配慮の提供義務である（第8条第2項）。先述のとおり，合理的配慮の提供については，これまで民間事業者は努力義務とされていたが，義務が課されることとなる。

　3点目は，障害を理由とする差別を解消するための支援措置の強化である。具体的には以下の3つが新たに規定された。1つは，基本方針に定める事項として，障害を理由とする差別を解消するための支援措置の実施についての基本的な事項の追加である（第6条第2項第4号）。2つは，国及び地方公共団体が障害を理由とする差別に関する相談に対応する人材を育成し，またはこれを確保する責務を明確化することである（第14条）。3つは，地方公共団体は，障害を理由とする差別及びその解消のための取り組みに関する事例等の情報を収集し，整理及び提供に努めることである（第16条第2項）。

**次の文の正誤を答えなさい。**

　「障害者差別解消法」（2013（平成25年））では，障害を理由とした不当な差別的取扱いの禁止について，民間事業者に努力義務が課された。

(答)×：不当な差別的取り扱いは，国・地方公共団体同様に民間事業者も禁止となる。
(第31回社会福祉士国家試験問題57)

注　(1) 2013年成立の障害者差別解消法にいたるまでの経過は次の通りである。内閣府に設置された障がい者制度改革推進会議において，障害を理由とする差別の禁止に関する法制の制定に向けた検討を効果的に行うため，2010（平成22）年に障がい者制度改革推進会議差別禁止部会が設置された。2012（平成24）年7月まで21回の議論を重ね（途中，同部会は障害者政策委員会に位置づくものとなった），同年9月に，同部会は「『障害を理由とする差別の禁止に関する法制』についての差別禁止部会の意見」をまとめている。その後，2013（平成25）年，障害者差別解消法が成立している。

第**5**節 脱施設と意思決定支援

## この節のテーマ

- ●脱施設化とは何かを学ぶ。
- ●地域生活支援の歴史的経緯を知る。
- ●意思決定支援とは何かを知る。
- ●「問題行動」「困難事例」の背景を知る。
- ●意思決定支援とアセスメントの関係性を学ぶ。

　第2次世界大戦後の80年の障害者福祉の歴史を振りかえると，前半の40年は障害者支援を家族が抱え込む「家族丸抱え」の現状を変えるために，入所施設や精神科病院を沢山作り，「施設に丸投げ」をした歴史が浮かび上がってくる。これは，政府が障害者の自立や地域生活支援に最小限にしか関わらないゆえに生じてきた現実である。

　だが1990年代以後，「家族丸抱え」と「施設丸投げ」に変わる第三の選択肢として，「脱施設化」および「地域生活支援」の充実が謳われてきた。また，第三の選択肢を実現するためには，権利擁護や意思決定支援の重要性が鍵となる。本節では，「脱施設化」と「意思決定支援」にはどのような関連性があるのか，を掘り下げていきたい。

### 「家族丸抱え」と「施設丸投げ」

　高度経済成長期には，障害者支援を巡る象徴的な出来事が起こった。重度障害児の父でもある作家の水上勉は1963年，雑誌『中央公論』で「拝啓池田総理大臣殿」を書き，障害者施設への国の補助率の低さを訴えた。その翌年の1964年，ライシャワー駐日大使の殺傷事件が起こった後，犯人が精神疾患を持つ青年だったことを理由に「精神病

者を野放しにするな」論が駆け巡った。

　このような文脈の中で，日本の精神科病院や入所施設は，高度経済成長期に激増する。重度障害者や認知症高齢者のような「手間のかかる障害者」は，核家族での「丸抱え」には限界があるので，入所施設・精神科病院に「丸投げ」し，そこでの標準化・規格化されたケア提供へと移行していったのである。

　「全国社会福祉施設調査による知的障害児施設の推移」によると，1955年の時点で知的障害児のための入所施設数は75（定員数は4,281人分）だったのに，ピークの1975年には施設数が349（定員数は2万7,022人分）と5倍以上に膨れあがる。精神科病床も2000年の OECD Health Data によれば，人口1,000人あたりの精神科病床の数は1960年が1だったのが，1975年には2.5と，文字通り2.5倍に増えていった。

　ただ，ここで忘れてはならないのは，日本で精神科病院や入所施設の必然性が唱えられ・実際に施設が増えた1960年代とは，欧米諸国で「脱施設化（de-institutionalization）」の気運が高まり，精神科病院や入所施設を減らそうとした転換期でもあった，ということである。1962年にはケネディ大統領が「精神病および精神遅滞に関する教

書」を出し，大規模施設への批判や脱施設化に向けた方針を発表した。また，北欧では知的障害者を大規模施設に収容するのはアブノーマルであり，障害者の環境こそを変える必要がある，という視点から「ノーマライゼーション」思想が提唱・実践されていった（第2章第1節参照）。ちなみに，そのスウェーデンでは2003年に障害者入所施設を全廃しているが，日本では未だに10万人以上の人が入所施設で暮らしている。そして，イタリアでは精神科医のフランコ・バザーリアが1960年代から精神科病院の解放化を進め，1978年にはイタリア全土の精神科病院を解体する**180号法**◆1の制定にも尽力した。[1]

## 脱施設化と地域生活支援

　世界各国で脱施設化が進んでから30年後の1990年代になって，日本でも遅まきながら，「家族丸抱え」でも「施設・病院丸投げ」でもなく，障害者が地域の中で，家族から自立して暮らし続けられる地域生活支援の体制が作り上げられてきた。これは知的障害者福祉におけるノーマライゼーションの理念（第2章第1節），そして身体障害者における自立生活運動の理念（第2章第2節）の具現化でもある，と言える。

　「家族丸抱え」や「施設・病院丸投げ」が想定しているのは一つの場所で24時間365日のケアが完結する，という仕組みである。家族が子どもをケアする延長線上で，成人になった後も障害者は家族がケア役割を担ってきた。それがあまりに過重な負担ということで，その家族のケア役割を代

◆1　180号法
法律第1条には「病状確認と保健医療処置は自発的意思によるものとする」と規定され，患者の自由意志を尊重した法律。また「新たな公立精神病院の建設の禁止」「既存の公立精神病院への新たな入院の禁止」「公立精神病院の段階的な閉鎖」も謳われた。

替し，居住と生活の場としても機能する入所施設や精神科病院が高度経済成長期に増設された。

この入所施設や精神科病院を「脱施設化」する際には，施設・病院内で完結していた様々な機能を分割する必要がある。具体的に言えば，居住の場，日中活動や就労の場，日常的な介助，さらには余暇や文化活動の支援，生計を維持するための金銭的支援，およびそれらを実現するための相談支援や意思決定支援などである。入所施設や精神科病院は，その質はどうであれ，それらをパッケージ化して提供していたが，住み慣れた地域で，家族とは独立生計を立てながら自分らしく暮らしていくためには，それらのサービス提供のシステム化が求められた。

1980年代以後，身体障害者の領域では，全身性障害者介護人派遣事業が都道府県レベルで制度化され，介助を受けながらの一人暮らしをする身体障害者が増えはじめる。知的障害者の領域では，北欧などから影響を受けた，支援を受けながらの自立生活を営む拠点としてのグループホーム（当時はケア付き住宅と呼ばれていた）を導入する動きが増えていく。精神障害者の領域では，地域で暮らす精神障害者が日中通うデイサービスや，不安や心配ごとが多くなった時に相談できる拠点である精神障害者地域生活支援センターが展開されていく。その後，支援費制度から障害者自立支援法，障害者総合支援法に向かう中で，重度訪問介護や共同生活援助，相談支援事業などの形で制度化されていき，障害者が支援を受けながら，地域で暮らす仕組み作りが充実していった。

とはいえ，障害者は未だに入所施設や精神科病院に一定数居住している。2022年現在，障害者施設に12万人，精神科病棟に28万人が入所・入院している。20年前と比較するなら，精神科病床では35万床あった時代から7万床分が減り，入所施設は14万5,000人から2万5,000人減ったことになる。その意味では，障害者総合支援法で規定されている地域移行事業は，少しは効果をもたらしている。

では，なぜスウェーデンのように障害者施設を全廃できないのか。イタリアのように精神科病院を廃絶できないのだろうか。その背景として，重度の機能障害・認知障害を抱えた人は，地域で支えられない，という地域支援の実態がある。これは地域支援におけるマンパワー不足，および入所施設や精神科病院の組織と職員が地域移行をしていないこと，さらには地域支援の質の底上げの課題でもある。

## 意思決定支援とは何か

地域支援の現場では，「精神症状が重いから」「周囲に迷惑をかけ続ける『問題行動』がなくならないから」「行動障害や自傷他害の恐れがある困難事例だから」……などの理由で，「これ以上この人は地域で暮らせない」と支援者からラベルが貼られ，入所施設や精神科病院，療養型病床などに居住の場を移される事例が，未だに後を絶たない。この際，「問題行動」や「困難事例」とは何を意味するのか，を支援者はしっかりアセスメントする必要がある。現状においては，ご本人の「問題」や「困難」というよりも，地域で支え続ける支援者にとっての「問題」であり「困難」で

ある場合が多い。その象徴的な事例が「ゴミ屋敷」である。

　ゴミを居室内だけでなく、庭や玄関先にまでうずたかく積み上げた「ゴミ屋敷」。ご近所からゴキブリやネズミの被害について訴えられ、近所といさかいが絶えず、町内会から「出て行ってほしい」と言われている。精神科の治療歴がある場合もあれば、認知症の疑いのある人もいるし、診断名がついていない人もいる。そういう事例が、基幹型相談支援センターや地域包括支援センターに寄せられる。

　あるいは強度行動障害や重度の精神症状のある人の場合、大声で叫ぶ、支援者の制止を聞かず走り出す、幻覚や妄想で不穏状態になる、自分を傷つけたり他人に害を与える事態になる、などの事態を指して「支援困難事例」とラベルが貼られる。そして、このような状態に陥っている人も、グループホームや一人暮らしは無理なのではないか、とされ、入所施設や精神科病院での「専門的ケア」が求められる。

　だが、これは非常に問題含みの発想である。

　まず、本人がなぜどのような理由でそのような言動を行うのか、というアセスメントがなされないまま、表面化された言動だけで「地域生活は無理」と決めつけてしまう点である。また、そういう人が入所施設や精神科病院では安定した暮らしができるのか、という問いでもある。残念ながら、支援者の注意や制止に反応せずに「行動化」に至る障害者が施設や病院に入れられると、抑制帯による身体拘束、保護室での隔離、行動制限を目指した薬物の過剰投与など、「縛る・閉じ込める・薬漬けにする」事態に直面する。これを「専門的ケア」と言ってよいのだろうか。

　では、地域でどうすればよいのか？　そこで大切になってくるのが、意思決定支援（Supported Decision Making）である。厚生労働省が定めた「障害福祉サービス等の提供に係る意思決定支援ガイドライン」においては、意思決定の三原則として以下の項目が定められている（意思決定の基本原則）。

　　①　本人への支援は、自己決定の尊重に基づき行うこと。
　　②　職員等の価値観においては不合理と思われる決定でも、他者への権利を侵害しないのであれば、その選択を尊重するように努める姿勢が求められる。
　　③　本人の自己決定や意思確認がどうしても困難な場合は、本人をよく知る関係者が集まって、様々な情報を把握し、根拠を明確にしながら意思及び選好を推定する。

　2022年に策定された第二期成年後見制度利用促進基本計画の中でも、この意思決定支援は重要な要素として示されている。そして、この意思決定支援は、単なる金銭管理を越え、障害者の脱施設化や地域生活支援を展開する上での、扇の要として機能する。

　なお、意思決定支援と代行決定の違いも明確にしておきたい。前者は他の人に支援を受けながら、自らが意思決定することを言う。これは、本人の代わりに支援者が決める、という代行決定

(Substitute Decision Making) とは根本的に異なる。前者は本人の思いや願いを聞いた上で，それを実現するために支援者が協力する，というスタンスであるが，後者の場合は，支援者が思う「当事者の最善の利益（Best Interest）」が強調される。言語表現能力や知的能力に障害があり，本人の意思をくみ取りにくい対象者の場合であっても，安易に代行決定を行ってはならない。支援チームが本人と共に支援会議を開き，支援の輪の中で共に決めていくスタンスが求められている。[2]

## ■ アセスメントの質を変えられるか

先の意思決定支援の3原則を分解して考えてみよう。①の自己決定の尊重が支援の原則であることに異論はないだろう。争点になるのは，②と③である。

先ほどのゴミ屋敷にしても，ゴミを溜めることは，「職員等の価値観においては不合理と思われる決定」である。だが，それを「汚いから捨てなさい」という言い方で止めるのは，代行決定であり，愚行権の侵害である。「他者への権利を侵害しないのであれば，その選択を尊重するように努める姿勢が求められる」。さらに言えば，ゴミ屋敷のように周囲から苦情が殺到し，「他者の権利を侵害」している場合でも，本人がなぜゴミを溜めるのか，そこにはどのような生活史や思い・背景があるのか，という本人の合理性（内在的論理）をお話を伺う中で理解し，どうすれば周囲と折り合いを付けられるか，を一緒に考える必要がある。[3]

そして，強度行動障害や認知症で，徘徊をしたり道路に飛び出す危険性があるけれど，注意や制止をしてもその行動が止まらない，あるいは重症心身障害を持ち，まばたきや手足の動きで Yes/No を確認することも難しい等，「本人の自己決定や意思確認がどうしても困難な場合」は，どうしたらよいのだろうか。制止をしても効果がないから，部屋に閉じ込めておくしかない・精神科の薬を服薬して行動を制限させるしかない……という対応は「縛る・閉じ込める・薬漬けにする」という意思決定の侵害であり，入所施設や精神科病院で行われている対応と同じである。

ここで求められているのは，「本人をよく知る関係者が集まって，様々な情報を把握し，根拠を明確にしながら意思及び選好を推定する」というプロセスを丁寧にすることである。徘徊や「問題行動」をするのはいつ，どのようなタイミングで，何がきっかけになって，そのような行動にいたるのか。本人が心地よく過ごすときと「問題行動」をするときにはどのような違いがあるのか，どのようなサポートがあればそのような「悪循環」から脱出することが可能なのか。発語がない本人なら，どうやったら意思や好みをくみ取ることが可能か。こういったことを，本人をよく知る様々な支援者が集まり，検討を重ねる中で，意思や選好を推定し，方策を練っていくことが求められる。

つまり，意思決定支援で重要になるのは，支援者のアセスメント（＝見立てと価値判断）をどのようにするか，という問いである。精神科病院や入所施設の中で，あるいはグループホームや在宅でも，「縛る・閉じ込める・薬漬けにする」とい

う「支援」を行うなら，「危険な人は制止をする
しかない」という「見立て」に基づく「支配」に
つながりかねない。だが，その人はなぜ・いつ・
どのような時にそのような「問題行動」をするの
か，を「見立て」た上で，それを減らすためには
どのような支援ができるのか，を本人や本人をよ
く知るたの支援者と共に考えるのも，別の「見立
て」であり，アセスメントである。そして，この
アセスメント力の違いによって，脱施設化や地域
生活支援，あるいは意思決定支援がうまくもいけ
ば，ひどくもなる。このあたりが，支援者に問わ
れているのだ。[4]

## Check

**次の文の正誤を答えなさい。**

障害者の意思決定支援では，それに
必要な情報の説明は本人が理解で
きるように工夫して行い，自己決定
の尊重に基づくことが基本的原則
である。

(答) ○
(第34回社会福祉士試験 相談援助の基盤と専門
職 問93)

注
(1) 大熊一夫 (2009)『精神科病院を捨てたイ
タリア——捨てない日本』岩波書店。
(2) 北野誠一 (2015)『ケアからエンパワーメ
ントへ——人を支援することは意思決定を
支援すること』ミネルヴァ書房。
(3) 竹端寛 (2015)「「合理性のレンズ」から
の自由——「ゴミ屋敷」を巡る「悪循環」
からの脱出に向けて」『東洋文化』95, 99-114
頁（https://researchmap.jp/read0128622/
published_papers/23670294, 2023年10月28
日閲覧）。
(4) 伊藤健次・土屋幸巳・竹端寛 (2021)『「困
難事例」を解きほぐす——多職種・多機関
の連携に向けた全方位型アセスメント』現
代書館。

## さらに学びたい人への基本図書

ニィリエ，B.／ハンソン友子訳『再考・ノーマライゼーションの原理』現代
　書館，2008年
ノーマライゼーションの原理を世界に広めたニィリエが，その原理の思想的
意味や，原理生成と展開の歴史を整理した一冊。脱施設化や地域生活支援が
ノーマライゼーションの原理とどう繋がっているのか，その思想的核心に触
れることができる，熱い一冊。

安積純子・岡原正幸・尾中文哉・立岩真也『生の技法——家と施設を出て暮
　らす障害者の社会学　第3版』生活書院，2013年
障害者福祉を学ぶ人なら，絶対に一度は目を通してほしい古典的名著が，文
庫本になった！　自立生活運動に身を投じた当事者たちは何を考え，何に異
議申し立てを行い，入所施設や家族介護の道を選ばず，地域での自立生活を
求めたのか。その半世紀近くに障害者運動の軌跡と，実際に何を構築してき
たのか，を丹念に解き明かしていく。

長瀬修編著『わかりやすい障害者権利条約——知的障害のある人の権利のた
　めに』伏流社，2019年
この本では，障害者権利条約の内容について，条文ごとにわかりやすく解説
されている。ルビがふられているほか，わかりやすい表現が用いられていた
り，読者自身が条約について考えることができるようワークシートが用意さ
れてもいる。この本の書式や構成を通して，障害のある人が条約を活用する
ための工夫についても考えることができる。

竹端寛『「当たり前」をひっくり返す——バザーリア・ニィリエ・フレイレが
　奏でた「革命」』現代書館，2018年
本章でもとり上げたニィリエがノーマライゼーションの原理をどのように作
り上げたのか，バザーリアはどうやって精神病院中心のあり方から「自由こ
そ治療だ」を実現したのか，を物語風にまとめた一冊。

Try! 第2章

**問：ノーマライゼーションの原理と自立生活運動，アドボカシーの共
　通点とは何か。**

ヒント：どのような障害者福祉の現実に対して異議申し立てをしたのか，を思い出
　そう。

# 第**3**章

## 障害者福祉の歴史的展開

### 本章で学ぶこと

- 2000年以前の障害者福祉の展開を知る。（第1節）

- 社会福祉基礎構造改革は何を目指したのかを学ぶ。（第2節）

- 支援費制度について学ぶ。（第2節）

- 障害者自立支援法はどのような経緯で制定されたかを知る。（第3節）

- 障がい者制度改革は何を目指そうとしたのかを知る。（第3節）

# 2000年までの障害者福祉の歴史的展開

## この節のテーマ

● 2000年代までの各年代別にみる障害者福祉の歴史について学ぶ。
● 身体障害者福祉法制定時の情勢について知る。
● 精神薄弱者福祉法制定時の情勢について知る。
● 精神保健・福祉制度はどのような変遷をたどっているかを知る。
● 施設・入院施策中心から在宅福祉の推進への道筋について知る。

## 第 2 次世界大戦前の障害者の処遇

　日本の障害者処遇の歴史をたどれば，聖徳太子が設立した悲田院や療病院での困窮者や病人の救済や，江戸時代の各藩での貧困者等の対策を確認することができる。<sup>(1)</sup>

　近代に時代が移るが，国の責任による障害児・者福祉施策はほとんど行われていなかった。公的扶助制度である1874（明治 7 ）年の恤救規則では，身寄りのない障害者は法の対象になったが，救済責任を村落共同体的な「人民相互の情誼」に依拠する等，決して十分とは言えない処遇だった。また，精神障害者の私宅監置を合法的に認める**精神病者監護法**が，1900（明治33）年に制定された。精神科医の呉秀三らは1910（明治43）年から私宅監置状況の調査を行い，その報告書には，私宅監置の状況が惨憺たるものであり，「我が国十何万の精神病者は，実にこの病を受けた不幸の他に，この国に生まれた不幸をも二重に背負わされていると言うべきである」という記述がある。<sup>(2)</sup>

　障害者福祉の先駆的な実践は，宗教家や教育者，民間篤志家等によりなされてきた。代表例として，1891（明治24）年に石井亮一は女子の孤児を引き取り「孤女学院」を創設した。その後，孤女学院は1897（明治30）年に「**滝乃川学園**」と名称を改め，これが日本初の知的障害児施設である。

　1900（明治33）年の小学校令改正では，「瘋癲・白痴・不具」といった重度の知的障害児や肢体不自由児は就学免除と規定された。ここから，「富国強兵と近代産業を担う人的資源の確保」を必要とし，能力による選別が行われていた当時の国の状況がうかがえる。<sup>(3)</sup> その後，1937（昭和12）年の日中戦争開戦以降，日本は戦時体制を強化していく。施設入所者のうち「多少でも労働力を残している人たちは軍需産業に引きだされ，施設入所の対象者がしだいに減少していった」。<sup>(4)</sup> さらに日本本土への空襲が始まると，施設の焼失をはじめ障害児・者の生活や生命が危機的な状況におかれることとなった。

## 戦後の障害者福祉

　現在に通じる障害児・者福祉に関する法制度は，第 2 次世界大戦後から整備されはじめた。1946（昭和21）年には終戦直後の全国民的な窮乏状態への対応として旧生活保護法が，1947（昭和22）年には戦災孤児に代表される児童福祉問題へ

の対応として児童福祉法が，そして1949（昭和24）年には「**身体障害者福祉法**」が制定された。制定時の身体障害者福祉法は，医療や訓練によって「職業更生」の可能な障害者を法の対象としており，障害の程度が重い全身性障害者が対象から外れていた他，**内部障害者**◆1も法の対象に規定されていなかった。

　知的障害者については，18歳以上の知的障害者に対応する福祉法が整備されるには，1960（昭和35）年の「精神薄弱者福祉法」を待たねばならなかった。その間，1952（昭和27）年には精神薄弱児育成会（現在の「全国手をつなぐ育成会連合会」）という親の会が結成され，そこでは「精神薄弱者のための法的措置の整備や職業補導施設の設置」(5)等が運動目標として掲げられていた。また，1958（昭和33）年には同会により，名張育成園という知的障害児・者施設が開所している。

　精神障害については，1919（大正8）年の「精神病院法」を経て1950（昭和25）年に「精神衛生法」が成立した。これにより，自傷他害のおそれのある精神障害者の**措置入院**◆2制度が設けられる。以降，政府は精神病床の増床に向けた政策誘導を行い，精神科病院の設置や運営経費の国庫補助，精神科病院における医療・看護基準の特例（精神科において医師数は他科の3分の1，看護師数は3分の2でよいとするもの）を設けた。それにより，精神病床は大幅に増加することとなった。

## 高度経済成長期の障害者福祉

　1960（昭和35）年に「精神薄弱者福祉法」（1998

1

2

---

| 必ず覚える用語 |
| --- |
| ☐ 精神病者監護法 |
| ☐ 身体障害者福祉法 |
| ☐ 内部障害者 |
| ☐ 措置入院 |
| ☐ 知的障害者福祉法 |
| ☐ 身体障害者雇用促進法 |
| ☐ コロニー |

**◆1　内部障害者**
身体障害者福祉法制定当時，内部障害者は法の対象に含まれていなかったが，1967（昭和42）年の身体障害者福祉法改定により，心臓，呼吸器の機能障害が対象に加えられることで，身体障害の種類に内部障害が位置づくこととなった。なお，近年では2010（平成22）年に肝臓機能障害も内部障害として身体障害者福祉法の対象となった。

**◆2　措置入院**
精神保健及び精神障害者福祉に関する法律では，第29条に「都道府県知事による入院措置」として規定されている。措置入院とは，都道府県知事がその者を入院させ保護しなければ自傷他害のおそれが生じると認めた場合，2名以上の精神保健指定医による診察を経て，精神科病院に入院させることを指す。このとき，本人や保護者による同意を得なくとも，都道府県知事により入院させることができる。

（平成10）年に現行名称である「**知的障害者福祉法**」に改称）と「**身体障害者雇用促進法**◆3」が制定された。しかし，制定時の精神薄弱者福祉法において定められた福祉の措置は，精神薄弱者福祉司（現在の知的障害者福祉司）による指導，精神薄弱者援護施設への入所，職親委託であった。

　1963（昭和38）年に，水上勉による重症心身障害児を抱えた親の苦労について著された論考「拝啓池田総理大臣殿」が『中央公論』誌に掲載され話題を呼んだ。当時，高度経済成長を背景にした産業構造の変化や核家族化の進行により，家族の扶養・介護能力の低下が問題視されはじめていた。しかし，重い障害のある人が在宅で暮らすにも，それを下支えする福祉制度がほとんど整備されていなかった。そうして，この頃から大型の障害者施設を増やす機運が高まる。1965（昭和40）年には首相の諮問機関である社会開発懇談会が**コロニー**◆4の設置を提言し，厚生省（当時）に「コロニー懇談会」が設けられることとなった。

　精神衛生法については，1964（昭和39）年**ライシャワー事件**◆5を機に，一層の精神病床の増床と精神病者への入院措置をはかるための改正法が1965（昭和40）年に施行される。自傷他害の程度が著しい精神障害者への緊急措置入院制度が設けられるとともに，通院医療費公費負担制度が新設される等の改正がなされた。

## 施設福祉の推進

　入所施設をつくっていく流れは，この時期さらに強まる。1970（昭和45）年には社会福祉施設緊急整備五カ年計画が策定された。計画では特に高齢者や重度の身体障害者や知的障害者とその重複する心身障害者の入所施設整備が目指された。

　また，同年には「心身障害者対策基本法」が施行される。これは各省横断した施策展開が必要であるとの認識から制定された法であり，後の障害者基本法へとつながる。

　このように国内では，この時期，施設入所政策が中心にとられる状況にあった。しかし国際的な動向を見れば，国連の「知的障害者の権利宣言」（1971年），「障害者の権利宣言」（1975年）が採択された。障害者の権利宣言では，障害者が障害の種類や程度にかかわらず，同年齢の市民と同等の，そして可能な限り通常のかつ充分満たされた相当の生活を送ることができる権利を有するという，ノーマライゼーション理念に沿った規定がなされている。そうした障害者の権利を意識した流れは，1981（昭和56）年の**国際障害者年**につながっていく。

## 国際障害者年の影響とその展開

　障害者の権利宣言の趣旨を具体化するために，国連は1981（昭和56）年を**国際障害者年**とした。「**完全参加と平等**」をテーマに，障害者問題の啓発や障害者福祉先進諸国の例が日本にも多く紹介された。北欧諸国から端を発したノーマライゼーション理念が日本に積極的に紹介されたのも，国際障害者年を契機としている。その後，1982（昭和57）年に国連は障害者に関する世界行動計画を採択し，その後1983（昭和58）年から1992

（平成4）年を国連・障害者の10年と位置づけている。

在宅福祉について，1967（昭和42）年に身体障害者家庭奉仕員制度，1970（昭和45）年には心身障害児家庭奉仕員制度ができていた（家庭奉仕員とは現在の居宅介護従事者等を指す）。当時の派遣対象は所得税非課税世帯に属し，かつその家庭が身体障害者の介護を行えない者と規定していた。1982（昭和57）年，同制度は大幅に改定される。利用者負担の導入により，課税世帯を含み派遣対象は拡大し，派遣回数も拡充した。

所得保障について，1986（昭和61）年に障害基礎年金制度が実施され，20歳前に障害が生じている者についても障害基礎年金が支給されるようになった。

精神保健福祉については，1984（昭和59）年の宇都宮病院事件への反省が法や施策の方向性を転換する。宇都宮病院事件とは，入院患者が看護人の虐待により死亡した事件である。こうした院内での反人権的な処遇の実態とともに，他科に比較し精神科の人員配置が低い水準であることなど，精神医療の問題が明るみに出た。精神障害者の人権擁護と社会復帰の促進を目指して，1987（昭和62）年には精神衛生法が廃止され，「精神保健法」が成立した（施行は1988〔昭和63〕年）。同法により，**任意入院**制度，**精神障害者社会復帰施設**，**精神保健指定医制度**等が規定された。

## ■ 社会福祉関係八法改正

1990（平成2）年，「老人福祉法等の一部を改

◆3　身体障害者雇用促進法
現在の障害者雇用促進法である。法制定当時は身体障害者のみが対象であったが，1987（昭和62）年に現行名称に改称され，知的障害者が対象に位置づけられた。その後，2006（平成18）年の同法改正で，精神障害者保健福祉手帳を有する精神障害者も法の対象となっている。

◆4　コロニー
一般的には植民地を意味する言葉であるが，障害者福祉においては郊外などに建設された大規模収容の入所施設を指す。

◆5　ライシャワー事件
1964（昭和39）年，ライシャワー駐日米国大使が統合失調症の未成年者によって襲われ，重症を負った事件。

◆6　任意入院
本人の同意に基づき精神科病院に入院する形態のこと。精神保健及び精神障害者福祉に関する法律第22条に規定されている。

◆7　精神障害者社会復帰施設
2006（平成18）年の障害者自立支援法施行までは，障害種別に応じて社会福祉施設が体系化されていた。精神障害者福祉においては，生活訓練施設（援護寮），福祉ホーム，授産施設，福祉工場，地域生活支援センターを総称して精神障害者社会復帰施設としていた。しかし障害者自立支援法により施設体系が再編されることで，精神障害者社会復帰施設という総称はなくなり，また各施設も障害者自立支援法に応じて名称及び内容の変更がなされた。

◆8　精神保健指定医制度
実務経験や研修課程の修了によって職務を行うのに必要な知識や技能を有すると認められる者を，厚生労働大臣は精神保健指定医とする。任意入院において入院を継続するかどうかの判定や，医療保護入院や措置入院にあたり入院が必要かどうかを判定するのが精神保健指定医である（精神保健及び精神障害者福祉に関する法律第18，19条）。

正する法律」が成立し，「社会福祉関係八法」が改定された。八法とは，社会福祉事業法（現在の社会福祉法），老人福祉法，児童福祉法，精神薄弱者福祉法（現在の知的障害者福祉法），身体障害者福祉法，母子及び寡婦福祉法（現在の母子及び父子並びに寡婦福祉法），老人保健法（現在の高齢者の医療の確保に関する法律），社会福祉・医療事業団法である。高齢化社会の到来に備え，住民に身近な市町村で在宅・施設福祉サービスを一元的，計画的に提供する体制づくりを目指す意図があった。

　改正の内容について，身体障害者福祉では，ホームヘルプ，デイサービス，ショートステイといった在宅福祉サービスを法定化するとともに，これまで都道府県が行っていた町村在住者の施設入所決定事務等が町村に移管された（市部は1987〔昭和62〕年からすでに実施していた）。これにより，市町村において在宅サービスと施設サービスが一元的に提供されることとなった。

　知的障害者福祉では，ホームヘルプ・デイサービス・ショートステイなどの在宅サービスとともにグループホーム（知的障害者地域生活援助事業）が法定化され，法定施設に精神薄弱者通勤寮や精神薄弱者福祉ホームが加えられた。しかし知的障害者の福祉に関する事務が都道府県に残されたままであった点は，身体障害者福祉とは異なる。

## 障害者基本法の制定と障害者プラン

　1993（平成５）年には，これまでの心身障害者対策基本法を大幅改定し，「**障害者基本法**」が成立した。これは障害に関係する省庁を横断した障害福祉施策推進のための法である。

　障害者基本法が重要であるのは，一つに精神障害者を「障害者」として法に位置づけたことである。これまで中心的には精神医療・保健の対象としてとらえられてきた精神障害者であったが，障害者基本法の規定を契機に福祉サービスの対象としても位置づけられるようになる（1995〔平成７〕年には精神保健法から現行法である「**精神保健及び精神障害者福祉に関する法律**」へと改正された）。

　もう一つは，国・都道府県・市町村で**障害者基本計画**の策定を規定したことである。法制定当時，計画策定について都道府県と市町村は努力義務だったが，都道府県は2004（平成16）年に，市町村は2007（平成19）年から義務化されている。

　国は1993（平成５）年にすでに策定していた「障害者対策に関する新長期計画」を，1993（平成５）年度から2002（平成14）年度末までの障害者基本計画と位置づけた。それとともに，障害者基本計画の実現に向け，具体的な数値目標でもって計画化する「**障害者プラン―ノーマライゼーション７か年戦略**」が1995（平成７）年12月に策定された。障害者プランは1996（平成８）年度から2002（平成14）年度末までに達成すべき目標を数値化したものであり，それは高齢者施策のゴールドプラン（1989年），児童家庭福祉施策のエンゼルプラン（1994年）と並んで，社会福祉施策を計画的に推進する方向性を示すものであった。

注

(1) 田中明（1986）『社会福祉施設論』光生館，1-2頁。

(2) 呉秀三・樫田五郎（訳・解説：金川英雄）（2012）『現代語訳　精神病者の私宅監置の実況』医学書院，334頁。

(3) 髙橋流里子（1990）「肢体不自由児の福祉対策」財団法人社会福祉研究所『戦前・戦中期における障害者福祉対策』55頁。

(4) 田中明（1986）『社会福祉施設論』光生館，78頁。

(5) (1)と同じ。

# 第2節　社会福祉基礎構造改革から支援費へ

## この節のテーマ

- ●社会福祉基礎構造改革について理解する。
- ●介護保険制度と社会福祉基礎構造改革の共通点について考える。
- ●支援費制度の特徴を知る。
- ●なぜ支援費制度は廃止されることになったのか理解する。
- ●財源問題と制度改革はどうつながっているのか理解する。

## 介護保険制度の創設

　21世紀の日本の障害福祉政策は，2000年に創設された「**介護保険制度**」に大きな影響を受けている。介護保険制度とは，保険料を支払えば所得に関係なくサービスを受けられる制度である。40歳以上の国民が保険料を払い，65歳以上の高齢者，ならびに40歳以上の加齢に伴う障害のある人が介護保険サービスを受けられる。サービス利用時にはその1割を負担することが求められる。また介護保険料収入と同額の公費を投入することで，十分な給付を保証しようという制度設計がなされている。保険者は市町村である。

　サービスの必要性については**要介護認定**[◆1]という判定基準で判断されるが，その基準額の範囲内であれば，利用者は自らが使いたいサービス事業所を選択できる，という選択権が保障されている。またサービス内容のコーディネートは**介護支援専門員**[◆2]が原則として行う。保険あってサービス無し，の事態を避けるため，福祉サービスを民間事業所に開放する規制緩和も行っている。さらに，制度開始から5年ごとに見直すことも法の中に規定されている。

## 社会福祉基礎構造改革とは

　この介護保険制度の創設に合わせて，社会福祉事業，社会福祉法人，措置制度など社会福祉の共通基盤制度に関する抜本的な見直しが行われた。それが，社会福祉基礎構造改革（社会福祉事業法等改正法案大綱骨子）である。身体障害者福祉法，知的障害者福祉法，児童福祉法も，その法改正の対象となった。この**社会福祉基礎構造改革**は，①個人の自立を基本とし，その選択を尊重した制度の確立，②質の高い福祉サービスの拡充，③地域での生活を総合的に支援するための地域福祉の充実，の3つが理念として目指された

　①に関しては，行政処分により支給内容を決定する措置制度から，利用者が事業者との対等な関係に基づきサービスを選択する「**利用契約制度**」へと転換が目指された。自己決定能力の低下した知的障害者や認知症の人にも契約制度を導入するため，利用者保護の観点から，介護保険の施行とあわせて，「**成年後見制度**」[◆3]と**地域福祉権利擁護事業**[◆4]が創設された。また，利用者の苦情や意見を幅広く汲み上げ，サービスの改善を図る観点から，第三者が加わった施設内における苦情解決の

56　第Ⅰ部　障害者福祉の理念と歴史

しくみとして，導入された。

②について，サービスの質を評価する第三者機関の育成が，③については，障害者の通所授産施設の要件を緩和し，社会福祉法人の設立を促進することや，市町村・都道府県において地域福祉計画を策定することが求められた。障害者福祉サービスにおいてはこの社会福祉基礎構造改革の具現化として，利用者の立場に立った制度を構築するために「**支援費制度**」に2003年度より移行することを決めた。

## ┃支援費前夜
## ┃：ホームヘルパー上限問題

この「支援費制度」が始まる直前に大きな問題が生じた。

「『支援費制度』について，厚生労働省が身体・知的障害者が受けるホームヘルプサービスの時間数などに『上限』を設ける検討を始めていることが分かった。(略)　身体障害者が受けるホームヘルプサービスは月120〜150時間程度，知的障害者が受けるホームヘルプサービスは重度が月50時間，中・軽度が月30時間程度の上限を設定するなどの案が浮上している。これが実現すると，全面介助が必要な身障者でも，原則1日4〜5時間程度しかサービスを受けられなくなる。(略)厚労省障害保健福祉部は『支援費制度の開始でサービスの需要が増えることが予想され，無制限に支援費を出して予算をパンクさせるわけにもいかない。目安としての上限を設

1

◆1　要介護認定
要介護状態や要支援状態にあるかどうか，その中でどの程度かの判定を行うのが要介護認定である。認定調査員による認定調査及び主治医意見書に基づくコンピュータ判定（一次判定）を行う。また，この一次審査の後，保健・医療・福祉の学識経験者により構成される介護認定審査会により，一次判定結果，主治医意見書等に基づき審査判定（二次判定）を行う。

2

◆2　介護支援専門員
ケアマネジャーとも呼ばれている。介護保険法では，要介護者又は要支援者からの相談に応じ，その心身の状況等に応じ適切な居宅サービス，地域密着型サービス，施設サービス，介護予防サービス又は地域密着型介護予防サービスを利用できるよう市町村，事業所等との連絡調整等を行う者であって，介護支援専門員証の交付を受けたもの，とされている。

3

◆3　成年後見制度
認知症・知的障害・精神障害などの理由で判断能力の不十分な人の中には，不動産や預貯金などの財産管理や，福祉サービスに関する利用契約を自分でするのが難しい場合がある。また，自分に不利益な契約であってもよく判断ができずに契約を結んでしまい，悪徳商法の被害にあうおそれもある。このような判断能力の不十分な人を保護し，支援するのが成年後見制度である。

4

◆4　地域福祉権利擁護事業
認知症高齢者，知的障害者，精神障害者等のうち判断能力が不十分な方が地域において自立した生活が送れるよう，利用者との契約に基づき，福祉サービスの利用援助等を行うもの。現在では日常生活自立支援事業と名称変更された。

5

◆5　リスクとデインジャー
共に「危険」を表す英語表現であるが，リスクとはある程度，確率論的に予想が可能な危険，それを時には自由意思で避けることも可能な危険のこと，その一方でデインジャーとは予想や予見ができない危険，である。誰しも高齢者になり，要介護状態になることは予想が可能だが，いつ・どのような形で障害をもつか，は予想も予見もできないことである。

けることを検討しているが，具体的なものは
まだ白紙段階だ。28日に開催予定の全国担当
者会議までに，結論を出したい』と説明して
いる。」(『毎日新聞』2003年1月10日)

　措置時代には，重度障害者の支援は入所施設で
行う前提だった。長時間介護が必要な重度障害者
が在宅生活を送ろうとすれば，自治体と交渉して
介護時間を増やすか，長時間介護を保障する自治
体に引っ越すか，家族やボランティアの介護を受
けるか，という選択肢しかなかった。だが支援費
では，介護保険と同様の利用契約制度が導入され
た。そこで厚生労働省はホームヘルプサービスの
ニーズの急増→「予算のパンク」を懸念し，国が
財源支出する部分に関する時間数＝金額の「上
限」を設定しようとしたのである。

　障害者団体の激しい抗議活動などもあり，その
後，厚生労働省は上限設定の検討を撤回した。だ
が，その後「予算」と「制度」を巡る議論は急展
開していく。

## ■ 支援費制度とは

　2003年に開始した支援費は，介護保険と同じよ
うな，「利用契約制度」に基づいたサービス提供
を行うことになっていた。その骨格は以下の通り
である。

　①　障害者福祉サービスの利用について支援
費支給を希望する者は，必要に応じて適切なサー
ビス選択のための相談支援を受け，市町村に支援
費支給の申請を行う。

　②　市町村は，支給を行うことが適切であると
認めるときは，支給決定を行う。

　③　都道府県知事の指定を受けた指定事業者・施
設との契約により障害者福祉サービスを利用する。

　④　障害者福祉サービスを利用したときは，本人
及び扶養義務者は，指定事業者・施設に対し，サー
ビスの利用に要する費用のうち本人及び扶養
義務者の負担能力に応じて定められた利用者負
担額を支払うとともに，市町村は，サービスの利
用に要する費用の全体額から利用者負担額を控
除した額を支援費として支給する(ただし，当該
支援費を指定事業者・施設が代理受領する方式
をとる)。

　また，実際に支給決定を行うのは，これまで都
道府県がその役割を担っていたが，市町村に権限
が移換された。つまり支援費は，介護保険制度と
かなり近い利用契約制度であったが，根本的に介
護保険制度と異なる部分がいくつかあった。

　その最大の違いは，介護保険は保険料＋税だっ
たが，支援費は税財源のみであった，という事で
ある。多くの人が高齢者になると介護サービスを
必要とする**リスク**◆5(risk)が高まる。そこで，そ
のリスクに対して保険制度で保障しようとする
のが介護保険制度である。一方，障害は，誰がな
るか予測不能な**デインジャー**◆5(danger)であり，
そうなった場合の保障はセーフティネットとし
て国が保障すべきだ，という考え方が支援費制度
である。ゆえに，支援費制度では負担能力に応じ
た利用者負担(応能負担)であり，支給決定の際
はサービスの必要性を市町村と利用者が話合っ
て決める，というモデルであった。この支援費制
度は，開始早々財源問題でつまずいてしまう。

## 介護保険制度との統合論

これまで，在宅のホームヘルプサービスや移動支援，あるいは障害児のデイサービス等は，ニーズがあってもサービス事業所もなく，自治体も措置決定しなかったので，ニーズは顕在化していなかった。サービスは抑制されていた。だが，支援費制度開始直後から，利用者の選択に基づく契約制度の中で，在宅サービスを中心に支給決定が急増する。1年目では，在宅系サービスを中心に100億円規模の予算超過となった。

これは，利用者にとってはがまんしていたサービスが使えるようになった，という証拠だった。だが，時期が悪すぎた。当時の小泉政権は，国の借金を減らすための**構造改革**◆6を行っており，社会保障費の年間2,200億円の圧縮が至上命題とされていた。その中で，「予算がパンク」したと考えた厚生労働省は，財源の安定化を目指して，大規模な改革を目論んだ。

5年に一度の介護保険制度の見直しの時期でもあった2004年春，介護保険制度に障害者の介護のサービスを組み入れる素案を，厚生労働省は打ち出した。介護保険料を40歳から20歳に引き下げることにより，介護保険料収入という独自財源が大幅に増え，介護保険も含めた財源の安定化にも役立つ。また，支援費制度から取り残された精神障害者の地域生活支援も，「介護」という共通項で括って提供したい，という意図もあった。

だが，開始から1年しか立たず，利用者の満足度も高い支援費制度が，単に財源問題「だけ」で

介護保険制度に吸収合併されることに対して，障害者団体の中には強い反対意見を持つ人も少なくなかった。また，自治体や関係団体も拙速な改革へは反対の意向を示した。

そこで，介護保険との2005年の段階での統合を見送ったが，将来的な介護保険との統合を見越した，介護保険制度によく似た，新たな制度を描いた。それが，「**障害者自立支援法**」である。

| 必ず覚える用語 |
|---|
| ☐ **要介護認定** |
| ☐ **利用契約制度** |
| ☐ **成年後見制度** |
| ☐ **地域福祉権利擁護事業** |
| ☐ **支援費制度** |

**◆6　構造改革**
小泉首相は，2001年の就任直後の所信表明演説において，「『構造改革なくして日本の再生と発展はない』という信念の下で，経済，財政，行政，社会，政治の分野における構造改革を進めることにより『新世紀維新』ともいうべき改革を断行したいと思います」と宣言し，歳出削減対象として，社会保障やODA（政府開発援助）といったこれまで「聖域」と言われた領域の予算削減も行った。

### Check

**次の文の正誤を答えなさい。**

日本では1990年代の社会福祉事業法等の改正により行われた社会福祉基礎構造改革に基づき，福祉サービスの利用関係が契約による利用制度から行政が関与する支援費制度に改められた。

（答）×：基礎構造改革は2000年，措置から契約制度に変わったのが支援費制度である。
（第22回社会福祉士国家試験問題31より）

# 第3節 自立支援法から障がい者制度改革，総合支援法への展開

## この節のテーマ

- 障害者自立支援法の特徴を知る。
- 障がい者制度改革は何を目指していたのか考える。
- 障害者基本法の改正内容の特徴を知る。
- 障害者自立支援法のどの部分が問題と指摘されているのかを知る。
- 障害者総合支援法がどのような経緯で成立したのかについて知る。

### 介護保険制度に似た自立支援法

2006年に施行された「**障害者自立支援法**」は，介護保険制度との将来的統合を見込んだ制度設計である。具体的には，①利用者の原則１割負担制度を導入したこと，②要介護認定をベースにした障害程度区分に基づく支給決定を行うこと，③介護保険と共通項のあるサービスを「**介護給付**」，主に入所施設にあてはまるサービスを「**訓練等給付**」とし，障害者の地域生活支援に必要な移動支援や相談支援，コミュニケーション支援は「**地域生活支援事業**」という括りにされたこと，である（くわしい制度内容は第４章参照）。

次にこの３点の特徴を述べていく。

① 障害という予測不能なデインジャーについては税負担で支える必要性があるとする立場から，支援費制度では負担能力に応じた利用者負担（応能負担）であった。だがその後厚生労働省は，財政削減の世論の中で，利用者も応分な負担をしないと国民の納得が得られない，とスタンスを変え，介護保険制度と同じようにサービス利用料の１割を負担（**応益負担**）する原則を持ち込んだ。

② それと共に，サービス支給決定のしくみを大きく変えた。それまでは自治体の担当者によるアセスメントで支給決定がなされていたが，介護保険同様，全国一律の支給決定のしくみが必要である，とスタンスを変えた。要介護認定をベースに作られた障害程度区分と不服のある場合には市町村審査会，という支給決定方式をとった。

③ 支援費時代の課題であった精神障害者の福祉サービスも同じく自立支援法に入れるため，これまで三障害でバラバラだった施設体系を再編した。その際，介護給付と訓練等給付は個別給付とし，地域生活支援事業は**統合補助金事業**とされた。◆1

また，この３点以外にも，「日中活動の場と生活の場の機能分離」をすることで，利用者の選択可能性を増やし，事業展開もしやすくなったこと，「就労支援の強化」によって，就労系サービスを増やし，工賃向上も積極的に目指したこと，「障害者自立支援協議会」の創設によって，市町村や圏域単位での地域課題を解決する官民協働の議論の場を作り上げたこと，などが自立支援法の目玉として打ち出された。

## 自立支援法をめぐる賛否

　ただ介護保険との将来的統合をもくろんだ上記の３点は，障害者自立支援法の原案が出たときから，賛否をめぐる議論が続いた。

　①に関して，介護に関する共通部分は介護保険を使い，それに上乗せして障害者サービスを提供する方が，財源的にも安定するので良いのではないか，そのためにも介護保険に似たシステムや費用負担のあり方も必要だ，という賛成意見も聞かれた。一方，サービスを受けるのは「利益」なのか，という立場からの反対意見も続いた。実際，自立支援法がスタートした後，利用控えなどの問題が表面化し，その後，厚生労働省は度重なる減免措置を講じて，結果的に「実質的な**応能負担**状態」となる。

　②に関して，支援費制度が始まった後，一部自治体がアセスメントを適切に行わなかったため，過度な支給決定が行われた，という実態もあった。そのため，介護保険の要介護認定のような全国共通の尺度で，かつ予算上限とも連動するようなしくみを厚生労働省は求めた。一方，要介護認定はそもそも ADL しか判定できないため，知的障害や精神障害を計る基準として相応しくない，という批判も当初からあった。実際，自立支援法施行後も，知的障害で３割，精神障害で５割が市町村審査会で区分変更をする，という精度の悪さであった。

　③に関して，国は**個別給付＝義務的経費**[2]化により，障害者支援を安定的に行える，と謳っていた。

1

2

### 必ず覚える用語

- [ ] **障害者自立支援法**
- [ ] **介護給付**
- [ ] **訓練等給付**
- [ ] **地域生活支援事業**
- [ ] **応益負担**
- [ ] **応能負担**
- [ ] **個別給付**
- [ ] **国庫負担基準**
- [ ] **障がい者制度改革推進会議**
- [ ] **障害者基本法**
- [ ] **障害者権利条約第19条**
- [ ] **骨格提言**
- [ ] **障害者総合支援法**
- [ ] **障害者の権利に関する委員会**
- [ ] **総括所見**
- [ ] **建設的対話**
- [ ] **国連勧告**
- [ ] **インクルーシブ教育**

◆1　統合補助金事業
国の財源支出の一方式。個別給付とは違い，個別のサービスに所要な額に基づく配分は行わず，現在の事業実施水準を反映した基準による配分（事業実績割分）と人口に基づく全国一律の基準による配分（人口割分）を組み合わせた配分額を，市町村に一括して交付している。市町村はその予算の使い方に一定の裁量権を持つ一方，当事者が求める必要な額が確保されない，という問題点もある。

◆2　個別給付と義務的経費
個別給付とは，そのサービスが必要な人に個別にサービス給付がなされること。ある人が個別給付のサービスを受けることが認められた場合，そのサービスに所要な額を国・都道府県・自治体が分担して必ず支払う必要性が生じる。このように支払義務がともなう給付のことを「義務的経費」のサービスと呼んでいる。「自立支援給付」とも言われている。

だが，実際にはホームヘルプサービスでも，障害程度区分に基づく**国庫負担基準**◆3の枠内，という実質的な「上限」は残ったまま，であった。

この3点の問題は，自立支援法の原案が出た2004年から繰り返し批判されてきたが，厚生労働省はその批判の声に耳を傾けることなく，強行突破的に制度を施行した。そのため，障害者団体の反対運動は，やがて**障害者自立支援法違憲訴訟**◆4へと発展していく。

## 障がい者制度改革

自立支援法を巡る混乱から，大きく方向性が変わるのが，2009年の政権交代である。

民主党政権発足後の2009年12月，首相を本部長とする障がい者制度改革推進本部が立ち上がり，内閣府に**障がい者制度改革推進会議**が置かれることになった。この推進会議は，構成メンバーの過半数が障害者・家族，という日本の障害者政策で初めての当事者主体の会議となった。また2010年1月，障害者自立支援法違憲訴訟において，国は基本合意文章を取り交わし，和解をした。その中で，国（厚生労働省）は，速やかに応益負担（定率負担）制度を廃止し，遅くとも2013年8月までに，障害者自立支援法を廃止し新たな総合的な福祉法制を実施することを約束した。また，現行の介護保険制度との統合を前提としない，という事も確認された。

この障がい者制度改革の中で3本柱として目指されたのが，「障害者基本法の改正（2011年）」「障害者総合福祉法（仮称）の制定（2012年）」，お

よび「障害者差別禁止法の制定（2013年）」の三つの法制度化，である。国連障害者権利条約の批准，および自立支援法の廃止を見据えて，先述の推進会議で基本法改正の議論が進められると共に，推進会議の下に作られた総合福祉部会では障害者総合福祉法（仮称）の制定を，同差別禁止部会では差別禁止法の制定に向けた議論が進められた。

## 障害者基本法の改正

改正された「**障害者基本法**」は，障害者権利条約の考え方を大きく採り入れた内容になった。

第1条の目的で「全ての国民が，障害の有無によつて分け隔てられることなく，相互に人格と個性を尊重し合いながら共生する社会を実現する」ことが謳われた。

第2条の定義で障害は「障害及び社会的障壁により継続的に日常生活又は社会生活に相当な制限を受ける状態にあるものをいう」とされた。「社会的障壁」による「制限」という考え方は，第2章で触れた権利条約や障害の社会モデルの考え方に基づいている。

地域生活については，第3条第1項第2号で「全て障害者は，可能な限り，どこで誰と生活するかについての選択の機会が確保され，地域社会において他の人々と共生することを妨げられないこと」とされた。これは**障害者権利条約第19条**の考え方をそのまま採用したものである。ただ，推進会議では当初入っていなかった「可能な限り」という表現が，官僚側の強い要望により入れ

られた。これは一種の**免責条項**[◆5]とも言われている。また，第3条第1項第3号では，「全て障害者は，可能な限り，言語（手話を含む。）その他の意思疎通のための手段についての選択の機会が確保されるとともに，情報の取得又は利用のための手段についての選択の機会の拡大が図られること」とされ，手話を言語として認めると共に，コミュニケーションの権利保障を定めた。

　教育については，第16条第1項で「可能な限り障害者である児童及び生徒が障害者でない児童及び生徒と共に教育を受けられるよう配慮」という表現が入り，インクルーシブ教育に向けた方向性が示されたが，一方ここでも「可能な限り」という表現が入れられた。

　さらに，障害者基本計画の実施状況を監視し，必要に応じて関係各大臣に勧告を行う「障害者政策委員会」を内閣府に置くこととされた。これは**障害者権利条約が求めるモニタリング機関**[◆6]と位置づけられている。

## ■ 総合福祉部会の「骨格提言」

　障害者自立支援法を廃止し新たな総合的な福祉法制を作るため，推進会議の下に作られたのが内閣府障がい者制度改革推進会議総合福祉部会，である。この総合福祉部会は，自立支援法制定時に賛成・反対に分かれた障害当事者・家族・支援者が再び同じテーブルに着き，権利条約批准に合わせて新たな法制度を作る，という目的で開かれた。

　2011年8月にまとめられた新法の**骨格提言**[(1)]は，

**◆3　国庫負担基準**
国庫負担基準とは，国の財源（国庫）から支給する金額（負担）の上限（基準）。介護保険では要介護5で月額36万5000円という上限が，区分6の重度訪問介護は月額44万円が上限となる。その金額では1日8時間以上の介助をまかなうことができないが，その場合は都道府県や市町村の財源からの持ち出しとなる。

**◆4　障害者自立支援法違憲訴訟**
2008年10月，全国8地裁29名の障害当事者らが，障害を理由とした支援サービスの1割を強要する「応益」負担は，生存権や幸福追求権の侵害であり，憲法に違反すると一斉に提訴した。最終的には全国14の裁判所で71名の原告団が訴えを起こした。民主党政権への政権交代後，自立支援法を廃止するための大きな原動力となった。

**◆5　免責条項**
免責とは，もともと「責任を問われるのを免れること」という意味。つまりそれを法律や契約などの条項に盛り込むことにより，公的に責任を回避する，という意味合いになる。「可能な場合」という表現は，「できる限りの努力はしたが，結果として実現できなかった」という結果が生じても，国はその責任を負わない，という表明にもなり得るという点で国の責任回避，ともいわれている。

**◆6　障害者権利条約が求めるモニタリング機関**
障害者権利条約第33条では，「この条約の実施を促進し，保護し及び監視〔モニター〕するための枠組み」の設置，及び「障害のある市民社会（特に，障害者及び障害者を代表する団体）は，監視〔モニタリング〕の過程に十分に関与し，かつ，参加する」ことを求めている。障害者政策委員会はこの第33条の条件を満たすためのモニタリング機関，ともいわれている。

自立支援法の問題点を整理した上で，目指すべき方向性を，①障害のない市民との平等と公平，②谷間や空白の解消，③格差の是正，④放置できない社会問題の解決，⑤本人のニーズにあった支援サービス，⑥安定した予算の確保，の6点に整理した。この骨格提言の内容は，障害者自立支援法の課題を浮き彫りにすると共に，現実的にどう制度を変えられるか，を具体的に提起した画期的な内容である。

以下，6点の内容を具体的にみていこう。

①障害者権利条約では「他の者との平等を基礎として（on an equal basis with others）」という表現が繰り返し出ており，新たな障害者福祉サービスも当然この原則に従う必要がある。その上で，②難病患者は制度の「谷間」として障害認定がされにくいこと，また障害児の放課後支援や，退院・退所後の支援など制度の「空白」に関する支援を重点的に行わないと，「他の者との平等」は実現されない。そのためにも，③自立支援法下でも解消されなかった・拡大した障害種別間によるサービス格差や**市町村格差**◆7を是正することが求められた。

さらに，④入所施設や精神科病院への「社会的入院・入所」の問題は，先進国の中でも異例の事態であり，権利条約19条にも反することから，地域基盤整備10カ年戦略という地域支援の底上げが盛り込まれた。一方，⑤介護保険との統合を前提としないのだから，障害者の**ニーズアセスメント**◆8のやり方は，現行の障害程度区分から**協議・調整モデル**◆9に見直す方向性も打ち出された。それらを実現するためにも，⑥国庫負担基準という実質

上限の撤廃と，OECD平均並み予算確保を求める（2011年当時では1兆1,138億円，OECD平均で2兆2,051億円）ことが謳われた。

## 総合支援法は名ばかり改正？

総合福祉部会の「骨格提言」を受けて，2012年2月，厚生労働省は障害者自立支援法を廃止し新たな総合的な福祉法制を実施するための法律案骨子を示した。しかし，それはたった4頁ほどの空疎な内容であった。理念目的に障害者基本法の改正案と同様の社会モデルの考え方を入れ，また法の名称は「**障害者総合支援法**」と変えることにした。そして，障害の範囲に加える難病の対象拡大を盛り込み，グループホームとケアホームを一元化することも盛り込んだ。だが，それ以外の部分は全て「法の施行後5年を目途に検討する」という「先送り」とされた。120頁を超える「骨格提言」は，たった4頁の「厚労省案」に矮小化された。内閣府の委員会による提言の大半を，厚生労働省は事実上，受け入れなかったのである。

その後，「重度訪問介護の対象拡大」「法の施行後3年を目処とした見直し」という一部分の修正が加えられたものの，ほぼ厚生労働省原案のまま国会を通過し，2013年4月から，障害者総合支援法がスタートすることになった。

## 総合支援法の2018年改正

この法律が制定された後の「3年後見直し」との付帯決議を受け，障害者総合支援法と児童福祉

法の一部が2016年に改正され，2018年に施行された。この改正内容は，大きく分けて，１．障害者の望む地域生活の支援，２．障害児支援のニーズの多様化へのきめ細かな対応，３．サービスの質の確保・向上に向けた環境整備から構成されている。

　１については，一人暮らしを希望する障害者への定期的な巡回訪問や相談等を行う自立生活援助や，就労移行した障害者の生活課題への支援を行う就労定着支援，65歳まで障害福祉サービスを利用してきた障害者が引き続き障害福祉サービスを実質的に使えるようにする措置などが盛り込まれた。２については，医療的ケアを必要とする障害児への適切な支援体制作りや，市町村における障害児福祉計画の策定が義務づけられた。３については，従来「購入」への補助金が支給されていた補装具に対して，成長に伴い短期間で取り替える必要のある障害児の場合は「貸与」も可能とし，また都道府県がサービス事業所の事業内容等の情報を公表する制度を創設した。

　この改正に関連して，意思決定支援と地域生活支援拠点，相談支援の包括化の課題を挙げておく。先の「３年後見直し」の検討の中で，社会保障審議会障害者部会においては「障害者の意思決定支援・成年後見制度の利用促進の在り方について」方向性を示した。これは「日常生活や社会生活等において障害者の意思が適切に反映された生活が送れるよう，障害福祉サービスの提供に関わる主体等が，障害者の意思決定の重要性を認識した上で，必要な対応を実施できるようにする」という基本的な考え方に基づき，「自ら意思を決定す

**7　市町村格差**

市町村間で障害福祉サービスの提供内容に差があるということ。その最大の理由は国庫負担基準という財政制約である。たとえば24時間ヘルパーによる支援が必要な人がいたとしよう。重度訪問介護の上限である月44万円を超えても，ある自治体なら，独自の加算をするので，24時間のヘルパーがつけられる。でも，別の自治体は，財政的余裕がないので，基準額以上の持ち出しをしない，という市町村格差が今なお残っている。

**8　ニーズアセスメント**

障害者が求める支援ニーズを評価（アセスメント）すること。支給決定プロセスにおいては，公平性を担保するために全国共通の指針（手帳，障害支援区分）によりサービスを受ける第１類型（独，仏，日）と，ソーシャルワーク，チームアプローチ，全体を勘案してプランニングを行う第２類型（英，スウェーデン，西オーストラリア）の二つのニーズアセスメントがある，と言われている。

**9　協議・調整モデル**

現行の障害程度区分の元になった要介護認定基準は「できる・できない」の評価，という医学モデル的な側面が強い。だが，人間のニーズを客観的に計れる，というのは幻想である。入所施設に暮らす人も，地域で暮らしてみれば，別のニーズが生まれてくる。このような，生成変化するニーズを本人から引き出し，本人と共に「ありたい理想像」と，そこに到達するための方法論を探り出す社会モデル的な評価が協議・調整モデルである。

ることに困難を抱える障害者が，日常生活や社会生活に関して自らの意思が反映された生活を送ることができるように，可能な限り本人が自ら意思決定できるよう支援し，本人の意思の確認や意思及び選好を推定し，支援を尽くしても本人の意思及び選好の推定が困難な場合には，最後の手段として本人の最善の利益を検討するために事業者の職員が行う支援の行為及び仕組み」づくりを求めるものであり，そのガイドライン（障害者福祉サービス等の提供に係る意思決定支援ガイドライン）[2]も示された。

また地域生活支援拠点は，「障害者等の重度化・高齢化や『親亡き後』に備えるとともに，地域移行を進めるため，重度障害にも対応できる専門性を有し，地域生活において，障害者等やその家族の緊急事態に対応を図るもの」とされ，「①緊急時の迅速・確実な相談支援の実施・短期入所等の活用：地域における生活の安心感を担保する機能を備える」こと及び「②体験の機会の提供を通じて，施設や親元からGH，一人暮らし等への生活の場の移行をしやすくする支援を提供する体制を整備：障害者等の地域での生活を支援する」ものとされた。そして，市町村は協議会（地域自立支援協議会）などを通じて，地域生活支援拠点をどのように整備するか，を検討・議論している。[3]

さらに，地域共生社会の実現に向けて，「丸ごと相談（断らない相談）の実現」も目指されている。親が要介護状態で，子どもがひきこもり・精神疾患を持つなど，いわゆる「8050問題」に対応するために，「世帯の複合的なニーズやライフス

テージの変化に柔軟に対応できるよう，包括的な支援体制の構築に向けた方策を検討」する事が求められ，多様で継続的な「出口支援」（社会参加・就労支援，居住支援など）や地域における伴走体制の確保も市町村で目指すべき課題として掲げられており，地域包括支援センターや生活困窮者支援事業との連携も進み始めている。[4]

## 総合支援法の2024年改正

2022年に障害者総合支援法の改正案が成立し，主に2024年から施行されることになった。①障害者等の地域生活の支援体制の充実，②障害者の多様な就労ニーズに対する支援及び障害者雇用の質の向上の推進，③精神障害者の希望やニーズに応じた支援体制の整備，④難病患者及び小児慢性特定疾病児童等に対する適切な医療の充実及び療養生活支援の強化，⑤障害福祉サービス等，指定難病及び小児慢性特定疾病についてのデータベース（DB）に関する規定の整備，⑥その他，の6点が主な内容とされている。

①については，グループホームを終の棲家とせず，一人暮らしをしたい当事者の希望に合わせ，GH入居中から退居後の一人暮らしの定着のための一貫した相談支援を行うことになった。なかなか整備の進まない地域生活支援拠点の設置を努力義務にし，精神障害者の地域生活支援に対応できる相談支援を行うことを明記した。

②については，障害者本人が就労先・働き方についてより良い選択ができるよう，就労アセスメントの手法を活用して，本人の希望，就労能力や

適性等に合った選択を支援する新たなサービス（就労選択支援）を創設することになった。また週10時間以上20時間未満の就労をしている精神障害者，重度身体障害者及び重度知的障害者について，特例的な取扱いとして，事業主が雇用した場合に，雇用率において算定できるようにした。さらに障害者雇用調整金等の見直しと助成措置の強化を行うことになった。

③について，医療保護入院の見直しを行い，家族等が同意・不同意の意思表示を行わない場合にも，市町村長の同意により医療保護入院を行うことを可能とした。また不必要な長期入院を避けるため，医療保護入院の入院期間を定め，入院中の医療保護入院者について，一定期間ごとに入院の要件の確認を行うことになった。そして，この市町村長同意による医療保護入院者等を対象に，外部との面会交流の機会を確保し，その権利擁護を図るため，入院者訪問支援員が，患者本人の希望により，精神科病院を訪問し，本人の話を丁寧に聴くとともに，必要な情報提供等を行う「入院者訪問支援事業」[5]を創設することになった。さらに，今まで虐待発生時の通報義務の対象外だった精神科病院にも，通報義務が課せられた。

④については，重症化時点から医療費助成の対象に改めると共に，難病患者等の療養生活支援の強化，および小児慢性特定疾病児童等自立支援事業の努力義務化が明記された。

⑤については，障害者・障害児・難病・小慢データベースの法的根拠を新設し，国による情報収集，都道府県等の国への情報提供義務を規定した。

⑥については，市町村が計画に記載した障害福祉サービスのニーズを踏まえ，事業者のサービス提供地域や定員の変更（制限や追加）を求めることができるようになった。

ただ，これらの法改正とは別に，着目すべきことがある。それは，2022年に国連障害者権利委員会から出された総括所見である。

## ▌ 国連勧告の重み

障害者権利条約を日本は2014年に批准した。その締約国政府が条約をしっかり遵守しているかを調べるため，国連の障害者の権利に関する委員会（障害者権利委員会）による初めての審査が2022年8月に行われ，10月には勧告が出された。この審査と勧告は，障害者権利条約の一つの特徴である。

この条約を批准し効力が発生してから2年以内に，締約国は条約遂行に向けてどのような法整備をしているか，についての政府報告を障害者権利委員会に提出する。ただ，政府報告だけを審査するのではなく，国内の障害者関連団体からパラレルレポート[6]を障害者権利委員会に提出することができる。政府の法制度やその解釈について，障害者団体が異議申し立てをしたい場合には，このパラレルレポートの中で，障害者権利条約のどの条文に関して，政府報告と実態がどのように乖離しているか，を提起することができるのだ。

障害者権利委員会は，政府報告とパラレルレポートという双方の報告書に基づいた質疑応答の後，締約国政府に対する対面審査を行う。このプロセスは「建設的対話」とも呼ばれている。この

障害者福祉の歴史的展開
**第3節　自立支援法から障がい者制度改革，総合支援法への展開**

審査の後，障害者権利委員会から，締約国に向けて，「総括所見(7)」が示されると共に，法改正も含めた勧告が為される。これが「国連勧告」と言われるものである。政府はこの勧告内容について，どのように取り組んだか，を数年後に権利委員会に報告することが求められている。その際にはカウンターレポートも出され……という形で，より良い障害者政策が実現するための改善プロセスが埋め込まれているのが，この障害者権利条約の大きな特徴である。

　この総括所見では，冒頭に「肯定的側面」が明記され，「公的及び民間事業者に対し，障害者への合理的配慮の提供を義務化」したことや，「本条約の実施状況の監視を担う機関である障害者政策委員会の設置」について肯定的に評価している。その上で，権利条約を遵守できていない様々な項目に関して懸念を表明し，特に問題ありと見なした部分については勧告も行っている。特に，脱施設化とインクルーシブ教育に関してはかなり踏み込んだ勧告を行った。

　脱施設化については，権利条約19条に関連し，以下の勧告がなされた。

　「障害者を居住施設に入居させるための予算の割当を，他の者との平等を基礎として，障害者が地域社会で自立して生活するための整備や支援に再配分することにより，障害のある児童を含む障害者の施設入所を終わらせるために迅速な措置をとること。」
　「地域社会における精神保健支援とともにあらゆる期限の定めのない入院を終わらせる

ため，精神科病院に入院している精神障害者の全ての事例を見直し，事情を知らされた上での同意を確保し，自立した生活を促進すること。」

　インクルーシブ教育については，権利条約第24条に関連し，以下の勧告がなされた。

　「国の教育政策，法律及び行政上の取り決めの中で，分離特別教育を終わらせることを目的として，障害のある児童が障害者を包容する教育（インクルーシブ教育）を受ける権利があることを認識すること。」

　これは日本政府の現状認識や法体制とは大きく異なるものである。日本政府が認めている精神科病院や入所施設は差別だと認定した上で，施設入所や期限のない入院を「終わらせること」を求めたのである。また，政府は特別支援学校・学級での教育を「日本型インクルーシブ教育」だと謳っているが，これは「分離特別教育」であり，同じく「終わらせること」を勧告している。つまり，脱施設やインクルーシブ教育については，グローバルスタンダードとかけ離れており，旧態依然とした実態を「終わらせること」を障害者権利委員会は日本政府に勧告したのだ。

　このような画期的な国連勧告が出された背景には，現状を肯定的に評価する日本政府報告への異議申し立てとして，多くの障害者団体などによるパラレルレポートがあり，2022年8月にジュネーブで行われた日本政府への審査の場面におい

て，日本の障害者団体約100名が現地で傍聴し，権利委員会の委員へのロビー活動を行った結果でもある。

このように，障害者政策を巡る価値対立や緊張関係は，現在進行形で続いている。

これまで見てきたように，障害者を巡る政策は，常に様々な利害関係者のせめぎ合いの中から動いていく。介護保険との統合や予算的制約を前面に出す厚生労働省，その国の姿勢を「現実的」だと評価・追認する動き，また社会モデルの観点から国の姿勢に批判的な動き，そして立法府である国会における各政党間の駆け引きや厚生労働省・障害者運動のロビー活動の動き等々。これらが重なる中で，障害者政策が常に揺れ動いている。

読者の皆さんは，歴史は丸暗記科目だという呪縛から自由になり，障害者施策の歴史的展開にどのような背景構造があるのか，に自覚的であってほしい。支援者の仕事の中身や報酬単価は，「お上が勝手に作る」ものではない。皆さんのアプローチによって，制度や政策は変わりうるアドボカシー課題でもあるのだ。

注

(1) 骨格提言は次のサイトで全文を読むことができる（http://www.mhlw.go.jp/bunya/shougaihoken/sougoufukusi/dl/0916-1a.pdf）。

(2) 障害福祉サービス等の提供に係る意思決定支援ガイドライン（https://www.mhlw.go.jp/file/06-Seisakujouhou-12200000-Shakaiengokyokushougaihokenfukushibu/0000159854.pdf）。

(3) 地域生活支援拠点等について（https://www.mhlw.go.jp/file/06-Seisakujouhou-12200000-Shakaiengokyokushougaihokenfukushibu/0000197500.pdf）。

(4) 「地域共生社会に向けた包括的支援と多様な参加・協働の推進に関する検討会」（（地域共生社会推進検討会）中間とりまとめ（概要））（https://www8.cao.go.jp/shoushi/shinseido/meeting/kodomo_kosodate/k_45/pdf/s6.pdf）。

(5) これは NPO 大阪精神医療人権センターが長年行ってきた，入院中の患者から相談を受けて面会に行く個別面会活動を制度化したものである。精神医療に風穴を開ける市民団体の取り組みが制度化されることになった，日本では希有な実践例である。

(6) 障害者権利委員会が各国の政府報告書を審査し，総括所見に至る審査プロセスのなかで，各国の民間団体が「委員会」に提出する独自の報告のこと。詳しくは佐藤久夫（2017）「用語の解説　総括所見　パラレルレポート」『リハビリテーション研究　第172号』（https://www.dinf.ne.jp/doc/japanese/prdl/jsrd/rehab/r172/r172_glossary.html）を参照。

(7) この内容は翻訳されており，外務省のHPで見る事ができる。「日本の第1回政府報告に関する総括所見」https://www.mofa.go.jp/mofaj/files/100448721.pdf

さらに学びたい人への
基本図書

**尾上浩二他・日本自立生活センター編集『障害者運動のバトンをつなぐ』生**
　活書院，2016年
本書では障害者政策の歴史的変遷を客観的に記述してきたが，これらの制度
政策が実質化する上では，日本の障害者運動が果たした役割は極めて大きい。
この本では，介助がボランティアだった時代から制度化まで，障害者運動が
何を求めて，どのように動いてきたのか，という「もう一つの歴史」が書か
れた名著。

**障がい者制度改革推進会議総合福祉部会「障害者総合福祉法の骨格に関する**
　**総合福祉部会の提言」2011年 8 月30日**（http://www.mhlw.go.jp/bunya/
　shougaihoken/sougoufukusi/dl/0916-1a.pdf）
障害者総合支援法の原型となった障害者自立支援法がどのように問題なのか，
どう変える必要があるのか，障害者福祉サービスのあるべき姿をどう定める
べきか，を検討した改革の方向性が載っている。本書を辞書代わりにして，こ
の報告書に挑んでほしい。

Try! 第3章

**問：措置制度と契約制度の違いは何か。**

ヒント：社会福祉基礎構造改革や支援費制度が目指したものは何か。

# 第Ⅱ部

## 障害者を支える
## 法制度の現状と課題

# 第**4**章

# 障害者総合支援法の体系と概要

## 本章で学ぶこと

- ●障害者総合支援法の全体像を理解する。（第1節）
- ●障害者自立支援法から障害者総合支援法に改正された背景や，改正内容について理解する。（第1節）
- ●支給決定のしくみや障害支援区分について知る。（第2節）
- ●利用者負担について学ぶ。（第2節）
- ●障害者総合支援法のサービスの概要や財源，権利擁護のための苦情解決制度や不服申し立ての流れについて理解する。（第3節）

# 障害者総合支援法の全体像

## この節のテーマ
- 障害者総合支援法成立までの道筋について学ぶ。
- 障害者総合支援法の全体像を知る。
- 障害者総合支援法の目的について知る。
- 障害者総合支援法の基本理念について学ぶ。
- 障害福祉サービスと介護保険サービスの関係について学ぶ。

## 障害者自立支援法から障害者総合支援法へ

現在の障害福祉サービスの内容や利用について規定する法律が，2013（平成25）年施行の「**障害者の日常生活及び社会生活を総合的に支援するための法律**」（以下，**障害者総合支援法**）である。前身は2006（平成18）年施行の障害者自立支援法であった。

障害者自立支援法は，それ以前の障害福祉サービスのあり方を大きく変えた。障害種別ごとのサービス体系を一本化するとともに，サービスを自立支援給付，地域生活支援事業へと編成した。そして応益負担の導入や，障害程度区分に基づく支給決定というように，介護保険に沿うようなしくみもとられた。

しかし，こうした変化は障害当事者及び関係者からの批判を生む。その最たるものとして2008（平成20）年の**障害者自立支援法違憲訴訟**がある。2010（平成22）年1月に，障害者自立支援法違憲訴訟原告団・弁護団と国との間で和解が成立したが，そこで取り交わされた「**基本合意文書**」[1]には次のようにある。

「国（厚生労働省）は，速やかに応益負担（定率負担）制度を廃止し，遅くとも平成25年8月までに，障害者自立支援法を廃止し新たな総合的な福祉法制を実施する」[1]。

加えて，2009（平成21）年からの障がい者制度改革推進会議では，改革の一つとして障害者自立支援法を廃し新たな法を制定することが企図された。そうした経過から成立したのが障害者総合支援法である。違憲訴訟は生存権をはじめ基本的人権を保障する法内容への是正を強く求めていた。しかし障害者総合支援法は，旧法の骨格と内容から刷新的に変化したわけではない。

その後，2013年施行の障害者総合支援法は，2016，2022年に改正法が成立し，現在に至る。

## 障害者総合支援法の全体像

障害者総合支援法の全体像の概要は，**資料4-1**の通りである。同法は障害児・者が利用可能なサービスについて定めるものであり，障害児・者の生活支援及び福祉制度を考えるにあたり極めて重要である。特に次の点の理解が必要だろう。①総則部分の全般的な理解，②障害児・者が利用可能なサービスの体系と具体的内容の理解，③支給

**資料4-1**
**障害者総合支援法の構成と内容**

---

第1章：総則
　　目的，基本理念，市町村・都道府県・国の責任，国民の責務，障害児・障害者及び各種障害福祉サービスの定義，等

第2章：自立支援給付
　　介護給付費・訓練等給付費等の支給，支給決定（申請，障害支援区分の認定，支給決定，有効期間，支給決定の変更及び取り消し等），指定障害福祉サービス事業者・指定障害者支援施設の指定，地域相談支援・計画相談支援の支給，指定一般相談支援事業者・指定特定相談支援事業者の指定，自立支援医療費の支給，補装具費の支給，等

第3章：地域生活支援事業
　　市町村が行う地域生活支援事業，都道府県が行う地域生活支援事業，等

第4章：事業及び施設
　　障害福祉サービス事業所，障害者支援施設の設置および基準に関する条例策定，等

第5章：障害福祉計画
　　厚生労働大臣が定める基本指針，市町村障害福祉計画，都道府県障害福祉計画，等

第6章：費用
　　市町村の支弁，都道府県の負担及び補助，国の負担及び補助，等

第7章：国民健康保険団体連合会の障害者総合支援法関係業務

第8章：審査請求
　　都道府県知事への審査請求，障害者介護給付費等不服審査会，等

第9章：雑則

第10章：罰則

---

出所：筆者作成。

決定及びサービス利用のプロセス，④福祉サービスに係る費用負担，⑤障害福祉計画，⑥国・都道府県・市町村の役割と違い。

## 目的と基本理念

障害者総合支援法の目的（第1条）は次の通りである。「障害者及び障害児が基本的人権を享有する個人としての尊厳にふさわしい日常生活又は社会生活を営むことができるよう，必要な障害福祉サービスに係る給付，地域生活支援事業その他の支援を総合的に行い，もって障害者及び障害児の福祉の増進を図るとともに，障害の有無にかかわらず国民が相互に人格と個性を尊重し安心して暮らすことのできる地域社会の実現に寄与することを目的とする」。障害者自立支援法での目的条文と比較すると，障害者総合支援法では「基本的人権を享有する個人としての尊厳にふさわしい」という文言が新たに加えられている。また，地域生活支援事業が条文に明記されるとともに，各種支援を「総合的に」行う旨が示された。

第1条の2には基本理念が設けられている。障害者権利条約や障害者基本法にもみられる社会的障壁の概念やその除去を目指す姿勢が，障害者総合支援法にも採用されている。また，障害児・者は「可能な限りその身近な場所において必要な日常生活又は社会生活を営むための支援を受けられることにより社会参加の機会が確保される」ことや，「どこで誰と生活するかについての選択の機会が確保され」ることなどが規定されている。

## 「障害」の範囲

障害者自立支援法では，**「障害」の範囲**を身体障害・知的障害・精神障害（発達障害を含む）としていた。これを引き継ぎつつ，現行の障害者総合支援法では，さらに障害児・者の範囲に**難病**等を加えている（第4条）。政令で定める疾患が対象となる。症状が可変的であるがゆえに「障害者」として認定されることが困難であり，これまで各制度の谷間におかれてきた難病患者に対する障害福祉サービスの提供が可能になっている。

また，対象規定においては，身体障害者を除いて各種障害者手帳の所持は必須要件ではない。

## 障害者総合支援法が規定する
## サービスの全体像

**図4-1**では，**障害者総合支援法が規定するサービス**の全体像を示している（各サービス内容の詳細については本章第3節参照のこと）。なお，障害者総合支援法の対象には18歳未満の障害児も含まれるが，障害児の通所・入所による支援は児童福祉法に規定されている。

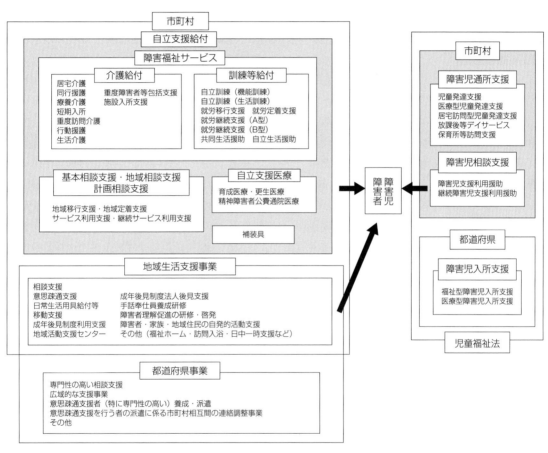

**図4-1**
**障害者総合支援法が規定するサービスの全体像**
出所：筆者作成。

## 計画的なサービス基盤の整備
## ：障害福祉計画

　障害者総合支援法では障害者自立支援法から引き続き，障害福祉サービスの提供体制を計画的に整備するために，国へは**基本指針**の作成義務，都道府県・市町村へは基本指針に即して**障害福祉計画**を作成する義務を定めている（第87，88，89条）。障害福祉計画は，各地の実情に応じて，サービス提供体制確保のための目標設定と必要なサービス量の見込みを定めるものであり，障害者基本法に基づく市町村障害者計画や都道府県障害者計画や，その他関連する諸計画との調和がとれるよう策定される。

　基本指針・都道府県と市町村の障害福祉計画ともに，策定された計画内容は定期的な検証と，必要に応じた計画見直しが法定化されている。また，市町村の障害福祉計画策定にあたり，障害者等へのニーズ把握等実施を努力義務化している。

## 障害福祉サービスと介護保険サービス

　超高齢社会にある現在，障害者の高齢化も進んでいる。2016（平成28）年の「生活のしづらさなどに関する調査」によると，在宅の身体障害者については72.6％が65歳以上である。在宅の知的障害者で65歳以上は15.5％である。この調査項目結果の経年変化を見ると65歳以上の障害者数は増加している。つまり，多くの障害者は高齢障害者であり，介護保険第1号被保険者である。

　障害者総合支援法第7条では，介護保険法等の他法により自立支援給付に相当するものが行われたときは，その限度において障害福祉サービスを行わないと規定している。つまり，原則として介護保険が優先となる。もっとも，障害福祉制度に独自のサービス（例えば移動支援等）は介護保険対象者であっても利用が可能であり，介護保険と共通している障害福祉サービス（例えば居宅介護等）でも介護保険での支給では足りない場合は障害福祉サービスから上乗せして支給される仕組みとなっている。

　ただし，長年にわたり障害福祉サービスの同一事業所から重度訪問介護を利用してきた障害者等においては，65歳に達すると，介護保険指定事業者による介護保険事業所からのサービスを新たに受けなければならなくなったり，利用者負担の仕組みが応能負担の障害福祉サービスと定率負担の介護保険サービスでは異なるため，金銭的な負担が増すことなどが課題として指摘されてきた。

　こうした課題を解消するべく，2017（平成29）年に閣議決定された「地域包括ケアシステム強化のための介護保険法等の一部を改正する法律案」により2018（平成30）年に「共生型サービス」が始まり，現在に至る。共生型サービスとは，障害福祉サービス事業所であれば介護保険事業所の指定もとれやすくしたり，またその逆も認めることで，1つの事業所で障害福祉サービスも介護保険サービスも両方を提供できるようにする型のことである。

　また，2018（平成30）年度から，高齢障害者を

対象にした利用者負担軽減制度が始められている。これは，65歳になるまでに5年以上，特定の障害福祉サービスを利用しており，一定の条件を満たす場合には，介護保険移行後の利用者負担が償還される仕組みである。

　もっとも，介護保険優先の原則はあるものの，65歳に達した途端に，機械的に介護保険に移行することを，国は求めていない。社会保障審議会の報告書では，次のように記している。「ただし，その運用に当たっては，一律に介護保険サービスが優先されるものではなく，申請者ごとの個別の状況を丁寧に勘案し，介護保険サービスだけでなく障害福祉サービスの利用も含めて，その方が必要とされている支援が受けられることが重要である」[(2)]。

　なお，介護保険適用除外施設である障害者支援施設や療養介護を行う病院等については，65歳に達しても，従来のままの利用が可能である。

| 必ず覚える用語 |
| --- |

- ☐ 障害者の日常生活及び社会生活を総合的に支援するための法律（障害者総合支援法）
- ☐ 「障害」の範囲
- ☐ 難病
- ☐ 制度の谷間
- ☐ 基本指針
- ☐ 障害福祉計画

◆1　基本合意文書（障害者自立支援法違憲訴訟）

訴訟原告団・弁護団と国との基本合意文書では，障害者自立支援法廃止の確約と新法制定の約束が交わされた他，応益（定率）負担導入による障害者の生活に及ぼす悪影響に対し反省し，その反省に立ち今後の施策の立案・実施にあたるとしている。加えて重要な点として，文書には，重度障害者が安心して暮らせるサービス支給量確保のために，国庫負担基準制度や障害程度区分廃止を含めた抜本的な検討を行う旨が明記されている。

| 間違いやすい用語 |
| --- |

**「障害支援区分」と「要介護認定」**

- - - - - - - - - - - - - - - - - - - - -

どちらも障害の程度や介護の必要度をはかるための全国共通の尺度であるが，障害支援区分は障害者総合支援法に基づき6区分，要介護認定は介護保険法に基づき要支援1，2と要介護1～5の7区分である。

注

(1)　厚生労働省「障害者自立支援法違憲訴訟に係る基本合意について」（https://www.mhlw.go.jp/stf/seisakunitsuite/bunya/hukushi_kaigo/shougaishahukushi/goui/index.html，2023年11月5日閲覧）。

(2)　社会保障審議会障害者部会（2022）「障害者総合支援法改正法施行後3年の見直しについて――社会保障審議会障害者部会報告書」（https://www.mhlw.go.jp/content/12601000/000950635.pdf，2023年7月17日閲覧）。

# 第 **2** 節　支給決定と障害支援区分

◯ **この節のテーマ**

● 障害支援区分について学ぶ。
● 介護給付を受ける際の利用手続きを知る。
● 訓練等給付を受ける際の利用手続きを知る。
● 支給決定プロセスにおける相談支援の役割について学ぶ。
● 利用者負担のルールについて知る。

## 支給申請

　介護給付と訓練等給付の支給決定プロセスの概要は**図4-2**の通りである。

　最初に，障害福祉サービス利用を希望する障害者及び障害児の保護者は，市町村へ支給の申請をしなければならない。その際，相談支援事業者に障害福祉サービス利用について相談を行うことができる。なお，居住地特例により，障害者支援施設等に入所している障害者については，当該サービス利用前に居住していた市町村による支給となる。しかし，当該施設への入所前に居住地を有しないか，または明らかでない場合は，現在所在地の市町村が支給決定を行う。

　申請受理後，市町村は，市町村審査会に障害支援区分に関する審査及び判定を依頼するにあたって，申請した障害者の主治医等に対し，疾病，障害の内容，精神の状況，介護に関する所見などについての**医師意見書**を求める。そして，申請者本人及び障害児の保護者にはサービス等利用計画案の提出を依頼する。サービス等利用計画案は指定特定相談支援事業者に依頼することができるが，申請者及び保護者本人が作成することも可能である（セルフプラン）。

## 障害支援区分

　ここから支給決定プロセスについて順を追って論じていくが，その前に，**障害支援区分**とは何かという点を確認しておこう。

　障害支援区分とは，障害者等の多様な特性その他の心身の状態に応じて必要とされる標準的な支援の度合を総合的に示すものとして厚生労働省令で定める区分のことである。区分は1から6まであり，区分6は最もサービスの必要度が高い状態である。

　この障害支援区分は大きく次の点に用いられる。1点目は対象者の範囲としてである。たとえば50歳未満の施設入所支援の対象者条件の一つとして区分4以上とある。2点目に，報酬水準に用いられる。3点目に，市町村に対する**国庫負担基準**に用いられる。国は訪問系サービスについて，公平な費用配分という目的から各市町村に対し，利用者1人当たりの月額利用水準として国庫負担基準を定めている。なお，**国の負担**[*1]はサービスに支弁する費用の2分の1である。

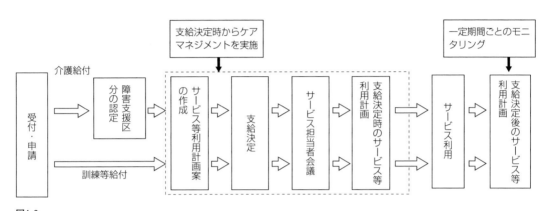

図4-2
支給決定プロセス
出所：全国社会福祉協議会（2012）『障害者自立支援法のサービス利用について』12, 13頁を一部改変。

1

## 障害支援区分認定調査

　介護給付を申請する場合は障害支援区分の認定を受ける必要がある。ただ、**障害支援区分認定調査**は、訓練等給付や地域相談支援を受ける際も必要である。

　認定調査において市町村の認定調査員は、障害者または障害児の保護者と面談し、その心身の状況や置かれている環境等を調査する。市町村は、この調査を障害支援区分認定調査研修を修了した指定一般相談支援事業者の相談員等に委託することもできる。認定調査は障害支援区分認定調査、概況調査、その他特記事項から構成される。

　障害支援区分認定調査項目は、「移動や動作等に関連する項目」（12項目）、「身の回りの世話や日常生活等に関連する項目」（16項目）、「意思疎通等に関連する項目」（6項目）、「行動障害に関連する項目」（34項目）、「特別な医療に関連する

◆1　国の負担（障害者福祉サービスにおける）

障害者総合支援法第95条では、国は市町村が障害福祉サービスに関し支弁する費用のうち100分の50を負担することが明記されている。また、同法94条では都道府県の負担についても明記されており、その割合は100分の25としている。

項目」（12項目）の計80項目からなる。

　概況調査では，認定調査に併せて，障害の状況・等級，現在受けているサービスの状況，地域生活の状況，就労状況，日中活動，介護者の有無等の介護者関連の状況，居住状況，等の調査が行われる。

## 障害支援区分の認定

　介護給付申請の場合は，障害支援区分認定を受けなければならない。まず，一次判定（コンピュータ判定）では，市町村は認定調査の結果と医師意見書の一部を，一次判定用ソフトウェアを導入したコンピュータに入力し，その処理を行う。この結果，一次判定として区分1～6，非該当に分かれる。

　なお，訓練等給付の場合は，同様にコンピュータ処理によるスコア化が行われ，暫定支給決定時に用いられる。

　介護給付申請の場合，**市町村審査会**による二次判定を受ける必要がある。市町村審査会とは，障害者等の保健または福祉に関する学識経験者のうちから市町村長が任命したメンバーによる合議体である。市町村審査会は，一次判定結果，医師意見書，特記事項の内容をふまえ，障害支援区分の判定を行い，その結果を市町村長に通知する。

　そうして市町村は，市町村審査会の審査判定結果に基づき障害支援区分認定を行う。その後，市町村は認定の結果を申請者に通知するが，その際，不服申し立てについて申請者に教示しなければならない。

## サービス等利用計画案の勘案

　2012（平成24）年度の障害者自立支援法改正において，自立支援給付のなかに**計画相談支援（サービス利用支援，継続サービス利用支援）**が位置づけられた。サービス利用支援とは，市町村長からの指定を受けた指定特定相談支援事業者によるサービス等利用計画案と，支給決定後のサービス等利用計画の作成を指す。

　**サービス等利用計画案**は，申請者の心身の状況やその環境等を考慮した上で，その人に適した障害福祉サービスの内容や種類を考案するものであり，市町村は作成されたサービス等利用計画案の内容を，支給決定にあたり勘案しなければならない。

## 支給決定

　市町村は，サービス等利用計画案，市町村審査会の意見，障害支援区分，障害児・者のニーズや利用したいサービスの種類や量等を把握するためのサービス利用意向，支給決定のための勘案事項をもとに，支給の要否及び支給内容の決定を行う。支給決定のための勘案事項は次の通りである。

　①障害者等の障害支援区分又は障害の種類及び程度その他の心身の状況，②障害者等の介護を行う者の状況，③障害者等に関する介護給付費等の受給の状況，④申請に係る障害児が現に障害児通所支援又は指定入所支援を利用している場合には，その利用状況，⑤申請に係る障害者が現に

介護保険法の規定による保険給付に係る居宅サービスを利用している場合には，その利用状況，⑥当該障害者等に関する保健医療サービス又は福祉サービス等の利用の状況，⑦当該障害者等又は障害児の保護者の障害福祉サービスの利用に関する意向の具体的内容，⑧当該障害者等の置かれている環境，⑨当該申請に係る障害福祉サービスの提供体制の整備の状況。

市町村は，支給決定の内容を「障害福祉サービス受給者証」に記載の上，障害者または障害児の保護者に交付しなければならない。障害福祉サービス受給者証には，障害支援区分，障害支援区分認定有効期間（原則 3 年間），サービス種別，支給量，**支給決定期間**◆2，負担上限月額等が記載される。このうち支給量とは，決定されたサービス種別ごとで 1 か月に利用できるサービス量のことである。

市町村は，支給要否決定を行うにあたり必要があると認めるときは，市町村審査会，身体障害者更生相談所，知的障害者更生相談所，精神保健福祉センター，児童相談所等に意見を聴くことができる。

2

◆2 支給決定期間
サービスの種類により支給決定期間は異なる。居宅介護，重度訪問介護，同行援護，行動援護，短期入所，重度障害者等包括支援は最長 1 年間。療養介護，生活介護，施設入所支援，就労継続支援，共同生活援助は最長 3 年間。自立訓練，就労移行支援，就労定着支援，自立生活援助は 1 年間である。その後必要に応じて更新し利用継続できるが，就労移行支援は標準利用期間が24か月，自立訓練（機能訓練）は18か月，自立訓練（生活訓練）は24か月～36か月，就労定着支援は36か月，自立生活援助は12か月と有期限である。

## 訓練等給付における暫定支給決定

　**訓練等給付**の場合は，市町村は障害者からの申請を受けた後，障害支援区分認定調査や概況調査を行う。しかし，介護給付のように障害支援区分認定にいたるプロセスを経ない。訓練等給付では，できる限り障害者本人の希望を尊重し，その有する能力や適性に応じ，より適切なサービス利用をはかる観点から，市町村による暫定的な支給決定がなされる。暫定支給決定の対象サービスは，自立訓練，就労移行支援，就労継続支援A型である。この暫定期間中に市町村は，訓練等給付の利用継続についての最終的な意向確認と，利用が適切かどうかを客観的に判断する。サービス事業者は利用者のアセスメント内容，個別支援計画，個別支援計画に基づく支援実績，訓練や就労に関する評価結果等を市町村に提出する。

　暫定支給決定期間経過後，利用者が引き続きサービスの継続を希望する場合，市町村は，それら結果と，指定特定相談支援事業所のモニタリング結果，障害者本人の利用意向を確認の上，サービス利用の継続（本支給決定）か否かを判断する。

## 市町村による支給決定後

　支給決定を受けた後，障害者及び障害児とその保護者は，サービスを利用する事業者を選択し，支給決定の範囲内で利用契約を締結する。

　その後，利用者本人や必要に応じてその家族，

サービス事業者，サービス等利用計画案を作成した指定特定相談支援事業者等の関係者が集まり，今後のサービス内容の検討と，援助目標を共有するためのサービス担当者会議が開かれる。サービス担当者会議は必要に応じて開かれる。

　指定特定相談支援事業者は，サービス担当者会議での情報や利用状況のアセスメントを通して**サービス等利用計画**を作成する。それに対応するように，サービス提供事業所のサービス管理責任者は**個別支援計画**を作成し，それら計画に基づきサービスが提供される。

　その間，指定特定相談支援事業者は，サービス提供中に**モニタリング**◆3を行い，新たなニーズが発生していないか，課題が生じていないかを確認し，必要に応じてサービス等利用計画を修正する。このことを，**継続サービス利用支援**と呼ぶ。なお，障害者または障害児の保護者が，自ら計画を立てている（セルフプランの）場合は，指定特定相談支援事業者や障害児相談支援事業者によってではなく，サービス提供事業者による定期的なモニタリングが行われる。

　このように，支給決定後のサービス利用においてもケアマネジメントの手法に基づく相談支援は続いていく。

## サービス利用にかかる利用者負担

　サービス利用後，利用者には**応能負担**による利用料の負担が求められる。利用者負担については，世帯の所得に応じた**月額負担上限額**が定められており，それ以上は負担の必要がない。負担上限

月額より，サービス利用にかかる費用の1割額の
ほうが低い場合は，サービスに要する費用の1割
の額を利用者は負担する。施設利用における食費
や光熱水費等は実費負担である。なお，サービス
提供事業者にとってみれば，利用者負担額だけで
サービス提供にかかる費用全てはまかなえない。
その残りの額は，事業者が利用者に代わって市町
村へ請求し，受領する。これを**代理受領**と呼ぶ。

　利用者の月額負担上限額は**表4-1**の通りである。
ここで「世帯」という言葉が出るが，障害福祉サー
ビスの利用者負担区分における世帯の範囲は，
18歳以上の障害者の場合は障害のある人とその
配偶者であり，障害児の場合は保護者の属する住
民基本台帳での世帯となる。また，障害福祉サー
ビスの月額負担上限額算定にあたって，18歳以上
の障害者については「世帯」の範囲を本人及び配
偶者としているが，生活保護受給世帯については
その限りではない。障害者本人の所得が年金受給
等により低所得であっても，生活保護受給世帯に
属しているなら，それは「生活保護」区分に該当
する。

　**補装具**については，生活保護世帯，市町村民税
非課税世帯の利用者負担は0円であり，市町村民
税課税世帯のうち，所得割46万円未満は上限額3
万7,200円，それ以上は全額自己負担となる。

## 高額障害福祉サービス費，補足給付等

　月額負担上限額の設定に加え，利用者負担の軽
減措置として**高額障害福祉サービス費**がある。こ

3

| 必ず覚える用語 |
|---|
| ☐ **訓練等給付** |
| ☐ **サービス等利用計画** |
| ☐ **個別支援計画** |
| ☐ **モニタリング** |
| ☐ **継続サービス利用支援** |
| ☐ **応能負担** |
| ☐ **月額負担上限額** |
| ☐ **代理受領** |
| ☐ **補装具** |
| ☐ **高額障害福祉サービス費** |

◆3　モニタリング
モニタリング回数と頻度については，対象者
の状況に応じて柔軟に設定すべきものである
ことから，市町村が対象者の状況等を勘案し
て個別に定めるしくみとする。一定の目安と
して，国において対象者ごとの標準期間を示
しており，新規利用やサービス内容変更等に
よりこれまでより著しく変更があった場合は
利用開始から3か月間毎月実施という基準や，
施設入所支援の場合は1年ごとに1回以上と
いう基準を設けている。

## Check

**次の文の正誤を答えなさい。**

　就労定着支援に係る介護給付費
等の支給決定においては，障害支援
区分の認定を必要とする。

（答）×：就労定着支援は介護給付ではなく，訓
　　　練等給付のため誤り。
（第35回社会福祉士国家試験問題57より）

表4-1
**利用者負担上限額**

| 区分 | 世帯の収入状況 | 負担上限月額 |
|---|---|---|
| 生活保護 | 生活保護受給世帯 | 0 円 |
| 低所得 | 市町村民税非課税世帯（注1） | 0 円 |
| 一般1 | 市町村民税課税世帯（障害者にあっては所得割16万円（注2）未満，障害児および20歳未満の施設入所者にあっては所得割28万円未満（注3））※20歳以上の入所施設利用者，グループホーム利用者を除く（注4） | 居宅・通所サービス利用の障害者：9,300円　居宅・通所サービス利用の障害児：4,600円　20歳未満の施設入所者：9,300円 |
| 一般2 | 上記以外 | 37,200円 |

注：1　3人世帯で障害者基礎年金1級受給の場合，収入が概ね300万円以下の世帯が対象となる。
　　2　収入が概ね600万円以下の世帯が対象になる。
　　3　収入が概ね890万円以下の世帯が対象となる。
　　4　入所施設利用者（20歳以上），グループホーム利用者は，市町村民税課税世帯の場合，「一般2」となる。
出所：厚生労働省「障害者の利用者負担」（http://www.mhlw.go.jp/bunya/shougaihoken/service/hutan1.html，2016年12月18日閲覧）を基に筆者作成。

れは，同じ世帯に障害福祉サービスを利用する人が複数いる場合や，同一人が障害福祉サービスと介護保険サービスを併用している場合等，それぞれの利用者負担額が，その世帯の月額負担上限額を超えないように，超過分が高額障害福祉サービス費として支給されるものである。

2016年公布の改正・障害者総合支援法によって，65歳に至るまで相当の長期間にわたり障害福祉サービスを利用してきた高齢障害者が，引き続き障害福祉サービスに相当する介護保険サービスを利用する場合に，障害者の所得の状況や障害の程度その他の事情を勘案し，介護保険サービスの利用者負担が高額障害福祉サービス費の支給によって軽減（償還）されることとなった。この施行は，2018（平成30）年4月1日である。

また，施設利用にかかる食費や水熱光費，共同生活介護や共同生活援助における家賃など，低所得世帯では利用者負担軽減のために補足給付がなされる。

そして，こうした負担軽減措置をもってしても，自己負担によって生活保護の対象となる場合には，生活保護の対象とならない額まで自己負担の上限月額や実費負担額が引き下げられる。

# 第 3 節 障害者総合支援法の概要

## この節のテーマ

- 障害者総合支援法におけるサービスの位置づけや，それぞれの障害福祉サービスの内容，自立支援給付や地域生活支援事業等，提供されるサービス等の概要を学ぶ。
- サービス提供に不可欠な財源や国庫負担基準の概要を知り，行政の責務についても学ぶ。
- 利用者の権利擁護の視点から，不服審査請求や苦情解決制度の概要について理解する。

## 障害者総合支援法のサービスの位置づけ

障害者総合支援法のサービスには，市町村が責任者となって行う障害福祉サービス（介護給付と訓練等給付）や基本相談支援・地域相談支援・計画相談支援，自立支援医療，補装具といった自立支援給付と，地域生活支援事業とがある（**図4-1**，本章第１節参照）。また，都道府県が責任者となって行う地域生活支援事業もある。

## 障害者総合支援法のサービスの概要

自立支援給付の介護給付には居宅介護，重度訪問介護，同行援護，行動援護，療養介護，生活介護，短期入所，重度障害者等包括支援，施設入所支援（障害者支援施設での夜間ケア等）がある。

また訓練等給付には自立訓練（機能・生活・宿泊型），就労選択支援，就労移行支援，就労継続支援（A型・B型），就労定着支援，自立生活援助，共同生活援助（グループホーム）がある。

その他に相談支援として基本相談支援，地域相談支援（地域移行・地域定着），計画相談支援（サービス利用支援・継続サービス利用支援）があり，

自立支援医療（育成医療・更生医療，精神障害者公費負担通院医療）や補装具もある。

サービスの利用は，市町村によって行われる支給決定に基づき，個別給付がなされる。費用は義務的経費（利用者負担を除く）として，国が50％，都道府県25％，市町村25％となっている。（地域生活支援事業については96頁を参照。）この国等の負担は国庫負担基準を上限として算定される。市町村は支給決定基準を独自に作成し，特に，訪問系サービスについては柔軟に利用者に対応するよう求めているが，多くの市町村では国庫負担基準に準じているのが現状である（**表4-2**，100，101頁）。

## 介護給付

### ① 居宅介護

障害支援区分１以上（通院等介助が必要な場合は２以上）の障害児・者に対し，居宅で入浴，排泄，食事等の介護や調理，洗濯及び掃除などの家事，生活等の相談や助言，その他生活全般の援助や通院・乗降などの介助を行う。障害児の利用に際しては５領域11項目からなる概況調査と勘案事項調査を踏まえて，市町村が決定する。

## ② 重度訪問介護

　障害支援区分4以上の居宅で生活する重度障害者（15歳以上の障害児については，児童相談所長が認め市町村長に通知した者）に対し，居宅介護サービスに加え，外出時の移動中の介護，コミュニケーション支援，日常生活上の様々な介護の事態に対応するための見守り等の支援を総合的に提供する（医療機関への入院時も一定の支援が認められる）。この重度障害者は二肢以上に麻痺があり，「歩行」「移乗」「排尿」「排便」のいずれでもできると判定されなかった者（重度知的障害者・精神障害者も対象に含まれる）や，障害支援区分の認定調査項目のうち，行動関連項目等（12項目）の合計点が10点以上である者が対象。日常的に重度訪問介護を利用している最重度の障害者であって，医療機関に入院した場合，障害支援区分6以上であれば利用可能となる。

## ③ 同行援護

　視覚障害のため，移動に著しい困難がある視覚障害児・者に対し，外出時に同行し，移動の見守りや援護，排泄及び食事等の介護その他の必要な援助を行う。ただし身体介護を伴う場合は，支援区分2以上で歩行・移乗・移動・排尿・排便に見守りや部分的支援等が必要な項目が一つ以上あること，同行援護アセスメント調査票で移動障害の点数が1点以上で，それ以外の点数も1点以上であること，が条件。通勤や営業活動等の経済活動，通年かつ長期にわたる外出，社会通念上適当でない外出は除外される。2020（令和2）年8月より「重度障害者等就労支援特別事業」を活用することで通勤の支援も可能となりつつある（行

### 必ず覚える用語

- [ ] 居宅介護
- [ ] 重度訪問介護
- [ ] 同行援護
- [ ] 療養介護
- [ ] 生活介護
- [ ] 短期入所
- [ ] 重度障害者等包括支援
- [ ] 施設入所支援

### 間違いやすい用語

**「一般相談支援事業」と「特定相談支援事業」**

地域移行支援や地域定着支援を行うものが一般相談支援と呼ばれ，サービス利用計画の作成やモニタリング，見直し等を行うのが特定相談支援となる。

動援護と重度訪問介護の利用者も対象)。

#### ④　行動援護

知的・精神障害児・者が行動する際に生じ得る危険回避に必要な援助(予防的対応・制御的対応)や外出時の移動中の介護,排泄及び食事等の介護,その他の行動の際に必要な援助(身体介護的対応)を行う。知的障害又は精神障害によって行動上著しい困難を有する障害児・者であって,障害支援区分3以上の者が対象となる。また障害支援区分認定調査項目のうち,行動関連項目(12項目)等の合計点数が10点以上(障害児の場合はこれに相当する程度)であることが求められる。

#### ⑤　療養介護

主に日中,病院において機能訓練,療養上の管理,看護,医学的管理の下における介護,日常生活上の相談・支援を提供する。病院等への長期入院による医療的ケアが必要な障害児・者(ALS〔患者等気管切開を伴う人工呼吸器による呼吸管理を受けている人〕で障害支援区分6,筋ジストロフィー又は重症心身障害者で障害支援区分5以上,医療的ケアが必要で強度行動障害を有する者等)が対象である。

#### ⑥　生活介護

主に日中,障害者支援施設等において食事や入浴,排泄等の介助や調理・洗濯・掃除等の家事,相談・助言,日常生活上の支援や軽作業等の生産活動,創作活動の機会提供をする。地域や障害者支援施設において安定した生活を営むために,常に介護等の支援が必要な障害支援区分3(入所の場合は障害支援区分4)以上,年齢が50歳以上の場合は障害支援区分2(入所の場合は障害支援区

分3)以上等の障害者が対象である。

#### ⑦　短期入所

居宅において,介護者が疾病やその他の理由で介護ができない場合に,障害者支援施設等へ短期間入所させ,入浴,排泄,食事その他の必要な介護を行う。対象者は福祉型(障害者支援施設等で実施)の場合は障害支援区分1以上の障害児・者。医療型(病院,診療所,介護老人保健施設で実施)の場合は遷延性意識障害児・者,筋萎縮性側索硬化症等の運動ニューロン疾患の分類に属する疾患のある障害者,重症心身障害児・者。

#### ⑧　重度障害者等包括支援

重度の障害児・者に対し,居宅介護,同行援護,重度訪問介護,行動援護,生活介護,短期入所,共同生活介護,自立訓練,(就労選択支援〔2025年10月に施行予定〕),就労移行支援,就労継続支援を包括的に提供する。対象者は障害支援区分6(児童の場合はそれに相当する心身の状態)に該当する者で,意思疎通に著しい困難を有する者で,人工呼吸器による呼吸管理を行っている障害者をⅠ類型とする。最重度知的障害者をⅡ類型とする。行動関連項目12項目の合計点数が10点以上の者をⅢ類型とする。

#### ⑨　施設入所支援

主に夜間,障害者支援施設等において,入浴,排泄,食事等の介護,生活等に関する相談及び助言,その他必要な支援を行う。対象者は,生活介護を受けている障害支援区分4(50歳以上は障害支援区分3)以上の者等である。生活介護利用の場合は利用期間制限はない。

なお,介護給付の訪問系の事業所にはサービス

提供責任者とヘルパー等必要な人員が配置され，施設系の事業所及び訓練等給付にはサービス管理責任者やその他必要な人員が配置され，必要な人員は利用者の人数によって定められている。

## 訓練等給付

### ① 自立訓練（機能訓練）

　障害者に対し，障害者支援施設等に通わせ，又はその障害者の居宅を訪問して理学療法や作業療法その他必要なリハビリテーション，生活等に関する相談・助言その他の必要な支援を行う。対象者は入所施設・病院を退所・退院した者又は特別支援学校を卒業した者であって，地域生活への移行や地域生活を営む上で，身体的リハビリテーションの継続や身体機能の維持・回復が必要な身体障害のある者である。利用者ごとに18か月を標準期間とする利用期間を設定する。

### ② 自立訓練（生活訓練）

　障害者に対し，障害者支援施設等に通わせ，又はその障害者の居宅を訪問して，入浴，排泄，食事に関する自立した日常生活を営むために必要な訓練，生活等に関する相談・助言その他必要な支援を行う。対象者は，入所施設・病院等を退所・退院した者又は特別支援学校を卒業した者等であって，地域生活への移行や地域生活を営む上で，生活能力の維持・向上等の支援が必要な知的又は精神障害のある者である。利用者ごとに24〜36か月を標準期間とする利用期間を設定する。

### ③ 宿泊型自立訓練

　24か月の標準期間内で，自立訓練（生活訓練）

| 必ず覚える用語 |
| --- |
| ☐ 自立訓練（機能訓練） |
| ☐ 自立訓練（生活訓練） |
| ☐ 宿泊型自立訓練 |
| ☐ 就労選択支援 |
| ☐ 就労移行支援 |
| ☐ 就労継続支援（A型） |
| ☐ 就労継続支援（B型） |
| ☐ 就労定着支援 |
| ☐ 自立生活援助 |
| ☐ 共同生活援助（グループホーム） |

の対象者のうち，日中，一般就労や外部の障害福祉サービス並びに同一敷地内の日中活動サービスを利用している障害者に，居住の場を提供し，日常生活上の食事や家事，相談支援等を実施することで生活能力の維持・向上を図る。

#### ④　就労選択支援

障害者本人が就労先・働き方についてより良い選択ができるよう，**就労アセスメント**◆1の手法を活用して，本人の希望，就労能力，適性等に合った選択の支援を行う。本人への情報提供等や作業場面等を活用した状況把握，多機関連携によるケース会議，アセスメント結果の作成を障害のある当事者と協同して行う。ハローワークは就労選択支援を受けた者を対象に，アセスメント結果を参考として職業指導等を行うとされている。2022（令和4）年の法改正で新設され，公布後3年以内の政令で施行となる。

#### ⑤　就労移行支援

一般企業等に雇用されることが可能と見込まれる65歳未満の障害者を生産活動，職場体験その他の活動の機会の提供，就労に必要な知識及び能力の向上のために必要な訓練，求職活動に関する支援，職場開拓，就職後の職場定着支援に必要な相談等の支援を行う。標準利用期間は24か月とされている。労働施策との連携が重要となり，地域障害者職業センターや公共職業安定所，**障害者就業・生活支援センター**◆2等との連携や協力をしながら行う。

#### ⑥　就労継続支援（A型）

雇用契約に基づき，継続的に就労することが可能な65歳未満の障害者（一般企業等で雇用されている障害者でその事業所での就労に必要な知識・能力向上のための支援を一時的に必要とする者を含む。B型も同様。2024年度より追加。）に対し，生産活動やその他活動の機会の提供，就労に必要な知識及び能力向上のために必要な訓練，その他必要な支援を行う。一定の範囲内で障害者以外の雇用が可能であり，利用定員は10人以上で，利用期間の定めはない。2021（令和3）年度の平均賃金は8万1,645円となっている。【厚生労働省発表】

#### ⑦　就労継続支援（B型）

一般企業等に雇用されることが困難，又は雇用されていたが，年齢や心身の状態等により継続して雇用されることが困難な障害者や就労移行支援の利用で一般企業等への就労に至らなかった障害者等に，生産活動その他の活動機会を提供（雇用契約なし）し，就労に必要な知識及び能力の向上に必要な訓練，その他必要な支援を行う。事業者指定の要件に平均工賃が工賃控除程度の水準（月額3,000円程度）を上回ることがあげられている。なおB型の事業者は平均工賃目標水準を設定し，実績とあわせて都道府県知事に報告することとなっている。2021（令和3）年度の平均工賃は1万6,507円となっている。【厚生労働省発表】利用期間の制限はない。

#### ⑧　就労定着支援

就労に伴う生活面での課題（生活リズムの乱れや体調管理，金銭の浪費など）に対応するため，事業所や家族との連絡調整等の支援を一定の期間（6か月経過後最大3年間）にわたって行う。そのために利用者の自宅や一般企業等を訪問し，

障害者本人への指導・助言等の支援や一般企業等を訪問し，課題解決に向け必要な連絡調整等の支援を行う（いずれも月1回以上）。

⑨ **自立生活援助**

障害者支援施設やグループホーム等から一人暮らしへの移行を希望する障害者等で，本人の意思を尊重した地域生活を支援するため，一定の期間（標準利用期間は1年で延長可能）にわたって定期的な巡回訪問・随時訪問によって障害者本人の理解力や生活力を補う観点から，適切なタイミングで支援を行う。具体的には，週1〜2回程度の定期的な巡回や電話やメール等で要請があった場合の随時対応で，日常生活上の課題はないか，公共料金・家賃等の滞納の有無の確認，体調や通院，服薬の確認，地域住民との関係等について必要な助言，関係機関との連絡調整を行う（2018〔平成30〕年度より施行された）。

⑩ **共同生活援助（グループホーム）**

共同生活を営むことに支障がない障害者について，主に夜間，共同生活を営む住居において，相談や介護その他日常生活上の援助を行い，一人暮らし等を希望する者への支援や退去後の相談支援等を行う（2024年度より退去後の相談支援等が明確に位置付けられる）。対象者は障害者（身体障害者にあっては，65歳未満の者又は65歳に達する日の前日までに障害福祉サービス若しくはこれに準ずるものを利用したことがある者に限る）で単身での生活に不安があったり，一定の支援を必要とするが施設ではなく地域で生活したい者等。介護サービス包括型と外部サービス利用型，日中サービス支援型に分けられる。ユニット

| 必ず覚える用語 |
| --- |
| ☐ 一般相談支援事業 |
| ☐ 特定相談支援事業 |
| ☐ 指定一般相談支援事業者 |
| ☐ 指定特定相談支援事業者 |
| ☐ 基本相談支援 |
| ☐ 地域相談支援 |
| ☐ 地域移行支援 |
| ☐ 地域定着支援 |
| ☐ 計画相談支援 |
| ☐ サービス利用支援 |
| ☐ 継続サービス利用支援 |
| ☐ 自立支援医療 |
| ☐ 育成医療 |
| ☐ 更生医療 |
| ☐ 精神障害者公費負担通院医療 |

◆1 **就労アセスメント**
就労継続支援B型事業の利用希望者に対し，就労移行支援事業所などが行う就労面のアセスメントを指す（『改訂版・就労移行支援事業所による就労アセスメント実施マニュアル』より）。

◆2 **障害者就業・生活支援センター**
障害者雇用促進法に基づき，障害者が職業に就くための支援と生活相談などを地域の関係機関と連携しながら行うセンター。

入居定員は2人以上10人以下で原則個室となる。

　なお，訓練等給付では，サービス管理責任者と生活支援員が配置され，機能訓練では看護職員が，就労移行では職業指導員や就労支援員，就労継続では職業指導員，グループホームでは世話人が必要人数配置される（外部サービス利用型は生活支援員の配置は必要ない）。

## 相談支援

　相談支援には①基本相談支援，②地域相談支援（地域移行支援と地域定着支援），③計画相談支援（**サービス利用支援**と**継続サービス利用支援**）があり，このうち，①と②を行うことを「一般相談支援事業」（**指定一般相談支援事業者**が行う）といい，①と③を行うことを「特定相談支援事業」（**指定特定相談支援事業者**が行う）と呼ぶ。一般的な相談支援（障害者相談支援事業）については市町村（又は委託された相談支援事業者）が行う。

　**基本相談支援**は地域の障害者等の福祉に関するそれぞれの問題について，障害者や障害児，保護者や障害者等の介護を行う者からの相談に応じ，必要な情報提供や助言を行い，指定障害福祉サービス事業者との連絡調整その他の便宜を総合的に提供する。

　**地域相談支援**の**地域移行支援**は，障害者支援施設，療養介護を行う病院，救護施設・更生施設，矯正施設又は更生保護施設に入所している障害者（児童福祉施設に入所する18歳以上の者や障害者支援施設に入所する15歳以上のみなしの者を含む）等，精神科病院に入院している精神障害者（長期入院で支援の必要性が相対的に高いと見込まれる1年以上の入院者を中心）等を対象に，住居の確保その他の地域における生活へ移行するための相談，障害福祉サービスの体験的利用支援・宿泊支援等を行う。支給決定期間は6か月。**地域定着支援**は，居宅において単身等で生活する障害者であって，地域生活継続のために常に連絡体制を確保し，緊急時の支援体制が必要と見込まれる障害者を対象とし，障害特性に起因して生じる緊急事態等に緊急訪問・対応等の各種支援を行う（家族と同居している場合でも，その家族が障害や疾病等のため，緊急時の支援が見込めないケースを含む）。支給決定期間は1年（グループホームや宿泊型自立訓練の入居者は対象外）。

　**計画相談支援**の**サービス利用支援**は，①障害者総合支援法の計画相談支援対象者と②児童福祉法の障害児相談支援の対象者に分けられる。①は障害福祉サービスを申請した障害者・児や地域相談支援を申請した障害者で市町村がサービス等利用計画案の提出を求めた者が対象者となる。②は障害児通所支援を申請した障害児で，市町村が障害児支援利用計画案の提出を求めた者が対象者となる。この場合に指定特定相談支援事業者（①を担当）や指定障害児相談支援事業者（②を担当）がサービス等利用計画・障害児支援利用計画の作成を行う。**継続サービス利用支援**は，計画のモニタリングやサービス等利用計画等の変更や関係者との連絡調整等を行うもの（指定特定相談支援事業者以外の者がサービス等利用計画案を作成した場合は対象外）である。

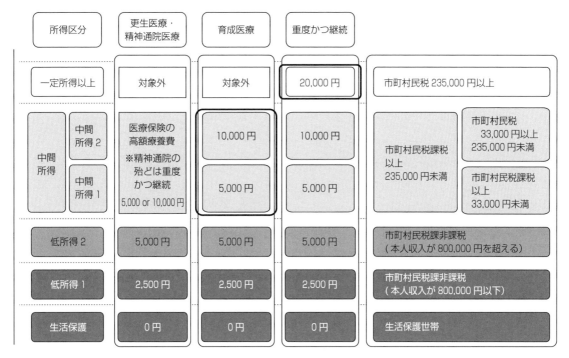

図4-3
自立支援医療の利用者負担の限度額
出所：厚生労働省ホームページ（http：www.mhlw.go.jp/seisakunitsuite/bunya/hukushi_kaigo/shougaishahukushi/jiritsu/dl/01.pdf）。

## 自立支援医療

　自立支援医療の育成医療及び更生医療については，市町村が実施主体となっている。また精神障害者公費負担通院医療は，都道府県・政令市が実施主体であるが，窓口は市町村となっている。

　**育成医療**の対象者は①肢体不自由，②視覚障害，③聴覚障害，④言語障害，⑤内部機能障害（先天性障害が対象で，手術により将来的に生活能力を得る見込みがある者とされているが，人工透析療法や中心静脈栄養法は対象），⑥ヒト免疫不全ウイルスによる免疫機能障害（後天性を含む），⑦その他の先天性内臓障害のある児童（18歳未満）とされている。

　**更生医療**の対象者は原則として育成医療の対象となる障害を有する障害者であるが，内部障害については心臓・腎臓・肝臓・小腸・免疫機能障害に限定されている。

　**精神障害者公費負担通院医療**の対象者は①器質性精神障害，②精神作用物質使用による精神及び行動の障害，③統合失調症等，④気分障害，⑤てんかん，⑥神経症性障害等，⑦生理的障害等，⑧成人の人格及び行動の障害，⑨精神遅滞，⑩心理的発達の障害，⑪小児期及び青年期に通常発症する行動及び情緒の障害，で病院又は診療所に入院しないで行われる医療を受ける者である。

　**自立支援医療の利用者負担**（**図4-3**）は原則として，市町村民税23.5万円以上の住民は１割負担であり，それ未満であれば５段階に分けられた段階ごとの上限額（上限未満であれば１割）を負担となる。ただし，「重度かつ継続」（精神障害者公費負担通院医療の①〜⑤に該当する場合又は，精神医療に一定の経験のある医師が判断した場合を含む）の高額治療継続者は，上限が２万円である。利用者負担は世帯単位で所得認定をしているが，この時の世帯とは住民基本台帳に基づく世帯ではなく，同一医療保険に加入している家族を世帯としている。

## 補装具

　**補装具**の対象者は補装具が必要な障害者・児で，実施主体は市町村（市町村長に申請し，身体障害者更生相談所等の判定や意見に基づいて決定される）となる。補装具の品目は義肢・装具，座位保持装置，盲人安全つえ，義眼，眼鏡，補聴器，車椅子，電動車椅子，座位保持椅子（児のみ），起立保持具（児のみ），歩行器，頭部保持具（児のみ），排便補助具（児のみ），歩行補助つえ，重度障害者用意思伝達装置である（義肢・装具の耐用年数は障害児の場合4か月～1年6か月とされている）。2018（平成30）年度より，成長に伴い短期間で取り替える必要のある障害児は，貸与の活用も可能となった。

## 地域生活支援事業

　**地域生活支援事業**は障害者・児が自立した日常・社会生活を営むことができるように，地域（市町村・都道府県）特性や利用者状況に応じ，柔軟な形態で効果的・効率的に実施できるように設置されたものである。自立支援給付との大きな違いは，財源が裁量的経費として国庫補助金（**統合補助金**◆³）で費用の一部が賄われる。事業実施量にかかわらず，各自治体への補助金は一定であり，補助金を超えた額は各自治体の持ち出しとなる。国は予算の範囲内において，市町村及び都道府県が支出する地域生活支援事業の費用の100分の50（つまり2分の1）以内を補助することとされて

おり，都道府県は，予算の範囲内において市町村が支出する地域生活支援事業の費用の100分の25（つまり4分の1）以内を補助することとされている。

　市町村（特別区を含み，都道府県による代行も可能）が行う地域生活支援事業には必ず実施しなければならない必須事業と，その他としての任意事業の2種類がある。必須事業は，①理解促進研修・啓発，②自発的活動支援，③相談支援（基幹相談支援センター等機能強化，居住サポート），④成年後見制度利用支援，⑤成年後見制度法人後見支援，⑥意思疎通支援，⑦日常生活用具給付等，⑧手話奉仕員養成研修，⑨移動支援，⑩地域活動支援センター機能強化，である。任意事業としては，①日常生活支援（障害児支援体制整備，巡回支援専門員整備等），②社会参加支援（スポーツ教室開催等，自動車運転免許取得・改造助成等），③権利擁護支援（成年後見制度普及啓発，障害者虐待防止対策支援），④就業・就労支援（バーチャル工房支援，更生訓練費給付）がある。その他，障害支援区分認定等事務も位置づけられている。

　都道府県（指定都市，中核市に委託可）の必須事業としては①専門性の高い相談支援（発達障害者支援センター運営，高次脳機能障害及びその関連障害に対する支援普及，障害児等療育支援），②専門性の高い意思疎通支援を行う者（手話通訳者や要約筆記者等）の養成研修，③専門性の高い意思疎通支援を行う者の派遣，④意思疎通支援を行う者の派遣に係る市町村相互間の連絡調整，⑤広域的な支援，が規定されている。その他の事業としては，サービス・相談支援者，指導者育成事業

が規定されている。また任意事業としては，①日常生活支援（オストメイト社会適応訓練，音声機能障害者発声訓練等），②社会参加支援（障害者ITサポートセンター運営，身体障害者補助犬育成等），③権利擁護支援（成年後見制度法人後見支援等），④就業・就労支援（一般就労移行等促進，障害者就業・生活支援センター体制強化等），⑤重度障害者に係る市町村特別支援が規定されている。

　また地域生活支援促進事業が，市町村，都道府県においてそれぞれ実施されている。この事業は，発達障害者支援，障害者虐待防止対策，障害者就労支援，障害者の芸術文化活動の促進等，国として促進すべき事業を規定している。主な事業として①発達障害者支援体制整備事業，②障害者虐待防止対策支援事業，③障害者就業・生活支援センター事業，④障害者芸術・文化祭開催事業などが挙げられており，国が2分の1又は定額の補助を行うとされている。

## 障害者総合支援法における地方公共団体の責務

　障害者総合支援法第2条第1項では，障害者等の生活実態把握や（労働や教育機関を含む）関係機関との緊密な連携，必要な自立支援給付及び地域生活支援事業を総合的かつ計画的に実施，必要な情報提供や相談，調査及び指導，意思疎通支援が必要な障害者等への必要な便宜の供与，虐待防止や権利擁護のための必要な援助，等を市町村の責務としている。また同条第2項では，都道府県

必ず覚える用語

- [ ] 補装具
- [ ] 地域生活支援事業
- [ ] 障害者介護給付費等不服審査会
- [ ] 不服申し立て（審査請求）

3

◆3　統合補助金
人口に基づく全国一律の基準による配分，現行の事業実施水準を反映させた基準による配分。

に対しても，市町村への助言や情報提供，自立支援医療の支給，地域生活支援事業の総合的実施，専門的な知識及び技術を必要とする相談及び指導，権利擁護のために必要な援助等を行うとしている。

## 障害者介護給付費等不服審査会

市町村が行った障害福祉サービスの支給決定内容に不服がある場合，都道府県ごとに設置されている「**障害者介護給付費等不服審査会（以下，審査会）**」に不服申し立てを行うことができる。

この審査会は都道府県が設置できる，と法律（障害者総合支援法第98条第1項）上は任意設置とされているものであるが，審査判定の適否等を審査できる専門性を有する機関を設置し，そこでの判断を仰ぐことが，市町村との協力の上，障害者の権利擁護をする責務を果たすことにつながるため，設置が望ましいとされている。この審査会には5人を標準とする委員（任期は3年）が，都道府県知事によって任命される。場合によっては専門調査員（審査請求について基礎資料となる専門的事項を調査する者）を置くことができる。

## 不服申し立てとその流れ

不服申し立てができるのは，障害支援区分に関する認定や変更の設定，支給決定に関わるもの，支給要否の決定や支給量について，とされている。また利用者負担に関わる利用者負担月額上限区分に関する決定や，生活保護境界対象者に対する

負担軽減措置の決定及び施設入所者・グループホーム等利用者にかかる定率負担の個別減免に関する決定も対象となっている（地域相談支援給付費等に係る審査請求も行う）。

**不服申し立て（審査請求）**は，処分があったことを知った日（決定通知書を受け取った日）の翌日から60日以内に①文書（審査請求書）又は口頭で行うこととされている。審査請求を受けた都道府県知事は②市町村に事実確認を行い，③不服審査会で審理した上で，④都道府県知事に審理結果を答申し，それを受けて⑤知事が**裁決**[4]を行う。審査請求の裁決は，「認容」「棄却」「却下」で通知される。認容の場合，不服審査会は市町村の支給決定を取り消すことができる。

しかし，支給量の変更まで指示する権限を持たないため，市町村の裁量に委ねられる部分が大きい。さらに，却下や棄却など，都道府県の不服審査内容に不満がある場合に，さらに国に審査請求する制度がないなど，欠点も多い。このため，都道府県の不服審査内容に不満がある場合，その決定（裁決書）を受け取った日の翌日から6か月以内に裁判所へ訴訟することができる。

## 苦情解決制度

障害福祉サービスを利用して，サービスに関する苦情がある場合は，まずはその事業所に設置されている苦情受付窓口に対して苦情を申し立て，事業者は苦情を記録し，必要な改善を行わなければならない。これは社会福祉法第82条に規定される「社会福祉事業の経営者は，常に，その提供す

る福祉サービスについて，利用者等からの苦情の適切な解決に努めなければならない」とされるものに基づく。苦情解決が適切に行われることにより，権利擁護が実現され，虐待防止や利用者の満足度向上につながるとされる。また市町村からの求めがあった場合は，その改善内容を報告しなければならない。

　それ以外に，都道府県社会福祉協議会に設置されている**運営適正化委員会**(社会福祉法第83条)[5]に申し立てることもできる。運営適正化委員会の扱う福祉サービスの範囲は，社会福祉事業において提供されるすべての福祉サービスとされているため，障害者総合支援法のサービスも対象となる。また苦情の範囲も①処遇の内容に関するもの，②利用契約締結や履行・解除に関する申し立てと位置付けられている。

　苦情解決制度の利用という意味では，社会福祉法(第2条第3項第12号)に規定される**福祉サービス利用援助事業**[6]の活用をすることも検討しなければならないため，障害者総合支援法の枠組みだけで障害者の苦情を解決し，権利擁護をすることは困難である。

◆4　裁決
地方公共団体等が行った処分に対する異議申し立て(不服申し立て)に対し，処分に正当な理由があるかどうかや，公共の福祉に適合するかどうか等を判断し，処分の全部又は一部の取り消しや請求の棄却等を行う。

◆5　運営適正化委員会
都道府県社会福祉協議会に設置されている，福祉サービス利用者の苦情等を適切に解決し，利用者の権利擁護を図ることを目的とするもの。

◆6　福祉サービス利用援助事業
第二種社会福祉事業に位置づけられ，認知症高齢者や知的・精神障害者等で日常生活を営むのに支障がある人を対象に福祉サービス利用の手続きや費用支払い，苦情解決制度の利用援助等を行う。

## Check

**次の文の正誤を答えなさい。**

次の文の正誤を答えなさい。相談支援専門員は，指定計画相談支援においてサービス等利用計画を作成し，地域移行支援と地域定着支援を行う。

(答)×：サービス等利用計画は指定特定相談支援事業所が指定計画相談支援として行うが，地域移行や地域定着支援は指定一般相談支援事業所が地域相談支援として行う。
(第25回社会福祉士国家試験問題57より)

### 間違いやすい用語

**「一般相談支援事業」と「特定相談支援事業」**

地域移行支援や地域定着支援を行うものが一般相談支援と呼ばれ，サービス利用計画の作成やモニタリング，見直し等を行うのが特定相談支援となる。

表4-2
障害者総合支援法のサービス

| | | 提供サービス※（　）は対象者 | | 障害支援区分 | 財源 |
|---|---|---|---|---|---|
| 自立支援給付 | 介護給付 | 居宅介護 | 居宅で入浴，排せつ，食事等の介護や調理，洗濯及び掃除等の家事，生活等の相談や助言，その他生活全般の援助や通院・乗降など介助。（障害者・児） | 区分1以上 | 給付決定に基づき，個別給付がなされる。義務的経費として国2分の1，都道府県4分の1，市町村4分の1（ただし，利用者負担分除く）。この負担は国庫負担基準を上限として算定される。市町村は支給決定基準を作成し，特に訪問系サービスについては柔軟に利用者に対応するように求めているが，多くの市町村は国庫負担基準に準じている。※基本相談支援は交付税。 |
| | | 重度訪問介護 | 居宅介護サービスに加え，外出時の移動中の介護，日常生活上の様々な介護の事態に対応するための見守り等支援。（重度障害者。児童は児童相談所長が適当とみなし，市町村長に通知した場合） | 区分4以上 | |
| | | 同行援護 | 外出時の移動に必要な情報を代筆や代読等で提供し，移動の援護，排せつ及び食事等の介護，その他外出時に必要な援助。外出は通勤・営業活動等の経済活動，通年かつ長期になる外出，社会通念上適当でない外出は除外される。（視覚障害者・児） | なし（身体介護がある場合は2以上） | |
| | | 行動援護 | 行動する際に生じ得る危険回避に必要な援助【予防的対応，制御的対応】や，外出時の移動中の介護，排せつ及び食事等の介護その他の行動の際に必要な援助【身体介護的対応】。（知的・精神障害者・児） | 区分3以上 | |
| | | 療養介護 | 病院等への長期入院による医学的管理の下，食事や入浴，排せつ等の介護や，日常生活上の相談支援等を提供。（ALS等の重症心身障害者） | 区分5以上 | |
| | | 生活介護 | 主に日中，入浴，排せつ，食事等の介護や日常生活上の支援，生産活動の機会などの提供。（障害者） | 区分3以上（50歳以上は2以上） | |
| | | 短期入所 | 福祉型・医療型施設に短期間入所させ，入浴，排せつ及び食事の介護その他の必要な支援。（障害者・児） | 区分1以上 | |
| | | 重度障害者等包括支援 | 訪問系サービス【居宅介護，重度訪問介護等】や通所サービス【生活介護，短期入所等】等を組み合わせて，包括的に提供。（重度障害者・児） | 区分6以上 | |
| | | 施設入所支援 | 夜間の入浴，排せつ等の介護や日常生活上の相談支援等を実施。生活介護の利用者に利用期間制限はないが，自立訓練や就労移行支援の利用者はそれぞれの利用期間に限定される。（障害者） | 区分4以上（50歳以上は3以上） | |
| | 訓練等給付 | 自立訓練（機能訓練） | 理学・作業療法等の身体的リハビリテーションや，日常生活上の相談支援等を実施【通所訓練が原則だが，状況により訪問もある】。利用者ごとに，標準期間【18ヶ月】内で利用期間を設定。（障害者） | なし | |
| | | 自立訓練（生活訓練） | 食事や家事等の日常生活能力向上のための支援，日常生活上の相談支援等を実施【通所訓練が原則だが，状況により訪問もある】。利用者ごとに，標準期間【24ヶ月】内で利用期間を設定する。（障害者） | なし | |
| | | 就労選択支援 | 本人の希望・就労能力・適性等に合った就労先や働き方が選択できるように支援する。適切な情報把握や情報提供，多機関連携を図ることなどが求められる。（障害者） | なし | |
| | | 就労移行支援 | 一般就労等への移行に向けて，事業所内や企業での作業や実習，適性に合った職場を探し，就労後の職場定着支援等を実施する。標準期間は24ヶ月。（障害者） | なし | |
| | | 就労継続支援（A型） | 通所で，雇用契約に基づく就労の機会提供とともに，一般就労に必要な知識，能力が高まった者について，一般就労への移行に向けた支援を行う。（障害者） | なし | |
| | | 就労継続支援（B型） | 通所での，就労や生産活動の機会提供【雇用契約なし】とともに，一般就労に必要な知識・能力が高まった者は，一般就労等への移行に向けて支援をする。利用期間の定めはない。（障害者） | なし | |
| | | 就労定着支援 | 一般就労に移行した人に，就業に伴う生活面の課題に対応できるよう，事業所・家族との連絡調整等の支援を行う。（障害者） | なし | |
| | | 自立生活援助 | 施設入所支援やグループホームを利用していた者等を対象とし，定期的な巡回訪問・随時の対応によって，円滑な地域生活に向けた相談・助言等を行う。（障害者） | なし | |
| | | 共同生活援助（グループホーム） | 主に夜間，共同生活の住居で【2014（平成26）年度から入浴・排せつ又は食事の介護を追加】相談その他の日常生活上の援助を行い，日常生活上の相談支援や日中活動の利用支援のため就労移行支援事業所等の関係機関と連絡調整を実施する。（障害者） | なし | |
| 相談支援 | 基本相談支援 | | 地域の障害者等の福祉問題について，障害者・児，保護者や介護者からの相談に応じ，必要な情報提供や助言を行う。また指定障害福祉サービス事業者等との連絡調整を行う。（障害者・児） | | |
| | 地域相談支援 | 地域移行支援 | 障害者支援施設，のぞみの園，施設入所支援利用者，救護施設又は更生施設の入所障害者，刑事施設又は少年院・更生保護施設に収容されている障害者等又は精神科病院入院中の精神障害者に対し，住居の確保その他の地域生活移行の活動に関する相談・地域移行のための外出に同行・障害福祉サービス体験利用・体験宿泊等を実施する。【児童福祉施設に入所している18歳以上の者，障害者支援施設等に入所する15歳以上の者も対象】利用料は無料。（障害者） | | |
| | | 地域定着支援 | 居宅で独居又は家族等と同居しているが，同居家族等からの緊急時の支援が見込めないなど，地域生活の継続のために常に連絡の取れる体制を確保し，緊急時の対応を行う。利用料は無料。（障害者） | | |

| | | | | |
|---|---|---|---|---|
| | 計画相談支援 | サービス利用支援 | 心身の状況や環境，障害者等の移行等を勘案し，利用サービスの種類や内容を定めた「サービス利用計画案」を作成し，指定障害福祉サービス事業者や一般相談支援事業者等との連絡調整を行う。また支給決定を受けてサービスの種類や内容等を記載した「サービス等利用計画」を作成する。利用料は無料。(障害者・児) | |
| | | 継続サービス利用支援 | 指定特定相談支援事業所による「サービス等利用計画」が作成された障害者等又は地域相談支援利用障害者の利用計画が適切であるかどうかのモニタリングを行い，計画の有効期間内に計画の変更及び関係機関との連絡調整，新たな支給決定が必要な場合は申請を勧める等を行う。利用料は無料。(障害者・児) | |
| 自立支援医療 | 育成医療(身体障害児) | | 児童福祉法に規定される障害児で，その身体障害を除去・軽減する手術等の治療によって，生活能力を得ることを目的としている。 | 18歳未満 |
| | 更生医療(身体障害者) | | 身体障害者福祉法に規定される身体障害者で，その障害を除去・軽減する手術等の治療によって確実な更生の効果が期待される。 | 18歳以上 |
| | 精神障害者公費負担通院医療 | | 通院による精神医療を継続的に要する状態にある者に対し，その通院医療費の支給を行う。(症状がほぼ消失している患者でも，軽快状態を維持し，再発予防のために通院治療を受ける場合を含む) | 継続的な精神医療による通院が必要な精神障害者 |
| | 補装具 | | 障害者が日常生活を送る上で必要な移動等の確保や就労場面における能率の向上を図ること，障害児が将来，社会人として独立自活するための素地を育成助長する。(障害者・児) | |
| 地域生活支援事業 | 市町村 | 必須事業 | | |
| | | 障害者理解促進の研修・啓発 | 市町村が地域住民に対し，障害者等の理解を深めるための普及啓発に関するイベントや広報を行う。 | 市町村地域生活支援事業に対しては国庫補助率50％以内(都道府県25％以内，市町村25％負担)，都道府県地域生活支援事業についても国庫補助率50％以内(都道府県負担50％)となっている。これらは統合補助金の形で裁量的経費として補助される。 |
| | | 障害者・家族・地域住民の自発的活動支援 | 障害者等やその家族，地域住民等が自発的に行う活動に対する支援を行う。ピアサポートや災害対策，孤立防止活動支援，社会活動支援，ボランティア活動支援等が想定されている。 | |
| | | 相談支援 | 相談支援は福祉サービス利用援助や社会資源活用，権利擁護のために必要な援助等を行う。機能強化事業は，センターに社会福祉士や保健師等の専門職員を配置し，地域の相談支援体制強化に取り組む。地域移行や地域定着促進の取り組みを事業内容とする。住宅入居は不動産業者に物件斡旋依頼をし，入居契約手続き支援等を行う。 | |
| | | 成年後見制度利用支援 | 成年後見制度を利用することが有用であると認められる知的・精神障害者に対し，成年後見制度利用を支援するため，成年後見制度申し立てに必要な経費の全部又は一部を補助する。 | |
| | | 成年後見制度法人後見支援 | 後見等の業務を適正に行うことのできる法人を確保できる体制を整備するとともに，市民後見人の活用も含めた法人後見の活動を支援する。法人後見のための研修・活動を安定的に実施する組織体制構築，適正な活動支援等。 | |
| | | 意思疎通支援 | 聴覚，言語，音声，視覚その他の障害のため，意思疎通を図ることに支障がある障害者に手話通訳者や要約筆記者を派遣し，点訳，代筆，代読，音声訳等により，意思疎通を図ることに支障がある障害者等とその他の者の意思疎通を支援する。 | |
| | | 日常生活用具給付等 | 身体障害者・児，知的障害者・児，精神障害者，難病者であって，日常生活用具を必要とする者に，用具の給付又は貸与をする。【介護・訓練支援，自立生活支援，在宅療養等支援，情報・意思疎通支援，排泄管理支援，居宅生活道具補助などの用具】 | |
| | | 手話奉仕員養成研修 | 手話で日常会話を行うのに必要な手話語彙及び技術を習得した者を養成し，意思疎通を図ることに支障がある障害者等が自立した日常生活・社会生活を営むことができるようにする。そのために手話奉仕員の養成研修を行う。 | |
| | | 移動支援 | 屋外での移動が困難な障害者等について外出支援を行い，自立生活及び社会参加を促す。個別支援・グループ支援・車両移送等の形態がある。 | |
| | | 地域活動支援センター機能強化 | 基礎的事業【創作的活動・生産活動機会提供等】と，地域活動支援センターⅠ型【専門職員配置，相談支援事業を実施する等】，Ⅱ型【機能訓練，社会適応訓練，入浴等サービス提供】，Ⅲ型【5年以上の実績のある安定的運営をしている事業所】等の事業を実施する。 | |
| | | 任意事業 | 日常生活支援 (福祉ホーム，訪問入浴サービス，生活訓練等，日中一時支援，安心生活支援，退院支援体制確保等)，社会参加支援 (レクリエーション活動等支援，芸術文化活動振興，点字・声の広報等発行，奉仕員養成研修等)，権利擁護支援，就業・就労 (盲人ホーム運営，知的障害者職親委託)。 | |
| | 都道府県 | 必須事業 | | |
| | | 専門性の高い相談支援 | 発達障害者支援センター運営事業，高次脳機能障害及びその関連障害に対する支援普及事業が規定されている。 | |
| | | 専門性の高い意思疎通支援の養成・派遣 | 手話通訳者や要約筆記者養成及び派遣事業，盲ろう者向け通訳・介助員養成研修及び派遣事業。失語症者向け意思疎通支援者養成研修及び派遣事業。 | |
| | | 意思疎通支援者派遣の市町村相互間連絡調整 | 手話通訳者や要約筆記者の派遣について，市町村相互間の連絡調整体制が困難な場合に都道府県が派遣調整を行う。 | |
| | | 広域的な支援事業 | 都道府県相談支援体制整備事業や精神障害者地域生活支援広域調整等事業，発達障害者支援地域協議会による体制整備事業等。 | |
| | | 任意事業 | ○日常生活支援，○社会参加支援，○権利擁護支援，○就業・就労支援，○重度障害者に係る市町村特別支援 | |

注：介護給付の療養介護の給付では，医療に要する費用及び食費等は医療保険が優先されている。地域生活支援事業は令和5年度予算に基づく内容。
　　上記以外に地域生活支援促進事業についても予算が組まれている。
出所：『見て覚える！介護福祉士国試ナビ2014』(2013) 中央法規出版を筆者改変。

**さらに学びたい人への基本図書**

日本知的障害者福祉協会編『さぽーと』第711号（特集：障害者総合支援法施行3年後の見直し——障害のある人たちの暮らしはよくなるのか），2016年。
特集では，障害者総合支援法改正内容への評価について，研究者・親・障害者自立支援法違憲訴訟に関わった弁護士等の立場から論じられている。

中央法規出版編集部『改正障害者総合支援制度のポイント』中央法規出版，2016年。
2016年に公布された障害者総合支援法と児童福祉法の改正法の内容について，わかりやすい解説とともに，改正後の条文と新旧対照表が掲載されている。

二本柳覚編著『これならわかる〈スッキリ図解〉障害者総合支援法 第3版』翔泳社，2023年。
2022（令和4）年に成立した障害者総合支援法の改正法について，わかりやすく解説がなされている。

第4章

**問：障害福祉サービスの利用手続きについて，申請からサービス利用にいたるまでを説明しなさい。**

ヒント：申請の窓口や必要な書類，支援区分，支給決定とサービス等利用計画など，様々なポイントがあり，さらに利用するサービスの種類によっても手続きは異なる。

# 第5章

# 年齢・障害種別に
# 対応した法律

**本章で学ぶこと**

● 障害者福祉制度の基本的な考え方を示している障害者基本法について学ぶ。（第1節）

● 各障害者福祉法・支援法について学ぶ。（第2〜5節）

● 精神障害者の入院制度について学ぶ。（第4節）

● 障害児については，児童福祉法に規定される内容について理解する。（第6節）

● 医療的ケアを必要とする子どもに対する支援等について学ぶ。（第7節）

# 第1節 障害者基本法

## この節のテーマ

- 障害者基本法が制定された背景や，制定から現在に至る簡単な歴史について学ぶ。
- 差別禁止規定について理解する。
- 障害者福祉制度を理解するための障害者政策委員会の役割を知る。
- 政府が策定する障害者基本計画について学ぶ。
- 都道府県・市町村で策定される障害者計画の概要について学ぶ。

## 制定の背景

1970（昭和45）年に衆議院社会労働委員会が議員立法として法案を提出し，公布・施行された。当初の目的は心身障害の発生予防や医療，訓練，保護，教育，雇用促進，年金支給等の心身障害者の福祉に関する施策の基本事項を定め，心身障害者対策の総合的推進を図ることとされた。ここでの心身障害者とは，肢体不自由・視覚・聴覚・平衡機能・音声または言語機能・心臓機能・呼吸器機能等の固定的臓器機能障害（つまりは身体障害），精神薄弱（現在の知的障害）があるため，日常生活または社会生活に相当な制限を受ける者とされていた。

## 制度改正の沿革

1993（平成5）年には「障害者基本法」と名称変更され，障害者の定義の変更や，基本理念の追加，障害者の日の制定等，現在の法体系の基礎が構築された。2004（平成16）年には，基本理念に**差別禁止規定**[*1]を盛り込み，自立及び社会参加の支援等が目的に追加され，障害者の日が障害者週間

に拡大をされる等の法改正が行われている。

## 2011（平成23）年度改正

改正内容については，第3章第3節ですでに説明されている。法案提出理由は，「障害者の権利の保護に関する国際的動向を踏まえ」とされていることからも，障害者権利条約の影響が大きいことがうかがえる。第1条の目的規定の見直しでは，「全ての国民が，障害の有無にかかわらず，等しく基本的人権を享有するかけがえのない個人として尊重されるものであるとの理念にのっとり，全ての国民が，障害の有無によつて分け隔てられることなく，相互に人格と個性を尊重し合いながら共生する社会を実現する」とされている。第2条の障害者の定義は「身体障害，知的障害，精神障害（発達障害を含む。）その他の心身の機能の障害がある者であつて」とされている。この表現は従来の障害種別を列挙してきた表現と大きく変わるものではない。後半の文言には「障害及び**社会的障壁**[*2]により継続的に日常生活又は社会生活に相当な制限を受ける状態にある」という表現が見られる。

## 障害の定義

障害者基本法第2条では，先でも述べたが，「この法律において，次の各号に掲げる用語の意義は，それぞれ当該各号に定めるところによる。一　障害者　身体障害，知的障害，精神障害（発達障害を含む。）その他の心身の機能の障害（以下「障害」と総称する。）がある者であつて，障害及び社会的障壁により継続的に日常生活又は社会生活に相当な制限を受ける状態にあるものをいう」とされている。改正前よりは障害を広くとらえるように変化してきており，さらに，環境的要因としての社会的障壁を生きづらさと関連させてとらえるといった変化もみられる。

## 差別禁止規定

第4条では，旧法の第3条第3項として規定されていた差別の禁止が，新たに条文として設けられている。「何人も，障害者に対して，障害を理由として，差別することその他の権利利益を侵害する行為をしてはならない」というこの規定は，これまでに差別禁止法として制定が求められてきた内容であるが，実効性に乏しいという問題点がある。障害を理由とする差別を禁止しているが，罰則規定もなく，差別されたことを理由とする損害賠償についても規定は設けられていない。また，それらを訴えるべき機関についての規定もないなど不十分さが残る。

また，第2項では社会的障壁の除去を掲げ，権

1

2

### 必ず覚える用語

- [ ] 障害者基本法
- [ ] 差別禁止規定
- [ ] 障害者基本計画
- [ ] 障害者計画
- [ ] 障害福祉計画

◆1　差別禁止規定
2004年の障害者基本法改正において，第4条で「（前略）障害者に対して，障害を理由として，差別することその他の権利利益を侵害する行為をしてはならない」という規定を設けた。これは理念としての規定であり，具体的に差別とは何であるのかや，差別を受けた場合の救済規定や罰則もないものであった。2011年の規定も同様であるが，合理的配慮をしなければならない，とほんの少し踏み込んだ内容となっている。

◆2　社会的障壁
障害者基本法第2条第1項第2号において，「障害がある者にとつて日常生活又は社会生活を営む上で障壁となるような社会における事物，制度，慣行，観念その他一切のものをいう」とされている。

### Check

**障害者福祉制度の発展過程に関する次の記述の正誤を答えなさい。**

2011（平成23）年に改正された障害者基本法において，「障害を理由として，差別することその他の権利利益を侵害する行為をしてはならない」とする差別禁止が規定された。

（答）×：2004年改正時にすでにこの条文が第3条第3項に登場している。
（第25回社会福祉士国家試験問題56より）

利利益の侵害をしないようにすべきことが示されているが，事業主等への配慮として，社会的障壁の除去に伴う負担が過重である場合には，配慮を求めないとしている。裏を返せば，負担可能な範囲で配慮をしなければならないという，必要かつ**合理的配慮**◆3が挙げられている。では合理的配慮とは何か，については，個別具体的な事象になるため，障害者基本法では触れていない。

これらの問題点を解消するために「障害を理由とする差別の解消の推進に関する法律」（**障害者差別解消法**）が制定され，第5条において施設・設備の改善や整備，職員研修等が規定された。また必要かつ合理的な配慮については，各制度において個別に検討されているため，その検討結果を個別に検証する必要がある。

これ以外に新たに設けられた条文としては，第17条に「療育」，第26条に「防災及び防犯」，第27条に「消費者としての障害者の保護」，第28条に「選挙等における配慮」，第29条に「司法手続きにおける配慮等」，第30条に「国際協力」となっている。

## 制度の概要

障害者基本法では障害者基本計画の策定を政府に義務付けており，都道府県及び市町村にもそれぞれ**障害者計画**の策定を義務付けている。障害者基本計画案の検討や調査審議等を行うために**障害者政策委員会**が内閣府に設置されている。障害者政策委員会は30人以内で構成され，障がい者制度改革推進会議の方向性を引継ぎ，委員として

障害当事者や家族が入っている。これらの計画の概況を毎年国会に報告しなければならず，これが**障害者白書**◆4と呼ばれている。

障害者基本法に規定されている基本的施策として，①医療・介護等，②年金等，③教育，④療育，⑤職業相談等，⑥雇用の促進等，⑦住宅の確保，⑧公共的施設のバリアフリー化，⑨情報の利用におけるバリアフリー化等，⑩相談等，⑪経済的負担の軽減，⑫文化的諸条件の整備等，⑬防災及び防犯，⑭消費者としての障害者の保護，⑮選挙等における配慮，⑯司法手続きにおける配慮等，⑰国際協力が挙げられている。これらは一つの省で担えるような項目ではなく，各省庁の協力を要請しなければならない内容であるため，前述の障害者政策委員会が内閣府に置かれ，必要に応じて内閣総理大臣等に勧告することとなっている。

## 障害者基本計画と障害者計画

障害者基本計画は2002（平成14）年に閣議決定され，2003（平成15）年度から2012（平成24）年度までの10年間に講ずべき障害者施策の基本的方向として定められた。現在は第5次（2023〔令和5〕〜2027〔令和9〕年度）が策定されている。第5次計画は障害者基本法第1条に規定される理念に則って，共生社会の実現を目指し，その社会の実現に向け，「障害者を，必要な支援を受けながら，自らの決定に基づき社会のあらゆる活動に参加する主体として捉え，障害者が自らの能力を最大限発揮し自己実現できるよう支援するとともに，障害者の活動を制限し，社会への参加を

制約している社会的な障壁を除去するため，政府が取り組むべき障害者施策の基本的な方向を定めるものとする」という基本理念を掲げている。第5次計画では，①差別の解消，権利擁護の推進及び虐待の防止，②安全・安心な生活環境の整備，③情報アクセシビリティの向上及び意思疎通支援の充実，④防災・防犯等の推進，⑤行政等における配慮の充実，⑥保健・医療の推進，⑦自立した生活の支援・意思決定支援の推進，⑧教育の振興，⑨雇用・就業，経済的自立の支援，⑩文化芸術活動・スポーツ等の振興，⑪国際社会での協力・連携の推進，という11分野があげられている。また各分野はさらに目標分野が設けられ，合計46の目標分野にそれぞれ数値目標が示されている。都道府県や市町村が策定する障害者計画は国の基本計画に基づいて策定される。しかし，都道府県の計画に数値目標が明記されていなかったり，市町村の策定率が若干低くなっている等課題が見られる。なお，障害者総合支援法では「障害福祉計画」の策定を都道府県，市町村に義務付けているが，障害者計画の中の⑦自立した生活の支援に相当する部分に，障害者総合支援法に基づく障害福祉サービスがあり，その実施計画的なものとして位置づけられている。

## ◆3　合理的配慮

障害者権利条約では「障害者が他の者との平等を基礎として全ての人権及び基本的自由を享有し，又は行使することを確保するための必要かつ適当な変更及び調整であって，特定の場合において必要とされるものであり，かつ，均衡を失した又は過度の負担を課さないものをいう」と第2条の定義で示されている。

## ◆4　障害者白書

障害者基本法第13条に基づき，1994（平成6）年から，政府が毎年国会に障害者のために講じた施策の概況に関する年次報告書を提出し，それをまとめたものが障害者白書として刊行されている。

---

### 間違いやすい用語

**「障害者計画」と「障害福祉計画」**

障害者基本法に定められた障害者計画と障害者総合支援法に定められた障害福祉計画で，根拠法が異なることが違いの一つ目である。内容の違いは，障害者計画が，障害者の生活をトータルにとらえて，様々な視点からの支援を整備する計画であるのに対し，障害福祉計画は障害者総合支援法で提供されるサービスを中心に立てられる計画である。老人福祉の分野における老人福祉計画と介護保険事業計画の関係に似ているといえる。

# 第2節 身体障害者福祉法

## この節のテーマ
- 身体障害者福祉法の歴史を学ぶ。
- 身体障害者福祉法の目的を理解する。
- 身体障害者手帳制度を理解する。
- 身体障害者の定義を知る。
- 身体障害者福祉サービスを知る。

### 制定の背景

　1949（昭和24）年に，労働可能な年齢であって，一定の障害があるためにその能力を発揮できない視力障害，聴力障害，言語機能障害，肢体不自由，中枢神経機能障害のある身体障害者を対象に，補装具の給付や指導訓練を行うことで，仕事に就くことができるようにすることを目的に制定された。

### 制度改正の沿革

　その後の法改正では更生医療が位置づけられ，中枢神経機能障害は肢体不自由に含まれることとされた（1954年）。また目的の変更と内部障害（心臓，呼吸器）が障害の範囲に追加（1967年），内部障害に腎臓機能が追加され，療護施設が創設（1972年），目的変更と内部機能に膀胱又は直腸機能が追加（1984年），内部機能に小腸機能が追加され（1986年），1998年にヒト免疫不全ウイルスによる免疫機能が，2010年には肝機能が内部障害に追加されている。

### 身体障害者福祉法の目的と責務

　法の目的として，第1条に「（前略）障害者の日常生活及び社会生活を総合的に支援するための法律と相まって，身体障害者の自立と社会経済活動への参加を促進するため，身体障害者を援助し，及び必要に応じて保護し，もつて身体障害者の福祉の増進を図る（後略）」と規定している。これらの目的を果たすために，身体障害者自身には第2条で「（前略）自ら進んでその障害を克服し，その有する能力を活用する（後略）」と規定している。

　「障害の克服」とは，おそらく治療やリハビリ，様々な訓練等を想定していると思われる。ある程度の努力が求められることは否定できないが，これに縛られて，本人のニーズが無視されてきた歴史も忘れてはならない。

　また同条第2項では「（前略）あらゆる分野の活動に参加する機会を与えられる（後略）」と表現されており，権利として規定されているのではないという課題も見られる。一方で国や地方公共団体には「（前略）自立と社会経済活動への参加を促進するための援助と必要な保護を総合的に

実施するように努めなければならない」と第3条で規定し，努力義務を課している。また国民には，「（前略）身体障害者が（中略）する努力に対し，協力するように努めなければならない」として，協力を求めている。

## 身体障害者の定義と手帳制度

「身体障害者福祉法」における障害の範囲は，身体障害者福祉法別表及び身体障害者福祉法施行規則別表第5号の**身体障害者障害程度等級表**[◆1]には1級（重度）から7級（軽度）まで細かく規定されている。身体障害者福祉法第4条で「この法律において，『身体障害者』とは，別表に掲げる身体上の障害がある18歳以上の者であつて，都道府県知事から身体障害者手帳の交付を受けたものをいう」と規定されている。この身体障害者手帳が交付されるのは等級表の1級から6級に該当した場合であり，7級に該当する障害では手帳の交付はされない（7級の障害が2つ以上重複する場合又は7級の障害が6級以上の障害と重複する場合は対象となる）。なお身体障害者手帳については第15条に規定されており，都道府県知事の定める医師の診断書を添えて都道府県知事（指定都市市長又は中核市市長を含む）に交付申請することができる。

身体障害者手帳は福祉事務所の長（福祉事務所を設置していない町村については，町村長）を通じて本人が都道府県に申請し，都道府県知事が交付をする。15歳未満の児童については，保護者が代わりに申請をすることとされている。また乳幼

◆1　身体障害者障害程度等級表
身体障害者福祉法第4条に定められた別表であげられている障害その他政令で定められた障害の等級を示すために，身体障害者福祉法施行規則第5条第3項で別表第5号とされているもの。各障害と等級，それに該当する状態を表示している。1～7級まで規定されており，身体障害者手帳の交付対象は6級までだが，7級に該当する障害が2つ以上で6級となる。障害者権利条約の総括所見（仮訳）では，機能障害及び能力評価に基づく障害認定や手帳制度から医学モデルの要素を排除するよう勧告されている。

---

### 間違いやすい用語

#### 「身体障害者福祉司」と「身体障害者相談員」

身体障害者福祉司は身体障害者福祉法第11条の2に規定される公務員で，都道府県は身体障害者更生相談所に身体障害者福祉司の設置義務があり，市及び福祉事務所を設置する町村は，任意で設置できるとされている。業務は身体障害者更生相談所長や福祉事務所長の命を受けて専門的知識及び技術を必要とする情報提供やその他必要な援助等を行う。身体障害者相談員は身体障害者福祉法第12条の3に規定される民間の協力者という位置づけで，原則として身体障害のある人に委託をされる。障害者総合支援法の中では，ピアカウンセリングの役割を担うこと等が期待されている。

表5-1
身体障害者社会参加支援施設数と内訳

| 身体障害者社会参加支援施設 | | 全体315ヶ所 |
|---|---|---|
| 身体障害者福祉センター | A型 | 38ヶ所 |
| | B型 | 115ヶ所 |
| | 障害者更生センター | 4ヶ所 |
| 補装具製作施設 | | 14ヶ所 |
| 盲導犬訓練施設 | | 13ヶ所 |
| 点字図書館 | | 71ヶ所 |
| 点字出版施設 | | 10ヶ所 |
| 聴覚障害者情報提供施設 | | 50ヶ所 |

出所：「令和3年社会福祉施設等調査」（総括表による）。

児の障害認定は，概ね満3歳以降に行うこととされている。

## 身体障害者福祉法のサービス

障害者自立支援法ができるまでは，障害種別の事業が規定されていたが，ほとんどの事業が障害者自立支援法の枠組みに組み込まれ，現在は「身体障害者生活訓練等事業」「手話通訳事業」「介助犬訓練事業」「聴導犬訓練事業」が規定されるのみである。また施設についても同様で，現在は「身体障害者社会参加支援施設」「医療保健施設」が規定されるのみである。このうち「身体障害者社会参加支援施設」には身体障害者福祉センター（A型，B型，在宅障害者デイ・サービス施設，障害者更生センター），補装具製作施設，盲導犬訓練施設，視聴覚障害者情報提供施設（点字図書館，点字出版施設，聴覚障害者情報提供施設）が規定されている。2021（令和3）年10月1日現在の施

設数については表5-1の通りである。

## 身体障害者の援護実施機関と措置

第9条では身体障害者及び介護者への援護は市町村責務とされ，①身体障害者を発見し，②相談に応じる等して福祉の増進に必要な指導を行い，③必要な情報提供をし，④生活の実情や環境等の調査をする等の業務が掲げられている。このうち，専門的知識及び技術が必要なものは**身体障害者更生相談所**◆2の援助や助言を求めなければならないとされている。この身体障害者更生相談所は都道府県に設置義務があり，**身体障害者福祉司**も必置である。

身体障害者更生相談所の業務としては，①身体障害者に関する専門的な知識及び技術を必要とする相談及び指導業務，②身体障害者の医学的，心理学的及び職能的判定並びに補装具の処方及び適合判定業務，③市町村が行う援護の実施に関し，市町村に対する専門的な技術的援助及び助言，情報提供，市町村相互間の連絡調整，市町村職員に対する研修，その他必要な援助及びこれに付随する業務，④地域におけるリハビリテーションの推進に関する業務，等があげられている。

それ以外の身体障害者の福祉に関わる職種に，**民生委員**◆3と**身体障害者相談員**が規定されている。

市町村は障害者総合支援法の障害福祉サービスの利用が困難な場合，第18条に基づき，障害福祉サービスを提供又はその市町村以外の者に障害福祉サービスの提供を委託，障害者支援施設への入所や，厚生労働大臣の指定する医療機関に入

院の委託などの措置をとることとされている。この措置について，障害福祉サービス事業者や障害者支援施設等は正当な理由がない限り，これを拒んではならないとされている（第18条の２）。上記以外の措置として，身体障害者の診査及び更生相談を行うことなどが定められている。

更生援護に必要な費用は，市町村が支出した費用の25％を都道府県が負担し，50％を国が負担することとされている。

## 手話通訳事業

手話通訳事業は身体障害者福祉法に定められた事業であり，社会福祉法の第２種社会福祉事業として実施される。具体的には手話通訳士制度である。この手話通訳士は厚生労働省認定資格であり，またそれとは別に都道府県知事が実施する試験に合格することで活動ができる，手話通訳者と呼ばれる資格もある。

2

3

### Check

**身体障害者福祉法に関する次の記述のうち，次の文の正誤を答えなさい。**

都道府県が設置する身体障害者更生相談所並びに市町村が設置する福祉事務所には，身体障害者福祉司を置かなければならない。

（答）×：身体障害者更生相談所は設置義務があるが，市町村福祉事務所は任意設置である。
（第24回社会福祉士国家試験問題132より）

◆2 身体障害者更生相談所
身体障害者福祉法第11条に規定される，都道府県が必ず設置しなければならない相談所である。身体障害者の更生援護を効果的に行うため，さらに市町村の援護の適切な支援のために設置される。都道府県が行うとされている業務等を行うことや，巡回相談等を行うこととされている。

◆3 民生委員
1948年に制定された民生委員法が根拠法で，市町村民生委員推薦会の推薦に基づき，都道府県知事が厚生労働大臣に推薦し，委嘱される。３年の任期で実費相当の支弁はあるものの，基本的には給与のないボランティアである。住民の生活状態の把握や援助の必要な人への相談や助言その他の援助，福祉事務所その他の関係行政機関の業務に協力すること等が職務とされている。

# 第3節 知的障害者福祉法

○ この節のテーマ

● 知的障害者福祉法の制定背景を知る。
● 知的障害者福祉法の概要や目的，国や地方自治体などの責務について学ぶ。
● 知的障害の定義が規定されていない理由についても理解する。
● 知的障害者福祉の援護実施機関について学ぶ。
● 障害者総合支援法のサービスを利用できない場合の措置について学ぶ。

## 制定の背景と沿革

「知的障害者福祉法」は，1960（昭和35）年に「精神薄弱者福祉法」として制定された。知的障害者については従来，児童福祉法において支援を実施してきたが，18歳を超えて支援を必要とする本人や家族のニーズに対応するために，全日本精神薄弱者育成会（現在の**全国手をつなぐ育成会連◆¹合会**）による**ロビー活動◆²**や，成人向け施設の実践展開（1958〔昭和33〕年の名張育成園が最初とされている）がなされたこと等から，1959（昭和34）年から検討が始められ，翌年に制定され，1961（昭和36）年施行となった。知的障害者福祉法はこれまでに度重なる改正が行われており，名称の変更は1998（平成10）年の改正時に行われている。

## 知的障害者福祉法の概要及び目的と責務

現行法の構成は，第1章「総則」，第2章「実施機関及び更生援護」，第3章「費用」，第4章「雑則」，第5章「罰則」となっている。障害者自立支援法ができてからは，身体障害者福祉法と同じく，ほとんど全ての事業が障害者自立支援法に組み込まれたため，全体で33条とコンパクトになっている。

第1条では「（前略）自立と社会経済活動への参加を促進するため，知的障害者を援助するとともに必要な保護を行い，もつて知的障害者の福祉を図る（後略）」としている。この自立と社会経済活動への参加を促進するために，第1条の2第1項において，「すべての知的障害者は，その有する能力を活用することにより，進んで社会経済活動に参加するよう努めなければならない」として，ここでも能力の活用が求められている。ではここで述べられている，知的障害者とはどのような人を指すのかであるが，この法律には知的障害及び知的障害者についての定義はない。理由としては，精神薄弱者福祉法制定当時，障害の判定や程度の客観的基準を策定することが困難であったこと，があげられている。現在も，都道府県（指定都市を含む）の児童相談所や，知的障害者更生相談所において，発現時期やIQ，日常生活上の困難等で独自に判定されている。同条第2項では「（前略）あらゆる分野の活動に参加する機会を与えられるものとする」という表現が残され，権利として保障されるべきことが未だに温情的表現にとどめられている。

目的実現のために，国や地方公共団体には援助と必要な保護の実施に努め，国民は**社会連帯**◆3の理念に基づき，知的障害者が社会経済活動に参加しようとする努力に対し，協力するように努めなければならない，としている。また第3条では，知的障害者福祉法と児童福祉法に規定される更生援護や行政機関の職員は，児童から成人まで関連性を持って更生援護を行うことができるように，相互に協力することが求められている。この規定は知的障害者に特有のものであり，精神薄弱者福祉法制定以前は，児童福祉法の中で施設支援を提供し，措置延長という形で成人した知的障害者を受け入れてきた背景があるためである。変化に対応することが苦手な障害特性から考えると，関連性を保持した更生援護を行うことは一定の効果が期待されると考えられる。

## 知的障害の定義

知的障害者福祉法には，知的障害についての定義は規定されていない。以前に厚生労働省で行われていた『知的障害児（者）基礎調査』の用語の解説において，知的障害の定義及び判断基準が示されているので，参考までに示すと，「知的機能の障害が発達期（おおむね18歳まで）にあらわれ，日常生活に支障が生じているため，何らかの特別の援助を必要とする状態にあるもの」と定義されている。また判断基準としては「知的機能の障害」を標準化された知能検査によって測定された結果，知能指数がおおむね70までのもの，とされ，「日常生活能力」については，日常生活能力（自

**◆1　全国手をつなぐ育成会連合会**
1952年に精神薄弱児育成会として発足し，手をつなぐ育成会が都道府県ごとに結成され，その他の単位の会も含めた連合体が全国手をつなぐ育成会連合会。発足当初は3人の知的障害児の母親が教育・福祉・就労等の施策の整備，充実を求めて様々な人々に呼びかけて活動を行っていた。現在は，社会啓発・権利擁護・関係団体等との連携及び協力・研究調査，情報提供・自立及び社会参加促進等が事業として掲げられている。

**◆2　ロビー活動**
特定の目的や主張をするために，政治家や行政機関等に行われる働きかけのことを指す。法律の制定や制度の改正等，それぞれの利益団体や事業所・企業等が私的な政治活動として行う一種の圧力行動。

**◆3　社会連帯**
「21世紀の社会保障」の「はじめに」において，社会連帯の形として地域社会における相互扶助やNPOのようなネットワークを例に出している。つまり，家族という最小の単位ではなく，社会を構成する構成員間の助け合いという考え方である。

### 間違いやすい用語

#### 「知的障害者福祉司」と「知的障害者相談員」

知的障害者福祉司は知的障害者福祉法第13条に規定されている都道府県が設置する知的障害者更生相談所に設置しなければならないとされる職種。市町村福祉事務所には設置できるとされている。業務は都道府県が行う業務等のうち，専門的知識や技術を必要とするものを行う。知的障害者相談員は同法第15条の2に規定される，知的障害者本人や保護者等の相談に応じることを業務とする民間の協力者という位置づけで，知的障害者の保護者等に委託をして行う。障害総合支援法に基づくピアカウンセリング等が期待されている。

立機能，運動機能，意思交換，探索操作，移動，生活文化，職業等）の到達水準が総合的に同年齢の日常生活能力水準のa～dのいずれかに該当するもの，と示されている。また文部科学省はホームページにおいて，「知的障害とは，記憶，推理，判断などの知的機能の発達に有意な遅れがみられ，社会生活などへの適応が難しい状態をいいます」としている。

## 知的障害者の援護実施機関と措置

　更生援護の実施機関としては，第9条に市町村が規定されている。市町村は当該市町村に住所を有する知的障害者及び介護者に対する更生援護を行うとされている。市町村業務には，①必要な実情把握に努める，②必要な情報提供実施，③相談に応じ，④必要な調査及び指導を行う，⑤これらに付随する業務，があげられている。また市町村に専門的な相談援助を行う機関として，都道府県は知的障害者更生相談所を設置し，知的障害者福祉司を配置する。これ以外の知的障害者の福祉にかかわる職種として，民生委員と知的障害者相談員が規定されている。

　知的障害者更生相談所は都道府県に設置義務があり，指定都市については設置できるとされている。規定されている業務としては，①専門的相談指導業務，②判定業務，③市町村等に対する専門的な技術的援助指導，④巡回相談，⑤知的障害者の地域生活支援の推進に関する業務があげられている。

　市町村は障害者総合支援法に基づく障害福祉サービスの利用が，やむを得ない事由により困難な場合，障害福祉サービスを提供する。または当該市町村以外の者に，障害福祉サービスの提供の委託措置ができる。それ以外に，知的障害者やその保護者を知的障害者福祉司又は社会福祉主事に指導させることや，障害者支援施設もしくは**独立行政法人国立重度知的障害者総合施設のぞみの園**[4]に入所させて行われる更生援護の委託措置をとることができる。その他として，**職親**[5]に更生援護の委託措置をすることが可能である。

　更生援護に必要な費用は，市町村が支出した費用の25％を都道府県が負担し，50％を国が負担することとされている。ただし，居住地不明の知的障害者に対する市町村支出に対しては都道府県が50％を負担するため，市町村の負担はない。なお法律上の手帳制度はないが，知的障害者は申請をすれば療育手帳が交付される。この療育手帳は，1973年に厚生省事務次官通知として出された「療育手帳制度要綱」に基づき，都道府県から知的障害者に交付され，一貫した相談・指導を行うとともに，各種の援助措置を受けやすくすることを目的にしている。

　療育手帳制度は，都道府県知事（指定都市の場合は市長）が市町村その他の関係機関の協力を得て実施されている。18歳未満は児童相談所，18歳以上は知的障害者更生相談所において，知的障害であると判断された場合に交付される。知的障害者本人又は保護者が福祉事務所（福祉事務所を設置していない町村については，町村の担当者）を経由して都道府県知事に申請を行う。知事は児童相談所等の判定に基づき手帳の交付をする。療育

手帳は概ね2年（児童の場合）で見直しをすることとされている。手帳取得をすると，特別児童扶養手当の支給や旅客運賃の割引など，各種制度の利用が可能となる。また知的障害者が各種福祉サービスを受けやすくすることを目的としている。判定は児童相談所又は知的障害者更生相談所においてなされる。

## Close up 4

### 知的障害者の高齢化

　知的障害者の高齢化問題は1970年代から議論が始まったとされている。過去には知的障害者の平均寿命は，そうではない人の平均寿命と比較すると短く，老化も非常に早いとされてきた。しかし近年では，基礎疾患と生活環境へのケアが適切であれば，以前よりは健康で長く生活することが可能であるとされている。

　「令和3年度全国知的障害児・者施設・事業実態調査報告」によると，日本知的障害者福祉協会会員事業所の知的障害関係事業所の利用者で，60歳以上は約19％（2万9,921人），65歳以上に限ると約12.6％（1万9,933人）となる。また2016（平成28）年「生活のしづらさなどに関する調査」（厚生労働省）では65歳以上の人が15.5％（14万9,000人）とされており，日本全体の平均よりも低い水準となっている。つまりは，平均寿命は延びてきたとはいっても，まだ課題は多くあり，健康で長く生活するための支援を考えなければならない。さらに高齢期の知的障害者へのケアについてはこれからも実践の積み重ねが必要となっていく。

◆4　独立行政法人国立重度知的障害者総合施設のぞみの園
1971（昭和46）年に国立コロニーのぞみの園として開設され，平成15年に現在の名称となる。重度知的障害者の自立のための総合的な支援提供，調査・研究を行うことにより，知的障害者の福祉の向上を図ることを目的とするとされている。

◆5　職親
知的障害者福祉法第16条第1項第3号で，知的障害者を自分の家に預かり，その更生に必要な指導訓練を行うことを希望する者とされている。職親の家に同居するか，職親宅に通勤して指導訓練を受ける。精神障害者福祉の領域で社会適応訓練事業を職親制度と呼んでいるが，これは事業所に通って環境適応能力をつけることを目的としている。

## Check

**障害者福祉の歴史展開に関する次の記述のうち，次の文の正誤を答えなさい。**

　昭和35年制定当時の精神薄弱者福祉法は，精神薄弱者援護施設を法的に位置づけ，入所施設の設置体制を整備した。

（答）○：精神薄弱者援護施設は昭和33年に全日本精神薄弱者育成会が三重県に設置し，翌年社会福祉事業法の第1種社会福祉事業となり，精神薄弱者福祉法に位置づけられた。
（第24回社会福祉士国家試験問題129より）

# 第4節 精神保健及び精神障害者福祉に関する法律

## この節のテーマ

● 精神保健及び精神障害者福祉に関する法律（以下，精神保健福祉法）の沿革を学ぶ。
● 精神保健福祉領域で目指す姿を学ぶ。
● 精神保健福祉法の概要や手帳制度について学ぶ。
● 精神保健福祉の実施機関等について学ぶ。
● 精神障害の医療面での政策を理解するため，特に入院制度について学ぶ。

## 制定の背景と制度改正の沿革

1900（明治33）年に「精神病者監護法」が，1919（大正8）年に「精神病院法」が制定された。精神病者監護法では不法監禁防止や私宅監置や精神病院への入退院手続きを規定し，監護義務者をつける等したが，運用は警察であり，医療法というよりは治安対策としての側面が強い。

精神病院法では，道府県に対し精神病院設置が命じられたが，ほとんど増加は見られず，私宅監置と私立病院が増加したといわれている。このような中，1950（昭和25）年に制定された「精神衛生法」（私宅監置制度廃止，精神病院設置を都道府県に義務付け，精神衛生鑑定医制度創設など）が基礎となり，1965（昭和40）年には前年のライシャワー事件（53頁）を受け改正（緊急措置入院制度創設，通院医療費公費負担制度創設，保健所を精神保健行政第一線機関とする，精神衛生センター設置等）が行われた。

1987（昭和62）年に「精神保健法」と改称（任意入院・応急入院制度創設，精神保健指定医制度への変更，社会復帰施設創設など）され，1995（平成7）年に現在の法律名称「精神保健及び精神障害者福祉に関する法律（精神保健福祉法）」となり（精神障害者保健福祉手帳創設，社会復帰施設の追加，社会適応訓練事業法定化など）現在にいたっている。1995年改正の背景には，1993（平成5）年の障害者基本法改正で，障害者として精神障害者が位置づけられ，1994（平成6）年の地域保健法成立により，国や地方公共団体の役割が見直されたことなどがあげられる。

1999（平成11）年の改正では移送制度創設や**保護者**◆1の義務規定見直し，精神障害者居宅生活支援事業の法定化などが行われた（背景には精神科病院での人権侵害事件や不祥事等があるとされる）。

2006（平成18）年の改正では，「障害者自立支援法」との関連で削除になる項目と入院患者の処遇改善，精神科救急医療体制確立，精神障害者保健福祉手帳の見直し等が行われた。

2013（平成25）年には保護者制度の廃止，医療保護入院の見直し（保護者同意要件を外し，家族等の同意にするなど），精神障害者の医療の提供を確保するための指針の策定などを盛り込んだ改正が行われた。2022（令和4）年の改正により，医療保護入院の際に市町村長の同意での入院を可能とし，その際に告知内容として入院措置理由を説明することや，必要な情報提供を行うための

「入院者訪問支援事業」の創設，精神科病院における虐待防止策として従事者に対する研修等の導入及び都道府県への通報システムを整備することとされた。

## 制度の概要

精神保健福祉法は現在，総則，精神保健福祉センター，地方精神保健福祉審議会及び精神医療審査会，精神保健指定医等，医療及び保護，保健及び福祉，精神障害者社会復帰促進センター等で構成されている。

福祉サービスのほとんどが障害者総合支援法に移行し，精神保健福祉センターや手帳制度，地方公共団体による広報啓発や相談支援，社会復帰

### ◆1 保護者

精神保健福祉法第20条で，①後見人・保佐人，②配偶者，③親権を行う者，④家庭裁判所が選任した扶養義務者が規定されていた。これらの者がいない場合は市町村長が保護者となる。義務を行うべき順位は，①から順で，②〜④については家庭裁判所に申し立てをし，変更できた。医療保護入院での同意や退院時の引き取り等を行い，精神障害者に治療を受けさせ，財産上の利益保護や診断が行われるように協力する等が求められていた。2013年に法改正され，2014（平成26）年度より，保護者制度が廃止され，医療保護入院は，保護者の同意から家族等の同意に変更された。

| 必ず覚える用語 |
| --- |
| ☐ 精神保健福祉法 |
| ☐ ライシャワー事件 |
| ☐ 精神障害者保健福祉手帳 |
| ☐ 精神保健福祉センター |
| ☐ 任意入院 |
| ☐ 措置入院（緊急措置入院） |
| ☐ 医療保護入院 |
| ☐ 応急入院 |

## Check

**「精神保健福祉法」に規定されている入院に関する次の記述のうち，最も適切なものを1つ選びなさい。**

1　任意入院では，入院者からの退院の申し出があった場合，精神保健指定医の診察により，24時間以内に限り退院を制限することができる。

2　応急入院では，精神科病院の管理者は，精神保健指定医の診察がなくても，72時間以内に限り入院させることができる。

3　医療保護入院では，精神保健指定医の診察の結果，必要と認められれば，本人の同意がなくても，家族のうちのいずれかの者の同意に基づき入院させることができる。

4　医療保護入院では，精神保健指定医の診察の結果，必要と認められれば，本人の同意がなくても，本人に家族等がいない場合は検察官の同意により入院させることができる。

5　措置入院では，本人に自傷他害のおそれがあると認めた場合，警察署長の権限に基づき入院させることができる。

（答）3：医療保護入院での入院は家族等（配偶者・親権者・扶養義務者・後見人・保佐人で，該当者が無い場合は市町村長。家族が同意しない又はその意思表示をしない場合も市町村長。）の同意により入院が可能となっている。（第35回社会福祉士国家試験問題62より）

促進センターなど限られた福祉制度が残されているが，多くは精神科医療制度についてである。

## 精神障害者の定義と手帳制度

精神障害者の定義は精神保健福祉法の第5条で次のように規定されている。「この法律で『精神障害者』とは，統合失調症，精神作用物質による急性中毒又はその依存症，知的障害，精神病質その他の精神疾患を有する者をいう」。

精神障害者は必要書類を揃えて，市町村を経由し都道府県知事に精神障害者保健福祉手帳交付の申請ができる（第45条）。知事は精神保健福祉センターで手帳交付の可否，障害等級等の判定を行い交付する。診断書は**精神保健指定医**◆2その他精神障害の診断又は治療に従事する医師が作成し，手帳には1〜3級までの等級が記載される。

手帳の有効期限は，交付された日から2年とされている。それ以外の交付として，障害年金1〜3級を受給している場合に，年金証書を提示することがあげられる。

## 精神障害者福祉の実施機関等

### ①　地方精神保健福祉審議会

都道府県は，条例により「精神保健福祉に関する審議会その他の合議制の機関（以下「**地方精神保健福祉審議会**」という。）を置くことができる」と精神保健福祉法第9条第1項で規定されている。この審議会では，知事の諮問に答え，精神保健及び精神障害者の福祉に関する事項について，知事に意見具申ができる，とされている。

### ②　精神保健福祉センター

精神保健福祉センターは都道府県が設置し，①精神保健及び精神障害者の福祉に関する知識の普及及び調査研究，②精神保健及び精神障害者の福祉に関する複雑困難な相談及び指導，③精神医療審査会の事務，④精神障害者保健福祉手帳の交付の判定及び自立支援医療費の支給認定に関する専門的な知識及び技術を必要とする事務，⑤介護給付費等の支給要否決定を行うにあたり意見を述べること，⑥市町村に対する技術的事項についての協力その他を行うこととされている。

### ③　精神保健福祉相談員

都道府県，保健所を設置する市又は特別区は，必要に応じて**精神保健福祉相談員**◆3その他の職員に，精神保健及び精神障害者の福祉に関し，当事者やその家族，関係者からの相談に応じ，指導させなければならない（精神保健福祉法第47条第1項）とされている。精神保健福祉相談員は，同法第48条第1項で，「都道府県及び市町村は，精神保健福祉センター及び保健所その他これらに準ずる施設に，精神保健及び精神障害者の福祉に関する相談に応じ，並びに精神障害者及びその家族等その他の関係者を訪問して必要な指導を行うための職員（次項において「精神保健福祉相談員」という。）を置くことができる」とされている。

## 精神障害者と医療

精神障害者に対する医療的支援として，都道府県は精神科病院を設置しなければならないとさ

れ，それ以外に基準に適合する民間の医療施設を指定病院とすることができる。

治療は在宅で通院する場合と入院する場合がある。入院については4つの類型があり，①任意入院，②措置入院（緊急措置入院），③医療保護入院，④応急入院が規定されている。これらは入退院の制限や指定医の診断，期間の限定等で差があり，本人の状態や緊急性等で変わる。

## 精神科病院における処遇

2006年に「精神病院」から「精神科病院」に名称が変更された。精神保健福祉法第19条の7で「都道府県立精神科病院」を設置しなければならないとしている。ただし，第19条の8に規定する「指定病院」がある場合は，その設置を延期できる，ともしている。大学附属病院等の医師は16：1と一般病院と変わりないが，それ以外の単科の精神科病院等では48：1と大幅に少ない基準となっている。また看護師の配置基準も療養病床ほどではないが，4：1と少なく設定されている。

精神科病院の管理者は，入院中の患者に対し，「その医療又は保護に欠くことのできない限度において，その行動について必要な制限を行うことができる」と精神保健福祉法第36条第1項で規定されており，身体拘束を医療や保護に必要な範囲で認めている。この身体拘束については，障害者虐待防止法の中で，「正当な理由なく障害者の身体を拘束すること」＝身体的虐待と位置付けていることから，①切迫性，②非代替性，③一時性の三要件全てを満たすことが求められている。

◆2　精神保健指定医
一定の実務経験と研修を終了した医師のうち，厚生労働大臣が指定した医師で，医療保護や措置入院などの患者本人の意思に関わらない入院や身体拘束の必要性判定等の権限を有する。

◆3　精神保健福祉相談員
この精神保健福祉相談員は，精神保健福祉士その他政令で定める資格を有する者（精神保健福祉法施行令第12条において，社会福祉に関する科目や心理学の課程を修めて大学を卒業した者で精神保健福祉に関する知識・経験を有する者や医師，保健師等が規定されている。）から，知事や市町村長が任命するとされている（精神保健福祉法第48条第2項）。

## 入院制度

### ①　任意入院

精神保健福祉法第20条で本人の同意に基づいて入院が行われるように，精神科病院の管理者は努めなければならないとされている。原則としては開放的な環境での処遇（夜間以外は，本人の求めに応じて出入が自由であるなど）を受けることができる。ただし，精神科病院の管理者の判断により72時間以内でそれを制限できる。

### ②　措置入院（緊急措置入院）

精神保健福祉法第29条で都道府県知事は，医療及び保護のために入院させなければ，その精神障害のために自分自身を傷つけ，他人に害を及ぼすおそれがあると認めたときは，精神科病院に入院させることができる，とされている。2人以上の指定医の診察の結果が一致していることが必要。緊急措置入院は同法第29条の2に規定され，精神保健指定医1名の判断で入院が可能。この入院は72時間以内とされている。退院にあたり，自傷他害のおそれがなくなったことを，保健所長を経て都道府県知事に届け出ることとされている。

### ③　医療保護入院

精神保健指定医の診察結果，精神障害者であって，医療及び保護のために入院が必要であるが，同意して入院することが見込まれない場合は，家族（配偶者・親権者・**扶養義務者**[◆4]・後見人・保佐人で，該当者が無い場合は市町村長。家族が同意しない又はその意思表示をしない場合も市町村長。）のいずれかの同意で入院が可能だと同法第

33条に規定されている。特定医師の場合は最長12時間以内の入院が可能。退院に当たっては，**退院後生活環境相談員**[◆5]を選任し，相談支援を行いつつ，一般相談支援事業者や特定相談支援事業者等を紹介して地域移行を促進することが求められている。入院後は一定期間ごとに入院要件を確認し，退院に向けた支援（本人希望のもと「入院者訪問支援事業」の実施，退院支援委員会設置等）を行うこととされている。

### ④　応急入院

精神保健福祉法第33条の7に規定され，医療及び保護の依頼があった者で，直ちに入院させなければ医療及び保護を行う上で著しく支障があるが，同意して入院することが困難でさらに，急速を要するために家族等の同意が得られない場合に，本人の同意なしで72時間以内に限り入院させることができる。

## 精神医療審査会

1987（昭和62）年，精神保健法の制定時に精神医療審査会（第12条）が創設された。2002（平成14）年には報告徴収権と審問権が付与され，権限が強化されている。2013（平成25）年には委員（医療・法律家）に「精神障害者の保健又は福祉に関し学識経験を有する者」が規定された。

精神医療審査会は，退院請求や処遇改善等について審査し都道府県知事に通知することが求められる等，非自発的入院者の人権を守るために重要な役割を担うことが期待されているが，委員の確保や審査手続き上の面接頻度等が課題として

指摘されている（これからの精神保健医療福祉の
あり方等に関する検討会「医療保護入院等のあり
方分科会資料」2016年4月28日より）。

## 良質かつ適切な精神障害者に対する医療の提供を確保するための指針

2014（平成26）年3月に出された指針では、**インフォームドコンセント**[6]の理念に基づいて精神障害者本位の医療実現の重要性を踏まえ、精神障害者の人権に最大限配慮した医療を提供することや、精神疾患に関する知識の普及啓発や精神医療体制の整備、ピアサポートの促進や家族への支援等を通した孤立を防止するための取り組み推進などを基本的な考え方としている。

この中では精神病床の機能分化、居宅等における保健医療サービス及び福祉サービスの提供、医療従事者と精神障害者の保健福祉に関する専門職との連携等について方向性を示したり、取り組み内容を示したりしている。

## 地域包括ケアシステム

2021（令和3）年3月に出された「精神障害にも対応した地域包括ケアシステムの構築に係る検討会報告書」では、日常生活圏域を基本とし、精神障害の有無・程度にかかわらず、誰もが安心して自分らしく暮らすことができるよう、地域包括ケアシステムの構築を目指すことが必要であり、このシステム構築は地域共生社会を目指す上で欠かせないとされた。

4
**◆4　扶養義務者**
民法では配偶者・直系血族・兄弟姉妹・三親等以内の親族で、裁判所が扶養義務を負わせたものを指す。生活保持義務（夫婦間・未成熟の子に対する親の扶養義務等）と生活扶助義務（自己の生活を損なわない程度で扶養する義務）とがあるとされている。

5
**◆5　退院後生活環境相談員**
医療保護入院患者の入院時に選任され、患者・家族等に相談員の役割説明や退院に向けた相談支援、地域の様々な機関の紹介、委員会の開催や退院調整等を行う。

6
**◆6　インフォームドコンセント**
一般的には「説明と同意」と訳されるもので、どのような目的や方法で治療が行われるのか、その治療をしなかった場合のリスクや使用する薬剤の効果と副作用など、患者がその説明を聞いた上で、納得して治療に臨むことを目指している。

### 間違いやすい用語

**「地方精神保健審議会」と「精神医療審査会」**

- - - - - - - - - - - - - - - - - -

地方精神保健審議会は都道府県・指定都市が設置できる精神保健福祉に関する諮問機関で、知事や市長からの諮問に答え、意見具申を行う。精神医療審査会は都道府県・指定都市に設置され、医療保護入院届出、措置入院・医療保護患者の定期病状報告、退院・処遇改善請求審査等を行う。精神医療審査会の委員として、「精神障害者の保健又は福祉に関し学識経験を有する者」が追加された（平成28年4月1日より）。

# 第5節 発達障害者支援法

## この節のテーマ

● 発達障害者支援法の制定に至った背景や法改正の流れを知る。
● 発達障害者支援法の目的や発達障害の定義について学ぶ。
● 国や地方自治体で行われる支援の概要や支援の実施機関，国民の責務等について学ぶ。

## 制定の背景と沿革及び目的・対象者（定義）

　発達障害者と呼ばれる人々は，知的障害を伴わない場合，支援費制度でのサービスを利用できない状況にあった。これに対し，超党派議員連盟が国会に「発達障害者支援法」を提出し，障害者として制度の中に位置づけ，支援に係る責任の明確化や施策の展開等を規定した。2004（平成16）年に制定され，翌2005（平成17）年に施行されている。法改正は2012（平成24）年の子ども子育て支援法の施行に伴い行われている。2016（平成28）年には制定から10年経過したこともあり，目的・基本理念，発達障害の定義，国民・事業主の責務等が追加された。また，支援のための施策として教育・情報共有促進・就労支援・地域生活支援・権利利益擁護・司法手続きにおける配慮・家族等への支援等が盛り込まれた。「障害者自立支援法」では，2010（平成22）年の改正時で，障害者として明記されたが，それまでは精神障害者として扱われていた。2006（平成18）年度から，通院医療等公費負担の対象となる精神障害及びその状態像に発達障害が追加され，精神障害者保健福祉手帳の取得が可能となった。

　法の目的は，早期発見と発達支援の提供に国や地方公共団体の責務を明らかにし，学校教育にお

ける支援，就労支援，発達障害者支援センター等について定め，生活全般にわたる支援を行うとされている。

　対象については，第2条（定義）で「この法律において『発達障害』とは，自閉症，アスペルガー症候群その他の**広汎性発達障害**[1]，学習障害，注意欠陥多動性障害その他これに類する脳機能の障害であってその症状が通常低年齢において発現するものとして政令で定めるものをいう」とされている。また「この法律において『発達障害者』とは，発達障害がある者であって発達障害及び社会的障壁により日常生活又は社会生活に制限を受けるものをいい，『発達障害児』とは，発達障害者のうち18歳未満のものをいう」とされている。

## 発達障害者の支援

　市町村は**母子保健法**[2]や**学校保健安全法**[3]等で定める健康診断の際に，早期発見に十分留意することや，発達障害者支援センターの紹介や助言等を行うとされている。国民は個々の発達障害の特性その他発達障害に関する理解を深めるとともに，基本理念に則り，発達障害者の自立・社会参加に協力するように努めなければならない，とされている。

　国や地方公共団体は，十分な教育支援を講じたり，配慮したりすることが求められている。なお

この教育は，義務教育から高等学校や大学及び高等専門学校までの教育を含むものと考えられている。学齢期を過ぎて，就労に移行する際にはハローワークや地域障害者職業センター，社会福祉協議会，教育委員会などの関係機関・団体と連携しながら，就労機会確保に努めなければならないとされている。その他，地域での生活支援や権利擁護，家族への支援等も規定されている。

## 発達障害者の支援機関

これらを専門的に行う機関として，都道府県知事は**発達障害者支援センター**◆4を指定することができる。このセンターは都道府県又は指定都市が実施主体として位置づけられ，発達障害児（者）及びその家族等に対する①相談支援，②発達支援，③就労支援，④関係施設・機関等に対する普及啓発及び研修等の事業が規定されている。

2005（平成17）年から発達障害者支援体制整備事業として，発達障害者の乳幼児期から成人期までの各ライフステージに対応する一貫した支援体制整備を目指していた。この事業は特別支援教育体制推進事業と協働して実施することとされており，地域の実情に合わせた実施が期待されていた。具体的には都道府県に**発達障害者支援体制整備検討委員会**◆5を設置することができるとしていたが，2016（平成28）年より**発達障害者支援地域協議会**◆6の設置を都道府県・指定都市ができるとされている。また，発達障害者支援センターの運営事業の推進や子どもの心の診療ネットワーク事業などを行うことが規定されている。

### 必ず覚える用語

☐ **発達障害者支援法**
☐ **発達障害者支援センター**
☐ **広汎性発達障害**

**◆1　広汎性発達障害**
対人関係やコミュニケーション，限局された反復的行動等の3領域において発達上の遅れが認められるもので，自閉症や自閉症スペクトラム障害等が含まれている。知的な遅れが伴う場合もあり，伴わないものを高機能広汎性発達障害と呼ぶことがある。

**◆2　母子保健法**
母性や乳幼児の健康保持について知識の普及・保健指導，新生児訪問指導，健康診査（概ね1歳6か月・3歳），母子健康手帳の交付，低体重児届出や未熟時の訪問指導等について定めている。

**◆3　学校保健安全法**
幼稚園・小学校・中学校・高校・特別支援学校・大学・高等専門学校等に在籍する幼児・児童・生徒・学生及び職員の健康保持増進を図ることなどを規定している。毎学年の定期健康診断や就学時健康診断，養護教諭による保健指導等が規定されている。

**◆4　発達障害者支援センター**
相談支援や発達相談，就労支援，その他（研修，普及啓発，機関支援）等を発達障害児者・家族，関係機関，地域住民や起業に対し提供する。2014（平成26）年より地域支援機能が強化され，発達障害者地域支援マネジャーを中心とするマネジメントチームが都道府県等において設置されている。

**◆5　発達障害者支援体制整備検討委員会**
都道府県・指定都市において医療・保健・福祉・教育・雇用等の発達障害に関わる関係部署からなる委員会である。都道府県等の支援体制整備実態を把握し，支援ネットワーク構築等の整備（発達障害者支援体制整備事業）検討を行う。

**◆6　発達障害者支援地域協議会**
都道府県・指定都市において発達障害者及びその家族，学識経験者その他関係者並びに医療，保健，福祉，教育，労働等に関する業務を行う関係機関及び民間団体並びにこれに従事する者で構成される。自治体内の支援ニーズや支援体制の現状等を把握し，発達障害者支援センター活動状況・障害福祉圏域ごとの支援体制整備状況について検証すること等が求められている。

# 児童福祉法

## この節のテーマ

- 障害児に対する福祉制度を規定している児童福祉法の制定理由と制度の変遷を学ぶ。
- 現行の児童福祉法における障害児規定を学ぶ。
- 障害児支援のための制度の概要を知り，サービスの内容についても学ぶ。
- 障害児について児童福祉法のみでなく障害者総合支援法等との関連で理解する。

## 制定の背景と沿革

　1947（昭和22）年に制定された「児童福祉法」は，主に浮浪児や非行少年等を対象とし，次世代を担う児童の健全な育成を目的とするものであった。制定当時は障害児という用語は用いられておらず，「不具奇形」（第34条第 1 号），「精神薄弱の児童」（第42条），「身体の虚弱な児童」（第43条）等，個別に記され，事業も精神薄弱児施設と療育施設のみが記されているような状態であった。

　障害児に関連する法改正だけでもかなりの回数になるが，当初は療育施設のみであったが盲ろうあ児施設が追加され，その後療育施設が廃止され，新たに虚弱児施設と肢体不自由児施設が創設された。1951（昭和26）年に補装具（盲人安全杖，補聴器，義肢，車椅子等）支給，1954（昭和29）年に**育成医療**[◆1]給付が開始された。1957（昭和32）年に精神薄弱児施設と精神薄弱児通園施設が創設され， 4 年後には新たに情緒障害児短期治療施設，1967（昭和42）年に重症心身障害児施設が創設された。平成になり，児童居宅生活支援事業が創設され，虚弱児施設が肢体不自由児施設に統合されるなど，時代の変化に合わせた改正がなされ

ている。2005（平成17）年には，障害児の定義が新たに設けられた。翌年には，障害者自立支援法施行に伴う児童福祉法の改正で，障害児施設の利用に当たって契約制度と措置制度が併存することとなった。2012（平成24）年には障害児に難病の児童が加えられ，「障害者の日常生活及び社会生活を総合的に支援するための法律」（以下，障害者総合支援法）との整合性を図っている。2016（平成28）年にも障害児支援のニーズ多様化にきめ細かく対応するための支援の拡充を目指し，改正されている。

　2022（令和 4 ）年には，障害児入所施設の入所児童等の地域移行調整を都道府県の責任として明確化し，22歳までの入所継続を可能とするような改正等が行われた。2023（令和 5 ）年度から**こども家庭庁**が設置され，障害児支援について厚生労働省管轄からこども家庭庁支援部門の管轄に移行している。なお，障害者総合支援法で障害児者のどちらも利用できる障害福祉サービスについては共同管理とされている。

## 制度の概要と定義

　現行法では第 4 条第 2 項において障害児の定

義として「身体に障害のある児童，知的障害のある児童又は精神に障害のある児童（発達障害者支援法（中略）第2条第2項に規定する発達障害児を含む。）又は治療方法が確立していない疾病その他の特殊の疾病であつて障害者の日常生活及び社会生活を総合的に支援するための法律（中略）第4条第1項の政令で定めるものによる障害の程度が同項の主務大臣が定める程度である児童をいう」とされている。発達障害者支援法第2条第2項には「発達障害児」の規定があるが，それ以外の身体障害者福祉法や知的障害者福祉法，精神保健福祉法などに児童の定義はない。

　次にサービスとして第6条の2の2に，障害児通所支援及び障害児相談支援，第7条の児童福祉施設，第12条に**児童相談所**$^{◆2}$，第19条**療育**$^{◆3}$の指導等，が規定されている。在宅サービス・児童デイサービス（2012〔平成24〕年度から児童福祉法のサービスとなった）や通所施設サービスについては市町村が実施主体となり，入所施設の実施主体は都道府県である。それぞれ実施主体に支給申請をし，事業所と契約する。

## 障害児支援

　障害児については，障害者総合支援法における一部のサービスを利用することができるが，その判断根拠としての障害支援区分は設けないこととされている。この理由として①発達途上にあり，時間の経過とともに障害の状態が変化すること，②乳児期については通常必要となる育児上のケアとの区別が必要なこと等の検討課題が多く，③

**◆1　育成医療**
現在は障害者総合支援法に基づき給付がなされている。身体障害児を対象に各市町村が実施主体となって行われる。対象となる障害と標準的治療は例示されており，原則として1割の自己負担（所得による上限額設定あり）をする。

**◆2　児童相談所**
都道府県・指定都市には設置義務があり，中核市等は設置できるとされている。児童相談所の基本的機能として，市町村援助・相談・一時保護・措置機能があるとされている。精神科医師・児童心理司・心理療法担当職員，相談員（社会福祉士）・児童福祉司，その他を基本とし，小児科医や理学療法士，臨床検査技師等を配置することもある。

現段階では直ちに使用可能な指標が存在しない，ことがあげられている。障害児が障害者総合支援法のサービスを利用する場合，支給決定を受けて利用契約の後，サービス利用となる。この支給決定プロセスは，利用するサービス内容によって手続きが若干異なる。

次に，障害児が利用する児童福祉法におけるサービスを示す。制度の概要でも触れたが，障害児が利用できるサービスは①障害児通所支援，②障害児相談支援，③障害児入所支援が主となる。

①障害児通所支援には，児童発達支援，医療型児童発達支援，放課後等デイサービス，居宅訪問型児童発達支援，保育所等訪問支援が規定され，②障害児相談支援には障害児支援利用援助，継続障害児支援利用援助がある。これらは市町村が実施することとなっている。③障害児入所支援には福祉型障害児入所施設と医療型障害児入所施設の2つがあり，これらは都道府県が実施することとなっている。なお，障害者総合支援法には障害児等療育支援事業が規定され，専門性の高い相談支援が規定されている。

## 児童発達支援

### ①　対象者
療育の観点から集団療育及び個別療育を行う必要があると認められる未就学の障害児。

### ②　提供サービス
日常生活における基本的な動作の指導，知識技能の付与，集団生活への適応訓練，その他必要な支援を行うとされ，（福祉型）**児童発達支援セン**

**ター**[4]等に障害児を通わせて児童発達支援事業（この事業を単独で行う場合は利用する障害児やその家族に対する支援を身近な療育の場で行う）を行う。児童発達支援センターは，施設の専門機能を活用し，地域の障害児やその家族への相談，障害児を預かる施設への援助・助言を合わせて行う地域支援が求められる（2024〔令和6〕年度より医療型児童発達支援を統合）。

## 医療型児童発達支援

### ①　対象者
肢体不自由（上肢・下肢・体幹機能障害）があり，理学療法等の機能訓練又は医学的管理の下での支援が必要と認められた障害児。

### ②　提供サービス
日常生活における基本的な動作の指導，知識技能の付与，集団生活への適応訓練，その他必要な支援を行うとされ，**医療型児童発達支援センター**[5]，独立行政法人国立病院機構等に障害児を通わせて児童発達支援及び治療が行われる。

## 放課後等デイサービス

### ①　対象者
学校教育法第1条に規定される学校等に就学している障害児で，授業の終了後又は休業日に支援が必要と認められた者。

### ②　提供サービス
授業の終了後又は学校の休業日に，放課後等デイサービス事業所等の施設に通わせ，生活能力向

上のために必要な訓練（支援），社会との交流の促進その他の便宜の供与を行う。

## 居宅訪問型児童発達支援

### ① 対象者

重度の障害の状態その他これに準ずるものとして厚生労働省令で定める状態にある障害児であって，児童発達支援（医療型児童発達支援）又は放課後等デイサービスを受けるために外出することが著しく困難な障害児。

### ② 提供サービス

障害児の居宅を訪問し，日常生活における基本的な動作の指導，知識技能の付与，生活能力の向上のために必要な訓練その他の便宜の供与を行う。

## 保育所等訪問支援

### ① 対象者

保育所，幼稚園，小学校，特別支援学校，認定こども園その他児童が集団生活を営む施設に通う障害児（又は乳児院その他の児童が集団生活を営む施設として厚生労働省令で定めるものに入所する障害児）であって，その施設を訪問し，専門的な支援が必要と認められた障害児。

### ② 提供サービス

保育所等を訪問支援員が訪問し，障害児に対して，障害児以外の児童との集団生活への適応のための専門的支援その他の便宜の供与を行う。

**◆3 療育**

医療と教育・保育・養育を組み合わせた造語で，高木憲次が提唱したと言われている。「時代の科学を総動員して不自由な肢体を出来るだけ克服し，それによって幸いにも恢復したら『肢体の復活能力』そのものを（残存能力ではない）出来るだけ有効に活用させ，以って，自活の途の立つように育成することである」（「療育の根本理念」(1951)『療育』（第1巻第1号）日本肢体不自由児協会）。

**◆4 児童発達支援センター**

地域の障害のある児童が通所し，日常生活における基本的動作の指導，自活に必要な知識や技能の獲得や集団生活への適応訓練等を受ける。福祉型と医療型の2種類があったが，2022（令和4）年6月の法改正により一元化されることとなった。

**◆5 医療型児童発達支援センター**

児童発達支援センターと対象者等は同じであるが，特に上肢・下肢又は体幹の機能の障害のある児童に対する発達支援と治療を行うとされている。

| 間違いやすい用語 |
| --- |

**障害福祉サービスの障害児利用**

障害者総合支援法の居宅介護・行動援護・同行援護・重度障害者等包括支援・重度訪問介護・短期入所については，障害児であっても利用でき，居宅介護・行動援護・同行援護・重度障害者等包括・短期入所については，申請の後，概況調査を行い，サービス等利用計画案の作成と利用意向確認などが行われ，支給決定となる。なお行動援護・同行援護・重度包括の調査項目はそれぞれ異なっている。また重度訪問介護は15歳以上で児童相談所長が適当と認めた場合に，障害者の支給決定手続きに沿って行われる。

## 障害児支援利用援助・継続障害児支援利用援助

### ①　対象者

障害児通所支援を利用するすべての障害児。

### ②　提供サービス

障害児支援利用援助と継続障害児支援利用援助が障害児相談支援には規定されており，障害児通所支援の利用申請手続きにおいて，障害児の心身の状況，その置かれている環境，障害児又はその保護者の障害児通所支援の利用に関する意向その他の事情を踏まえて「障害児支援利用計画案」を指定障害児相談支援事業者が作成する。利用決定後はサービス事業者等との連絡調整，決定内容（支援の種類や内容，担当者等）に基づく「障害児支援利用計画」を作成する。継続障害児支援利用援助は，利用している障害児通所支援について，その内容が適切かどうか一定期間ごとにサービス等の利用状況の検証を行い「障害児支援利用計画」のモニタリングを行う。またモニタリング結果に基づき，計画変更申請を障害児の保護者に対して勧める。利用料は無料である。

障害児相談支援事業者の指定を受ける場合，障害者総合支援法との一体的な計画作成の必要性があり，そのために特定相談支援事業者の指定を合わせて受けることが想定されている。事業者指定はいずれも市町村長が行う。居宅サービスは特定相談支援事業者が，通所サービスは障害児相談支援事業者が計画策定をする。なお，入所サービスについては児童相談所が判断する。

## 福祉型障害児入所施設

### ①　対象者

身体に障害のある児童，知的障害のある児童又は精神に障害のある児童（発達障害児を含む），難病等による障害のある児童で，主として知的障害児・自閉症児・盲児・ろうあ児・肢体不自由児を想定している（被虐待児を含む）。

### ②　提供サービス

障害児入所施設（指定発達支援医療機関を含む）に入所する障害児に対して，保護，日常生活指導及び知識技能の付与並びに治療を行うとされている。障害の程度が軽い児童には自立（地域生活移行）のための支援を行い，障害の程度が重い児童に対しては障害特性に応じた支援を提供するとされている。

## 医療型障害児入所施設

### ①　対象者

身体に障害のある児童，知的障害のある児童又は精神に障害のある児童（発達障害児を含む），難病等による障害のある児童で，主として自閉症児・肢体不自由児・重症心身障害児等が想定されている（原則は3障害すべて対応することが望ましいとされている）。

### ②　提供サービス

障害児入所施設又は指定医療機関に入所等をする障害児に対して，保護，日常生活指導及び知識技能の付与並びに治療を行うとされている。自

閉症児支援においては精神科医療の提供や強度行動障害への対応,肢体不自由児支援においてはリハビリテーション科医療の提供や短期訓練,母子入園等が挙げられている。重症心身障害児については継続的な長期療育として児者一貫した支援が掲げられている。

## 児童心理治療施設

### ① 対 象 者
家庭環境,学校における交友関係その他の環境上の理由により社会生活への適応が困難となった児童。

### ② 提供サービス
短期間入所させ,又は保護者の下から通わせて,社会生活に適応するために必要な心理に関する治療及び生活指導を主に行い,あわせて,退所した者について相談その他の援助を行う施設とされている。

## 障害児福祉計画

障害児通所・入所支援などについて,サービス提供体制を計画的に確保するために,都道府県及び市町村において障害児福祉計画を策定する。基本指針は厚生労働大臣が定め,指針に即して地方公共団体が計画策定をする。市町村が通所と相談支援,都道府県が入所支援の必要量の見込みや提供体制確保のための目標などを策定する。この計画は障害者総合支援法に基づく指針や障害福祉計画と一体のものとして策定できる。

**Check**

**児童福祉法における障害児支援サービスに関する次の記述のうち,次の文の正誤を答えなさい。**

障害児相談支援とは,障害児入所施設への入所の相談に応じて障害児支援利用計画を作成することをいう。

(答)×：障害児相談支援は障害児支援利用援助及び継続障害児支援利用援助を指し,これらは通所支援の利用に際して作成されることから,入所相談では不適切となる。
(第25回社会福祉士国家試験問題61より)

第 **7** 節

# 医療的ケア児及びその家族に対する支援に関する法律

## ◯ この節のテーマ

● 医療的ケア児が増加している状況について学ぶ。
● 医療的ケア児への支援の必要について学ぶ。
● 医療的ケア児及びその家族に対する支援に関する法律の内容について学ぶ。

### 医療的ケア児とは

**医療的ケア児及びその家族に対する支援に関する法律**によると，医療的ケア児とは「日常生活及び社会生活を営むために恒常的に医療的ケアを受けることが不可欠である児童」のことを指す（第2条第2項）。18歳に達した高校生等も法の対象となる。医療的ケアとは，「人工呼吸器による呼吸管理，喀痰吸引その他の医療行為」（第2条第1項）のことである。「その他の医療行為」とは，呼吸器の障害による気管切開部の管理や，在宅酸素療法，経管栄養，導尿などを指し，これらは生存のため，かつ日常生活において不可欠となるケアである。歩ける医療的ケア児から寝たきりの重症心身障害児まで，医療的ケア児の障害の程度の範囲は広い。

医療技術の進歩を背景に，NICUに長期入院した後に，在宅生活を送る医療的ケア児の数は増加している。2021（令和3）年現在の在宅の医療的ケア児の推計値（0〜19歳）は約2万人であり，その数は年々増えている。[1]

### 2016（平成28）年の児童福祉法改正

医療的ケア児や家族への支援課題についての認識は，2016年の障害者総合支援法改正・児童福祉法改正時からすでにもたれていた。障害者総合支援法改正について議論を重ねてきた社会保障審議会障害者部会では，医療的ケア児について，次のようにとりまとめた。「医療技術の進歩等を背景として，NICU等に長期間入院した後，人工呼吸器等を使用し，たんの吸引などの医療的ケアが必要な障害児（医療的ケア児）が増加している。このような医療的ケア児が在宅生活を継続していこうとする場合，障害児に関する制度の中で医療的ケア児の位置付けが明確ではないこと等から，必要な福祉サービスが受けにくいほか，医療，福祉，教育等の関係機関との連携が十分ではないこと等から，家庭に大きな負担がかかっているとの指摘がある[2]」。そして，必要な支援として次のようにまとめた。「重症心身障害児に当たらない医療的ケア児について，障害児に関する制度の中で明確に位置付け，必要な支援を推進すべきである」「医療的ケア児等について，医療・福祉の連携が求められる重症心身障害児等の地域支援に関するモデル事業の実施状況等も踏まえ，その家族の負担も勘案し，医療，福祉，教育等の必要な支援を円滑に受けることができるよう，都道府県・市町村や関係機関の連携に向けた方策や，相談支援事業所等の相談支援に早期につなげる方策を講じるべきである[3]」。

こうした状況を背景に，2016（平成28）年の児童福祉法では，地方公共団体に，医療的ケア児が「その心身の状況に応じた適切な保健，医療，福祉その他の各関連分野の支援を受けられるよう，保健，医療，福祉その他の各関連分野の支援を行う機関との連絡調整を行うための体制の整備」が努力義務として，新たに規定されることとなった（第56条の6第2項）。

## 医療的ケア児及びその家族に対する支援に関する法律の成立・施行，及び支援措置

その後，2021（令和3）年に「医療的ケア児及びその家族に対する支援に関する法律」が成立し，同年に施行している。

この立法の目的は，先述した医療的ケア児増加の状況の他にも，第1条に規定のとおり，「医療的ケア児の健やかな成長を図るとともに，その家族の離職の防止に資し，もって安心して子どもを生み，育てることができる社会の実現に寄与すること」である。

この法律では，国・地方公共団体の責務および，保育所等の設置者，学校の設置者等の責務が規定されている。

国・地方公共団体による支援措置として規定されているのは，医療的ケア児が在籍する保育所，学校等に対する支援（第9，10条），医療的ケア児及び家族の日常生活における支援（第11条），相談体制の整備（第12条），情報の共有の促進（第13条），広報啓発（第19条），支援を行う人材確保（第20条），研究開発等の推進（第21条）である。

| 必ず覚える用語 |
| --- |
| ☐ 医療的ケア |
| ☐ 医療的ケア児及びその家族に対する支援に関する法律 |

　保育所や認定こども園，家庭的保育事業等の設
置者については，医療的ケア児が適切な支援を受
けることができるよう，看護師や喀痰吸引等がで
きる保育士の配置を講ずること（第9条第2項）
が規定されている。学校においても，保護者の付
き添いがなくても適切な医療的ケアを受けるこ
とができるように，看護師等の配置をすることが
規定されている（第10条第2項）。

## 医療的ケア児支援センター

　医療的ケア児及びその家族に対する支援に関
する法律では，第14条において，医療的ケア児支
援センターを規定している。これは，都道府県知
事が社会福祉法人等を指定，または都道府県自ら
が行うものである。

　医療的ケア児支援センターの役割として，法で
は3つ規定している。1つは，医療的ケア児（18
歳以上の医療的ケアを要する大人が就労や障害
福祉サービスを利用する場合も含む）及び家族等
からの相談に対し専門的に応じたり，情報提供を
行うことである（第14条第1項第1号）。2つ目
は，医療，保健，福祉，教育，労働等に関する業
務を行う関係機関及び民間団体並びにこれに従
事する者に対し医療的ケアについての情報の提
供及び研修を行うことである（第14条第1項第2
号）。3つ目は，医療的ケア児及びその家族に対
する支援に関して，医療，保健，福祉，教育，労
働等に関する業務を行う関係機関及び民間団体
との連絡調整である（第14条第1項第3号）。

**Close up**

　2022（令和 4）年の「障害者の日常
生活及び社会生活を総合的に支援する
ための法律等の一部を改正する法律」
の成立に伴い，医療的ケアとも関連の
深い，難病の患者に対する医療等に関
する法律（難病法）や，小児慢性特定
疾病児童に関し児童福祉法が改定され
る。小児慢性特定疾病とは，慢性的に
生命を脅かし，長期にわたって高額な
医療費負担が続く疾病のうち，厚生労
働大臣が定めるものをいう。2022年成
立の改定により，難病患者及び小児慢
性特定疾病児童に対する適切な医療の
充実や療養生活支援の強化や，データ
ベースに関する規定整備がなされるこ
ととなる。

注

(1) 厚生労働省 社会・援護局 障害保健福祉
　部（2022）「令和 4 年度障害福祉課 障害
　児・発達障害者支援室医療的ケア児の地域
　支援体制構築に係る担当者合同会議　資料
　1-1 行政説明資料①」（https://www.mhlw.
　go.jp/content/12204500/000995726.pdf,
　2023年 7 月22日閲覧）。
(2) 社会保障審議会障害者部会（2015）「障害
　者総合支援法施行 3 年後の見直しについて
　〜社会保障審議会障害者部会報告書〜」, 27
　頁（https://www.mhlw.go.jp/file/05-
　Shingikai-12601000-Seisakutoukatsukan-
　Sanjikanshitsu_Shakaihoshoutantou/
　0000128823.pdf, 2023年 7 月22日閲覧）。
(3) 社会保障審議会障害者部会（2015）「障害
　者総合支援法施行 3 年後の見直しについて
　〜社会保障審議会障害者部会報告書〜」, 28
　頁（https://www.mhlw.go.jp/file/05-
　Shingikai-12601000-Seisakutoukatsukan-
　Sanjikanshitsu_Shakaihoshoutantou/
　0000128823.pdf, 2023年 7 月22日閲覧）。

## さらに学びたい人への基本図書

**内閣府『障害者白書』**（各年版）
障害者福祉全般にわたる政策の概観を理解するために必須の政府刊行物。最新の動向を押さえることは困難であるが，近年の出来事や変化を理解するためには必要。

**厚生労働統計協会『国民の福祉の動向』**（各年版）
障害者福祉のみならず，かなり広いテーマで歴史や現状を網羅しており，国家試験対策には必ず一度は目を通しておくべき資料。現在は『国民の福祉と介護の動向』と名称を変えている。

**丸山一郎『障害者施策の発展──身体障害者福祉法の半世紀 リハビリテーションから市町村障害者計画まで』**中央法規出版，1998年
身体障害者福祉法の歴史を理解するために非常にわかりやすくまとめられている一冊。

 第5章

**問：身体・知的・精神・発達障害者の手帳制度についてそれぞれ説明しよう。**

ヒント：等級や適用される部位・疾患，程度，申請窓口などポイントはいくつかある。

# 第 **6** 章

## 障害者福祉の関連分野

**本章で学ぶこと**

● 障害者虐待防止法について学ぶ。（第1節）

● 特別支援教育制度について学ぶ。（第2節）

● 就労・雇用支援制度について学ぶ。（第3節）

● 障害者に対する所得保障や税制上の優遇措置について知る。（第4節）

● 住環境や地域の生活環境整備などを学ぶ。（第5節）

# 第1節 障害者虐待の防止，障害者の養護者に対する支援等に関する法律

○ この節のテーマ

- 障害者虐待防止法（以下，虐待防止法）成立の背景を知る。
- 同法の対象と対象者について理解する。
- 障害者虐待の防止策や虐待発見時の対応等について学ぶ。

## 制定の背景

2004（平成16）年に報道された福岡県の知的障害者更生施設「カリタスの家」での虐待事件がきっかけとなり，厚生労働省内に障害者虐待の勉強会が立ち上がり，翌年に法案提出された。しかし，いわゆる「郵政解散」で白紙となり，さらに2009（平成21）年には，衆議院解散により廃案となり，ようやく2011（平成23）年に成立をした。

虐待事件として大きく報道されたものとしては，1996（平成8）年の「水戸アカス紙器事件」や「サン・グループ事件」，1999（平成11）年の「白河育成園事件」等がある。このような虐待を防ぐことを期待して，2012（平成24）年10月より施行されている。虐待の背景には障害特性に対する知識や理解の不足，障害者に対する人権意識の欠如，障害者を取り巻く環境の閉鎖性等が挙げられている。

社会的弱者と呼ばれる人に対する虐待を防止するため，2000（平成12）年に児童虐待防止法，2006（平成18）年に高齢者虐待防止法が制定されており，それらの影響も受けている。法改正は行われていないが，障害福祉サービス等報酬改定にあわせ，運営基準に虐待防止のさらなる推進が盛り込まれている。

## 対象と対象者及び虐待の定義

虐待防止法にいう障害者とは，「障害者基本法第2条第1号に規定する障害者」とされ，「身体障害，知的障害，精神障害（発達障害を含む。）その他の心身の機能の障害がある者であつて，障害及び社会的障壁により継続的に日常生活又は社会生活に相当な制限を受ける状態にあるもの」とされ，各障害者手帳のないケースも含まれ，18歳未満の障害児も対象になる。

虐待者の分類として①養護者，②障害者福祉施設従事者等，③使用者が挙げられている。養護者は同居か否かを問わず，身の回りの世話や身体介助，金銭管理をしている家族，親族，同居人であり，障害者福祉施設従事者等とは障害者総合支援法に規定される「障害者支援施設」又は「障害福祉サービス事業等」に係る業務に従事する人である。また使用者とは障害者を雇用する事業主等で，国や地方公共団体は含まないとされている。これら3つの対象者以外に，学校や病院，保育所等は虐待者とはされていないが，これらの長や管理者は，間接的に障害者虐待防止のための措置を採らなければならない。

虐待の類型としては①身体的虐待，②性的虐待，③心理的虐待，④放棄・放任，⑤経済的虐待，があげられている。身体的虐待は暴力・体罰，傷や痛みを与える，拘束する，過剰な薬物投与をする等である。性的虐待は性的行為やその強要，心理的虐待は脅しや侮辱，態度，無視，嫌がらせ等の精神的な苦痛を与える行為とされている。放棄・放任は身辺の世話や介助をしない，必要な福祉等のサービスを受けさせない等，障害者の生活・身体・精神状態を悪化させることを示す。また経済的虐待は，本人の同意なく財産等を勝手に運用したり，使い込みをしたり，理由なく金銭使用を制限する事等があげられている。

## 虐待の防止に向けて

虐待防止法は，障害者虐待の防止と，虐待発生時の早期発見・対応と虐待者に対する支援を規定している。ここでまず，虐待防止について考える。

令和4年度厚生労働省予算の障害児・障害者虐待防止，権利擁護などに関する総合的な施策の推進では，①障害者虐待防止の推進，②障害児・障害者虐待防止・権利擁護に関する人材育成の推進，③成年後見制度の利用促進のための体制整備があげられている。虐待防止では，住民等の関係者に対し，障害者の権利擁護についての啓発や障害・障害者虐待に関する正しい理解の普及が必要となる。また，障害者やその家族が孤立しないよう，地域での支援ネットワークを構築し，必要な福祉サービスの利用を勧める等して，養護者

◆1　第三者評価
2001（平成13）年に厚生労働省から出された「福祉サービスの第三者評価事業の実施要領について」の通知に基づく。社会福祉基礎構造改革によって，福祉サービスの質の向上が求められるようになり，任意ではあるが受審することにより外部へのアピールや自己点検につながるとされる。

◆2　後見審判請求
家庭裁判所が行う後見開始のための審判を請求すること。精神上の障害によって判断能力を欠く状態にある人を保護するための手続きを，本来は本人や配偶者，後見人等が行うが，それを市町村長が行うこともできる。

◆3　労働局
厚生労働省の地方支部分局の一つで，各都道府県に設置されている。労働相談や労働法違反の摘発，労働保険や雇用保険料の徴収等を業務とする。労働局の下に労働基準監督署や公共職業安定所がある。

の負担軽減を図ることも必要である。

施設従事者に対しては，**第三者評価**[1]受審や虐待防止委員会の設置，内部研修等を通じて事業所内での円滑なコミュニケーションを図る必要性が挙げられる。また，障害者総合支援法に規定される協議会の設置により，虐待リスクの要因を低減させる積極的な取り組みが求められている。

## 虐待の早期発見と対応

国や地方公共団体の障害者の福祉に関する事務取扱部局や，障害者福祉施設，学校，医療機関，保健所並びにその従事者等は，障害者虐待を発見しやすい立場にあることを自覚し，早期発見に努めなければならないとされている。

養護者・障害者福祉施設従事者・使用者による虐待を受けたと思われる障害者を発見した者は，速やかに市町村に通報しなければならない。つまり，虐待を受けたかどうかの事実を確認する必要はないのである。通報を受けた市町村は事実確認（立ち入り調査等），一時保護や**後見審判請求**[2]等の措置をとるとされている。施設従事者によ

る虐待の場合は，市町村から都道府県に報告され，そこで適切な監督権限の行使等がなされる。使用者による虐待の場合は，都道府県に通知が行き，そこから**労働局**[3]に報告が上がり，労働局において監督権限の措置がとられる。

これらの窓口として，市町村には市町村障害者虐待防止センター，都道府県には都道府県障害者権利擁護センターが設置される。虐待の通報を受けた場合，市町村や都道府県職員はケース会議等を開き，組織的に対応することが望ましいとされる。市町村長による立入調査では，担当職員が住居を訪問し，必要な調査・質問等を行う。この際に職員は必ず身分を証明するものを携帯し，求めに応じて提示しなければならない。また，この立入調査に際して警察署長に援助を求めることができるとされている。

障害者虐待への対応では，まず障害者の安全確保を最優先にする。そのために入院や緊急一時保護等を利用する場合がある。ただし，この場合でも養護者に対し，丁寧な支援が必要とされる。時に虐待者自身が虐待をしているという認識を持たない場合や，被虐待者が虐待をした人をかばう

表6-1

障害者虐待の実態

| | 養護者による虐待 | 障害者福祉施設従事者等による虐待 | 使用者による障害者虐待 | | |
|---|---|---|---|---|---|
| | | | | | （参考）都道府県労働局の対応 |
| 市区町村等への相談・通報件数 | 8,650件（7,337） | 4,104件（3,208） | 1,230事業所（1,230） | 虐待判断事業所数 | 430件（392） |
| 市区町村等による虐待判断数 | 2,123件（1,994） | 956件（699） | | 被虐待者数 | 656人（502） |
| 被虐待者数 | 2,130人（2,004） | 1,352人（956） | | | |

出所：厚生労働省「令和4年度都道府県・市区町村における障害者虐待事例への対応状況等（調査結果）」「令和4年度使用者による障害者虐待の状況等」。（ ）内は令和3年度の前回調査。

等のケースがあるが，深刻化させないために，周囲の積極的な介入が必要になるケースがあることを理解しておかなければならない。

2022（令和 4 ）年 4 月 1 日から2023（令和 5 ）年 3 月31日までに虐待と判断された全国の状況が2023（令和 5 ）年12月に発表された（**表6-1**）。

この調査結果から，養護者及び施設従事者による虐待の増加や使用者による虐待の増加傾向が見える。施設の地域への解放や職員の処遇改善・教育等の総合的な改善が必要である。使用者による虐待防止は現状では有効な手立てがない。労働者災害補償保険制度の様なシステムで，虐待が発生したらペナルティが課せられる等の対応が必要と考えられる。

## Close up

### 使用者による虐待防止は可能か

1996年に明るみになったサン・グループ事件では，使用者及び国・地方自治体・県立の施設等がそれぞれ虐待やその救済を怠る等して損害賠償を負うこととされた。この事件ではその当時，障害者雇用をする事業所が今よりも少なく，障害者雇用をする事業所は非常に貴重で労働行政としても厚生行政としてもありがたい存在であった。

そのような事業所において虐待が発生していても，何かの間違いではないか，という意識が働いたり，なかったことにしてしまおうとする動きがあった。

被害者である障害のある従業員からは労働基準監督署に助けを求める手紙が出されていたにもかかわらず，それについて真剣に向き合わず，結果とし

て死亡者がでるような結果を招いた。また厚生行政側も虐待の事実を知りながら，他に雇用してもらえるところがないという理由から，何人もの障害者をサン・グループに就職させていた。

現在，障害者雇用促進法や障害者総合支援法では，障害者が一般企業で働くための支援を行っているが，なかなか就職先を開拓できずに苦労している現状がある。それは国の機関であるハローワークも，就労移行支援事業所や就労継続支援事業所も同じではないだろうか。その中の 1 企業で虐待があった場合，誰の立場に立つことが求められているのかは，本書を読んでいる方ならすでにご理解いただいていることであろう。

# 第2節 障害児と特別支援教育

## この節のテーマ
● 子どもが教育を受けることは権利であることを理解する。
● 現在の日本で障害児教育を提供している場所や機関を知る。
● 障害児教育の沿革を踏まえ，インクルーシブ教育やこれからの障害児教育のあり方を考える。

### 戦前特殊教育・障害児教育の展開

1890（明治23）年の改正小学校令で盲唖学校の設置・廃止などに関する規定が設けられ，1923（大正12）年には，「盲学校及び聾唖学校令」が制定された。1938（昭和13）年に「国民学校師範学校及び幼稚園に関する件」の答申が出され，これを受けて1941（昭和16）年に養護学級や養護学校として整理され，身体虚弱・弱視・難聴・吃音・肢体不自由等の別に学級又は学校編成が規定された。これが現在の障害種別学校教育の原点となる。

終戦後の1947（昭和22）年に「学校教育法」が制定され，1948（昭和23）年度より盲学校・聾学校は就学義務化されたが，養護学校は20年以上遅れて1979（昭和54）年度から義務教育となった。

これより少し前の，1969（昭和44）年に文部省特殊教育総合研究調査協力者会議が出した「特殊教育の基本的な施策のあり方について」では，**インテグレーション**の考え方が示されている。日本では，「障害のある子どもと障害のない子どもとが，可能な限り通常の学級において共に教育を受けることが出来るようにするという理念。その方

法として障害のある子どもの生活の場が常に障害のない子どもと同じという完全統合と，一部だけ同じ場で行うという部分統合とがある」という理解をされているとされる。[1]

1980年代の日本では，インテグレーションが進まず，通常教育か特別支援教育かの選択で，特別支援教育を受けざるを得ない状況に追い込まれていった。このような中，国際的には1994（平成6）年に特別ニーズ教育に関する**サラマンカ声明**が出され，インテグレーションから**インクルージョン**へと転換を図ることとなった。

2007（平成19）年に学校教育法が改正され，従来の盲・聾・養護学校は複数の障害種別の生徒を受け入れることができる**特別支援学校**に，養護学級は**特別支援学級**に転換された。また通級指導に発達障害児が対象として加えられ，障害児の就学先の決定に保護者の意見を聴くことなどが盛り込まれた。

### 権利としての障害児童の教育受給権

子どもの教育受給権は，日本国憲法第26条や「**児童権利宣言**」[1]「**児童の権利に関する条約**」[2] 第23条や第28条等に規定されており，日本国内におい

てはもちろんであるが，国際的に見ても障害の有無に関わりなく，児童は等しく教育を受ける権利を有しているといえる。

さらに，「障害者権利条約」では，第24条の「教育」において，「1　締約国は，教育についての障害者の権利を認める。締約国は，この権利を差別なしに，かつ，機会の均等を基礎として実現するため，障害者を包容するあらゆる段階の教育制度及び生涯学習を確保する（後略）」としている。

## ■ 現在の特別支援教育の現状等

2002（平成14）年に就学基準見直しが行われ，2007（平成19）年には，保護者からの意見聴取が義務づけられた。2013（平成25）年には可能な限り障害のある児童生徒等が障害のない児童生徒等と共に教育を受けられるよう配慮することが示された。

日本の初等教育は義務教育であり，教育基本法第5条では「国民は，その保護する子に，別に法律で定めるところにより，普通教育を受けさせる義務を負う」とされている。しかし最重度障害や，疾病のため教育を受けることが困難と判断された場合には，学校教育法第18条に基づき**就学義務猶予・就学義務免除制度**[◆3]という制度が適用される。2002年に出された「障害のある児童生徒の就学について」（通知）[(2)]では，治療又は生命・健康の維持のため療養に専念することを必要とし，教育を受けることが困難又は不可能な者については，保護者の願い出により就学義務の猶予又は免除の措置を慎重に行うこと，とされている。

1

◆1　児童権利宣言
1924年に採択されたジュネーブ（ジェネバ）宣言とも呼ばれる宣言をもとに，1959年に国連で採択された。出生権や生存権，発達権，幸福追求権，教育権，虐待や児童労働の禁止等が全10条の中に盛り込まれた。

2

◆2　児童の権利に関する条約
1989年に国連で採択され，日本は1994年に批准している。18歳未満の児童に関する措置は全て「児童の最善の利益」を考慮する，とされている。生きる権利や守られる（養育される）権利，育つ（教育を受ける）権利，参加する権利等を柱としてもっている。

3

◆3　就学義務猶予・就学義務免除制度
学校教育法では，保護者は小学校・中学校に子どもを就学させる義務を負っている。しかし，学齢期の児童であって，病弱や発育不全，その他の理由で就学困難な場合には保護者の願い出により，就学義務の猶予又は免除を教育委員会ができるとされている。

4

◆4　職業能力開発校
職業能力開発促進法に定められた職業能力開発施設の一つで，普通職業訓練で長期間及び短期間の訓練課程を行うものとして設置されている。都道府県に設置義務，市町村は任意設置となっている。民間事業主も都道府県から認定されれば設置可能となる。

日本には，単一若しくは複数の障害を対象とする特別支援学校（幼稚部・小学部・中学部・高等部）と，特別支援学級と呼ばれる障害の程度が比較的軽い児童のために，小学校や中学校に設置される学級がある。それ以外に，特別な教育環境を用意するのではなく，小・中学校の通常のクラスに在籍し，比較的軽度の言語障害，情緒障害，弱視，難聴などのある児童生徒を対象として，各教科等の指導を通常のクラスで行いながら，障害に基づく必要な指導を特別の場で行う通級による指導がある。

## 障害児童のための高等部における支援

1979（昭和54）年から，心身の障害の状態が重度重複しているために，特別支援学校等に通学して教育を受けることが困難な児童・生徒に対する教育的措置で，特別支援学校等の教員が家庭や医療機関等を訪問して教育を行う訪問教育が行われている。[3] 高等部における訪問教育の対象生徒数は，バラつきはあるものの減少傾向にある。

特別支援学校における教育内容としては，視覚障害を主とする学校では理学療法科や調律科，聴覚障害では農業科や理美容科，その他では園芸関係，福祉関係，商業関係，インテリア関係等の学科が設置されている。この様な教育が行われている特別支援学校高等部（本科）における卒業生の進路は，2022（令和4）年3月の卒業生2万1,191人（男子1万3,771人，女子7,420人）のうち，大学等進学は1.9％（399人），**職業能力開発校**[4]等の教育訓練機関に進学したのが1.1％（239人），専

修学校（一般・専門課程）への進学は0.5％（98人）となっている。一方で就職したのは30.0％（6,369人）となっている。残りの者については社会福祉施設や医療機関への入所又は死亡，その他で66.4％（1万4,065人）である。就職率は維持されているものの，入所等の比率が約66％の現状を考えると，十分とは言えない状況である。また大学等進学の399人のうち，半数近い180人は高等学校や高等部の専攻科への進学となっている。

今後の課題として「今後の特別支援教育の在り方について（最終報告）」で掲げられた特別支援教育を推進するために，サラマンカ声明にあるような，全ての児童が同じ地域の学校で学ぶことができるシステムを構築し，特別な配慮が必要な児童に対応することが求められる。障害者の権利に関する委員会による総括所見（2022年）では分離教育に対する批判や合理的配慮の保障，教職員に対する障害の人権モデルに関する意識向上など6項目にわたり改善が要請されており，このことを踏まえた対応が求められる。

現在の特別支援学校はセンターとしての機能を期待され，地域の幼稚園や小学校，中学校，高等学校などからの相談に応じ，助言や教育的援助を行う。この特別支援学校や小学校や中学校にも特別支援教育コーディネーターを置くこととされ，障害のある児童生徒一人ひとりについて個別の教育支援計画を作成することなども規定されている。

近年では，発達障害など多様な課題を抱えた児童に対応していかなければならないという課題が教師に与えられており，様々な専門職種等との

連携がより重要になってくる。

　また，特に特別支援学校高等部等において他の関係機関との連携をしながら職場実習を推進したり，企業就労への理解促進のためのセミナー開催等を展開したりするなど，障害のある生徒の就労に向けた進路指導の充実が求められるようになってきている。

　ただ，高等学校における大学等進学率が5割を超える現状を考えた際に，障害のある生徒だけが社会に出ることを強く求められるのではなく，高等部卒業後の職業準備期間があってもよいのではないだろうか。

## Close up

### 特別支援学校から社会福祉事業所への移行

　2021（令和3）年3月31日現在で，6万5,359人の障害を抱えた生徒が特別支援学校高等部に在籍をしている。これらの生徒は小学校から高等部まで少人数で，きめ細かな人員配置（一クラス3～8人で障害の状況により異なる。また一クラスあたり教員は2人配置され，さらに介助員等が配置される）で学校生活を送っている。高等部を卒業する生徒の61.6%が社会福祉施設等への入所・通所（令和3年3月）となっており，その移行については放課後等デイサービスの活用等で円滑にできるよう配慮をされている。

　しかしながら，多くの社会福祉事業所では職員の人数が少なく，学校のような手厚い人員配置を望むことは困難である。移行に当たり，少しでも本人の特性を把握するための努力として，高等部在籍時から，社会福祉事業所職員が高等部に出向き，本人の行動の様子や教員との関わり方を観察し，放課後等デイサービスや実習での場面とのすり合わせをしながら受け入れることを試みている。この移行に関する支援方法でも十分とは言えないかもしれないが，限られた人員の中で，本人が円滑に次のステージで活動できるようにするための取り組みは今後とも試行錯誤を積み重ねていく必要がある。

注
(1) 全国特殊学級設置学校長協会編集（2003）『特別支援教育時代——変わる学校』三晃書房，148頁。
(2) 「14文科初第291号」（平成14年5月27日）文部科学省初等中等教育局長名で出された。
(3) 石部元雄他編集（1995）『心身障害辞典』福村出版，284頁。

# 第**3**節 障害者と雇用・就労

○ この節のテーマ

● 障害者にとって働くことが権利であることを再度認識する。
● 障害者の雇用の促進等に関する法律の概要を知る。
● 法定雇用率や様々な納付金制度等を知る。
● 障害者の雇用や就労を促進するための支援機関について学ぶ。

## 働くことは権利である

1975（昭和50）年の国連「**障害者の権利宣言**」第 7 条では，「障害者は，経済的社会的保障を受け，相当の生活水準を保つ権利を有する。障害者はその能力に従い，保障を受け，雇用され，または有益で生産的かつ報酬を受ける職業に従事し，労働組合に参加する権利を有する」とされている。このことから障害者が働くことは権利である，ということが理解できる。

また，国際労働機関（ILO）で採択された第99号勧告，第159号条約や第169号勧告においても，再度確認することができる。**障害者権利条約**では，第27条に労働及び雇用として「締約国は，障害者が他の者との平等を基礎として労働についての権利を有することを認める（後略）」と述べ，それらは先天性障害や，労災による中途障害者も含み，「この権利には，障害者に対して開放され，障害者を包容し，及び障害者にとって利用しやすい労働市場及び労働環境において，障害者が自由に選択し，又は承諾する労働によって生計を立てる機会を有する権利を含む（後略）」ものであるとされている。

## 障害者の就労形態はその機能・目的で分けられる

1982（昭和57）年に身体障害者福祉審議会より提出された「今後における身体障害者福祉を進めるための総合的方策」の中で，障害者の就労形態は，一般就労・保護雇用・福祉的就労・自営業・作業的就労の 5 つに分類されている。2004（平成16）年の「障害者の就労支援に関する省内検討会議」では，就労移行支援タイプ，継続的就労タイプ，デイアクティビティタイプが出されて，目的・機能別に分けられている。また近年では，社会的企業と呼ばれる形態にも注目が集まっている。

障害者総合支援法における，就労継続支援事業（A型）が保護雇用に近いものとなり，福祉的就労は就労継続支援事業（B型）と考えられる。作業的就労は就労継続支援事業（B型）とも関係するが，地域活動支援センターにも相当すると考えられる。2012（平成24）年に制定された**障害者優先調達推進法**は就労継続支援事業等の収益向上に資することが期待されている。一般雇用への支援は就労移行支援事業も該当するが，障害者雇用を支えるために，現在は障害者の雇用の促進等に

関する法律（以下，障害者雇用促進法）が制定・
施行されている。

## 障害者雇用促進法

　1960（昭和35）年に制定された「身体障害者雇
用促進法」が基となり，その後1987（昭和62）年
に現在の名称へと変更された。ILO 第159号条約
を批准した1992（平成４）年には，身体障害者以
外に知的障害者を法定雇用率にカウントできる
よう改正し，現在は精神障害者等についても法定
雇用率のカウント対象とし，2018（平成30）年に
は法定雇用率の算定基礎に加えられた。現在の障
害者雇用促進法の目的は「障害者の雇用義務等に
基づく雇用の促進等のための措置，雇用の分野に
おける障害者と障害者でない者との均等な機会
及び待遇の確保並びに障害者がその有する能力
を有効に発揮することができるようにするため
の措置，職業リハビリテーションの措置その他障
害者がその能力に適合する職業に就くこと等を
通じてその職業生活において自立することを促
進するための措置を総合的に講じ，もつて障害者
の職業の安定を図ることを目的とする」とされて
いる。
　障害者雇用推進のために，①差別禁止法で機会
保障をするもの，②障害に配慮した雇用環境を整
備するもの，③一定割合の障害者雇用を事業主の
社会連帯とするものがある。日本は③で，法定雇
用率によって計算される法定雇用障害者数以上
の障害者を常用労働者として雇用しなければな
らないとされている。常用労働者数が43.5人以上

### Check

**障害者就労を支援する連携機関，専
門職及び事業に関する次の記述の
正誤について答えなさい。**

　公共職業安定所（ハローワーク）
は，職場適応援助者（ジョブコー
チ）の養成，研修を行っている。

（答）×：ジョブコーチは高齢・障害者雇用支援
　　機構等の職場適応援助者養成研修を終了す
　　る必要があり，ハローワークでは行ってい
　　ない。

の一般民間事業主には2.3％の法定雇用率が設定されており，国及び地方公共団体等は2.6％，都道府県教育委員会等は2.5％の法定雇用率（5年ごとに見直し）が設定（2026〔令和8〕年度までにそれぞれ0.4％ずつ引き上げる，とされている）され，障害者雇用の義務が課せられている。

## 必要な配慮をすることで障害者雇用を推進する

　障害者雇用推進施策として，**短時間労働者**[◆2]としての採用や，重度障害者の雇用は1人雇用することによって2人雇用しているものとみなすというダブルカウントの規定がある。また，障害者を多数雇用する一定の要件を満たす子会社を**特例子会社**[◆3]とする制度や有限責任事業組合の算定特定等がある。

　その他にも，職場環境の改善等の経済的負担を考慮し，法定雇用率未達成事業所から納付金を徴収し，障害者多数雇用事業所の経済的な負担軽減等の障害者雇用に伴う経済的負担の不均衡を調整等する障害者雇用納付金制度がある。障害者雇用納付金は罰金ではなく，税法上は損金等の必要経費として取り扱われるが，障害者雇用納付金を支払ったからといって雇用義務を免れるものではない。対象となる事業所は常用労働者数100人を超える規模の事業所で，障害者雇用納付金を不足人数分の月数（5か月以上ある場合）の1年間分支払う。納付金を財源として，常用労働者である障害者（重度である短時間労働者を含む）を，法定雇用率を超えて雇用する事業所に対し，その

超過障害者1人につき調整金が支給される。雇用する常用労働者の数が100人以下の事業主であって，一定数を超えて障害者である常用労働者を雇用する事業主に対し，一定数を超えて雇用している障害者1人につき報奨金が支給される。それ以外に**在宅就業障害者特例調整金・報奨金制度**[◆4]等がある。

　経済的支援以外の制度としては，職場適応援助者助成金（ジョブコーチ制度）がある。この制度は，職場適応援助者（ジョブコーチ）が支援するもので，雇用の前後を問わず，必要なタイミングで支援を行う。障害者の職場適応のため，ジョブコーチが職場に出向いて直接的・専門的支援等を行っている。現在では，地域障害者職業センターに所属する配置型ジョブコーチと，地域の社会福祉法人，特定非営利活動法人等に所属する訪問型ジョブコーチ，企業在籍型ジョブコーチによる支援が実施されている。支援期間は，訪問型で最長2年8か月，企業型で最長6か月とされている。また障害者を5人以上雇用する事業所では障害者職業生活相談員を選任することが求められている。

## 障害者の職業生活を支えるための様々な支援機関

　障害者の職業生活における自立を促進するために，障害者職業総合センター，広域障害者職業センター及び**地域障害者職業センター**が設置されている。地域障害者職業センターは47都道府県に設置されており，公共職業安定所と緊密な連携を図り，障害者に対して職業評価，職業指導，職

場適応援助者（ジョブコーチ）による支援事業，職業準備支援事業，OA講習等，障害の種類及び程度に応じた具体的な援助を行うと共に事業主に対して雇用管理に関する助言・援助を行っている。また公共職業安定所は，就職希望の障害者に職業相談・紹介，就職後の職場定着支援や継続雇用支援など，事業所に対する障害者雇用の指導や支援，助成金案内や支給業務を行っている。

障害者雇用促進法に規定される障害者就業・生活支援センターでは，就職や職場定着が困難な障害者を対象とし，身近な地域で，雇用，福祉，教育等の関係機関との連絡の拠点として連絡調整等を行う。設置は都道府県知事が社会福祉法人，特定非営利活動法人等を指定することとされ，支援内容としては，障害者からの相談に応じ，その就業及びこれに伴う日常生活上の問題について，必要な指導及び助言その他の援助を行うほか，公共職業安定所，事業主との調整等の障害者の求職活動についても行う。

2016（平成28）年からは障害者権利条約批准のため，合理的配慮の提供義務や障害者に対する差別的取扱いの禁止，苦情処理・紛争解決援助（自主的解決困難な場合，都道府県労働局の紛争調整委員会や局長による助言・指導・勧告がなされる）などが施行されている。2022（令和4）年の法改正では障害者雇用の質の向上において事業主の責務が明確化され，在宅就業支援団体の登録要件緩和や週所定労働時間10時間以上20時間未満の重度障害者の算定特例や納付助成金の新設・拡充等が定められている。

**◆1 障害者優先調達推進法**

2012年に制定され，障害者就労支援事業所や在宅就業障害者又はその支援団体等に対し，国や独立行政法人等は物品調達において優先的にこれらの団体等から調達し，仕事を発注することとされている。

**◆2 短時間労働者**

一週間の所定労働時間が20時間以上30時間未満の身体・知的・精神障害者が対象となり，実雇用率の算定の際には0.5となる。なお，身体及び知的障害のある労働者で，障害の程度が重度の場合はダブルカウントの対象となり，実雇用率の算定の際には1となる。2024年度から10時間以上20時間未満で働く重度障害者も実雇用率算定の対象となる。

**◆3 特例子会社**

事業主が障害者の雇用のために特別な配慮をした子会社を設立し，定められた要件を満たした場合に，特例子会社としてその子会社で雇用されている障害者を，親会社に雇用されているものとみなすことができる制度。

**◆4 在宅就業障害者特例調整金・報奨金制度**

在宅就業障害者に仕事を発注する事業所に対して調整金や報奨金を支払う制度である。在宅就業支援団体を介して契約するケースと直接契約をするケースが想定されている。この在宅の定義として自宅はもちろん，就労移行支援事業所等が想定されている。

第

# 4 節 障害者の所得保障と障害者年金

○ **この節のテーマ**
- ●障害者の所得の現状やその水準を知る。
- ●障害者の所得を補償するための様々な制度について学ぶ。
- ●各種手当制度や税制上の控除，国民年金を中心とした障害（基礎）年金について学ぶ。

## 障害者の所得の現状

　私たちの多くは生活をするために働いて賃金を得て，それをもとに様々な生活必需品の購入や消費活動をしていく。

　厚生労働省が公表した2022（令和4）年の勤労統計調査（年度結果）によると常用労働者全体の給与は32.63万円／月で，身体障害者では21.5万円／月（平成30年度障害者雇用実態調査），知的障害者で11.7万円／月（同），精神障害者で12.5万円／月（同），発達障害者で12.7万円／月（同），就労継続支援A型で8.16万円／月，B型では1.65万円／月（令和3年度平均工賃〔賃金〕の実績について）となっており，雇用されている身体障害者を除く障害者の収入は非常に低い水準であることがわかる。

　そこで，障害が要因となって安定した収入を得ることができないことに対応するために，年金制度や手当制度，税控除等のしくみが作られている。また働くことができない場合や，年金所得がないまたは低い障害者は，生活保護制度を活用することとなる。生活保護法では一般的な8種類の扶助の他に，障害者が利用できるものとして，各種加

算の中に障害者加算がある。

## 各種手当と税制控除

　障害者（児）に対する手当は，障害が原因となって生じる経済的な負担の軽減が目的の一つとされている。現在，特別児童扶養手当，特別障害者手当，特別障害給付金，障害児福祉手当，経過的福祉手当がある。これ以外に，労働者災害補償保険法に規定される保険給付があり，労災援護金や休業補償特別援護金の支給等が所得保障として行われる。

　特別児童扶養手当は，精神又は身体障害のある20歳未満の障害児を監護している父母等に支給されるもので，1級（重度），2級（中度）で金額が異なる。障害基礎年金等との**併給**◆1はできず，父母等の所得制限がある。

　特別障害者手当は日常生活で常時介護が必要な20歳以上の在宅重度障害者に対して手当を支給するもので，障害基礎年金等との併給は可能であるが，所得制限がある。

　障害児福祉手当や経過的福祉手当は，所得制限や障害基礎年金等との併給はできないが，特別児童扶養手当等との併給は可能とされている。経過

的福祉手当は特別障害者手当や障害基礎年金が支給されない，従来の福祉手当受給者が対象となっている。

　これらの手当と少し性格が異なるのが特別障害給付金制度である。国民年金任意加入対象であったが加入していなかったために，障害基礎年金の対象となる状態には当てはまるが，保険料納付要件を満たすことができず，障害基礎年金を受給できない障害者に対して，福祉的措置として2005（平成17）年に創設された。1級（重度）及び2級（中度）があり，全額国庫負担で賄われる。

　所得保障としては，現金を給付するものと，支出を抑えるものがあるが，次に税制の控除について簡単に説明をする。一般に所得に対しては様々な税金を課せられるが，その所得の一部を差し引いて，つまり低い金額で計算するのが控除という考え方である。税金には国税や地方税と呼ばれるものがあり，国税として徴収されるものに**所得税**[◆2]や相続税，贈与税等がある。また地方税は主に**市町村民税**[◆3]と都道府県民税がある。所得税控除は障害者本人または障害者を扶養する家族の所得から一定金額を差し引くもので，障害者と特別障害者（重度）に分類され，重度障害者の方がより多くの金額を控除される。相続税や贈与税の控除は障害者本人にのみ適用されるものである。相続税の障害者控除では，本人が85歳に達する年数1年について10万円（特別障害者は20万円）が障害者控除として相続総額から差し引かれる。精神に障害のある特定障害者への贈与税は3,000万円（特別障害者は6,000万円）まで非課税となる。

　上記以外に障害者扶養共済制度に基づく給付

**◆1　併給**
年金制度では原則として1人1年金，つまり老齢・障害・死亡のどれかを理由とする年金を受給することが原則であるが，老齢基礎年金と遺族厚生年金のように，老齢と死亡の2つの保険事故を理由とする年金の受給を併給と呼び，特例的に扱っている。

**◆2　所得税**
個人が1月1日から12月31日までに稼いだ（得た）所得に対して課税される税金。収入から必要経費等を差し引いた物を所得金額と呼び，そこから所得控除を差し引いたものに対し，課税される。所得控除には障害者控除等の15種類がある。

**◆3　市町村民税**
一般には住民税とも呼ばれ，その市町村に住所や居所がある個人等に課税される。所得割・均等割の両方又はいずれかを用いて，前年度所得に対して課税される。生活扶助受給者や前年所得が一定額に満たない場合は課税されないことがある。

**◆4　障害認定日**
障害の程度が等級に該当するかどうかを認定する日で，該当する傷病の初診日から1年6か月経過した日または，その症状が固定し，それ以上の変化が期待できないと判断された時を指している。

金の非課税や，少額貯蓄の利子等の非課税等の特例が障害者本人に設けられている。また医療保険の高額療養費制度や医療費控除等を上手く活用することで，支出を抑制することが可能となる。

## 障害基礎年金・厚生年金

　年金は国民年金と厚生年金等があり，ここでは障害を保険事故とする年金について説明をする。国民年金法では，障害を保険事故とするものを障害基礎年金と呼び，厚生年金法（その他に各種共済組合等も同様のシステムがある）では障害厚生年金と呼ぶ。

　障害基礎年金は，①国民年金に加入している間に初診日があること（20歳前や60歳以上65歳未満で日本に住んでいる間に初診日があるときを含む），②20歳から納める保険料納付が納めなければならない期間の3分の2以上ある（保険料免除期間を含む）ことや，③初めて医師の診察を受けた日（初診日）から1年6か月経過した時に定められた障害の状態にある（障害状態）ことが必要とされている。ただし，20歳未満で医師の診察を受けた場合は，20歳に達したとき，またその時には定められた障害の状態ではなくても，後日，その状態になった場合はその日を**障害認定日**◆4として，受給要件を満たすことになる。1級と2級があり，1級は老齢基礎年金満額×1.25に子の加算があり，2級は老齢基礎年金満額に子の加算となる。この場合，老齢厚生年金又は遺族厚生年金との併給が可能とされている。ただし，20歳未満の障害が原因で障害基礎年金をもらう場合は，所得

制限が設けられており，段階的に2分の1停止，全額停止がある。

　障害厚生年金は，厚生年金に加入している期間（つまり，働いて厚生年金の保険料を払うようになった期間）に初めて医師の診察を受けた病気・怪我等による障害が原因で，障害基礎年金の支給要件を満たしている場合に支給される。等級は1〜3級まであり，1級は報酬比例年金額×1.25に配偶者加給年金，2級は報酬比例年金額に配偶者加給年金，3級は報酬比例年金額（最低保障額あり）のみとなる。

## 所得保障と障害者

　障害基礎年金2級では，年間79.5万円（2023年現在）となっている。仮に就労継続支援事業（B型）での就労であれば，これに約20万円（月額約1.7万円）を加えたものが生活費となる。仮にA型であっても，約98万円（月額約8万2,000円）を加え約176万円での生活となる。この金額で就労の意欲を高めることができるのか。またここから必要な支援を受けるための利用料を支払わなければならないことを考えると，この年金額では十分とは言えないのが現状である。また障害の程度が軽い障害者であれば，年金の受給要件を満たすことができず，さらに現在の厳しい雇用情勢を考えると，採用されることもままならない状況となり，生活保護制度を利用せざるを得ないのも現状ではないだろうか。障害者の年金制度は就労と一体的に考える必要がある。またこの所得の少なさが，親なき後の問題を深刻なものとしていると

言える。

## 障害者の年金不支給

　2015（平成27）年に厚生労働省は障害基礎年金申請で不支給となった件数の割合について地域格差があるということを公表した。特に精神・知的障害の年金支給について、「日常生活能力」の程度について支給目安の差があることが示された。就労については一概に言えないが、就労継続期間や頻度、収入等、審査のポイントにバラつきが見られた。厚生労働省はこの結果をふまえ、都道府県ごとのバラつきを修正するための指導を行っている。

## 年金生活者支援給付金

　2019年10月に消費税率が10％に引き上げられたことに伴い、公的年金等の収入金額や所得が一定の基準を下回る住民を対象に、年金に上乗せをするための制度が創設された。

　障害基礎年金の受給者で、前年の所得が定められた金額を下回る場合に、障害等級が1級の人は月額6,425円、2級の人は月額5,140円がそれぞれ年金に上乗せされて支給（2023〔令和5〕年度）されることとなった。

### 間違いやすい用語

**「障害基礎年金の等級」と「身体障害者障害程度等級」**

障害基礎年金の等級の1級及び2級と身体障害者障害程度等級表の1級及び2級は同じではない。たとえば障害基礎年金の1級として両眼の矯正視力の和が0.04以下の人があげられているが、身体障害者障害程度等級表では2級に位置づけられるなど、それぞれ独自の基準を設けている。

### Check

**障害者手帳に関する次の記述の正誤について答えなさい。**

　精神障害者保健福祉手帳による税制上の優遇措置においては、相続税の障害者控除の対象は障害等級1級の特別障害者を対象としており、2級、3級の者は含まれない。

（答）×：相続税の障害者控除に特別障害者（1級）の規定はない。
（第24回社会福祉士国家試験問題133より）

# 第 **5** 節 バリアフリーと生活環境

○ **この節のテーマ**
- ●バリアフリーとユニバーサルデザインの考え方の違いを知る。
- ●日本の「まちづくり」運動の歴史を知る。
- ●バリアフリー新法の概要とその移動等円滑化基準について知る。
- ●まち以外のバリアフリーデザインについても考える。

## バリアフリーデザインとユニバーサルデザイン

　日本で「バリアフリー」という用語が定着したのは，1974（昭和49）年の国連専門家会議において提出された「バリアフリーデザインに関する報告書」の前後であると言われている。バリアフリーは，従来の建築的という限定された範囲から，様々なものにアクセスする上で障壁がある場合に，それらを取り除くという意味で使用されるようになった。バリアには建築物等の物的バリア，視聴覚等の情報バリア，様々な資格取得や制度利用が困難であるという制度的バリア，差別や偏見等に基づく心的バリア，等があるとされている。

　近年では，バリアフリーデザインよりも大きな概念である**ユニバーサルデザイン**◆¹が使われるようになっている。このユニバーサルデザインはロナルド・メイス（Ronald L. Mace）が提唱した。⁽¹⁾両デザインの違いは，ユニバーサルデザインが対象者を限定せずにすべての人に使いやすいデザインとされるのに対し，バリアフリーデザインは何かにアクセスする時に障壁のある人が，障壁なく利用できるようなデザインという違いがある。

## バリアフリーとまちづくり

　日本では1970年代に「**生活圏拡大運動**」◆²として，肢体不自由者が住みやすい「まちづくり」のために様々な活動を展開してきた。その後，地方自治体や旧厚生省等が条例を策定してきたが，障害者が自立して生活し，積極的に社会参加していく上で，まち全体を障害者等にとって利用しやすいものへと変えていくため，厚生労働省が2001（平成13）年度から「バリアフリーのまちづくり活動事業」を創設し，地域社会の合意に基づいた，計画的な福祉のまちづくりを推進することとなった。

　また総務省が2002（平成14）年にまとめた報告書では，「共生のまちづくり」の必要性が提唱され，高齢者や障害者，児童や女性，外国人，単身者等の固有のニーズを持つ地域住民に配慮したまちづくりの重要性が高まっているとされた。

　その他として，旧建設省では，1994（平成6）年度から高齢者や障害者等が積極的な社会参加のために，快適かつ安全な移動を確保するための動く通路，エレベーター等の施設の整備，障害のある人等の利用に配慮した建築物，障害者等が安心して通行できる幅の広い歩道の整備，昇降装置付きの立体横断施設の整備等のまちづくりを行

う「人にやさしいまちづくり事業」を実施している。この事業では高齢者や障害者等の社会参加を促進するため，市街地における高齢者・障害者等の快適かつ安全な移動を確保するための施設の整備，高齢者・障害者等の利用に配慮した建築物の整備の促進等を図ることを目的としている。

## ■ バリアフリーを進めるための法律

　誰もが住みやすい生活環境を整えるために，公共建築物や，交通手段，情報等について，いつでも，誰でも，どこからでもアクセスできるような生活基盤の整備を目的とした法制度がある。

　その一つが，公共建築物のバリアフリー化を目指す「高齢者，身体障害者等が円滑に利用できる特定建築物の建築の促進に関する法律」（以下，ハートビル法）である。この法律は1994（平成6）年に制定され，2010（平成22）年までに窓口業務を行う官庁施設のすべてについて，障害者等に配慮した改修などを行うとした。

　2000（平成12）年には「高齢者，身体障害者等の公共交通機関を利用した移動の円滑化の促進に関する法律」（以下，交通バリアフリー法）が成立し，その後，「公共交通機関旅客施設の移動円滑化整備ガイドライン」「旅客施設における音による移動支援方策ガイドライン」等が策定されている。

　この二つの法律はハートビル法が点でのバリアフリー化を，交通バリアフリー法が線でのバリアフリー化を進めるものとしては評価されたが，点と線を結ぶ，さらにそれを面（まち全体）とし

**◆1　ユニバーサルデザイン**
様々な人にとって使いやすいデザイン。バリアフリーデザインのように特定の人に合わせたデザインはコストがかかり，便利ではあるが普及しにくい等の問題を解消するために，特別なコストを減らし，汎用性を高めること等を目的としている。

**◆2　生活圏拡大運動**
車いす使用者らによる生活圏（人間が社会的存在として活動をする範囲や地域）の拡大を求める運動で，1970年代から車いす市民全国集会等を通して，設備や環境，意識の改善を求めたもの。1969年に仙台市で生活圏拡張運動が始まったのが後に影響を与えているといわれている。

**◆3　重点整備地区（バリアフリー新法）**
徒歩圏内で，鉄道の駅やバス停・駐車場等と特別特定建築物が3つ以上ある地区で，バリアフリー化が重点的・一体的に実施されることが求められる地区。

**◆4　障害者 IT サポートセンター**
都道府県が行うことのできる地域生活支援事業の一つで，障害者等の情報通信技術の利用機会や活用能力の格差是正を図るためのサービス提供拠点として位置づけられている。

て見る視点に欠けていたことから，2006（平成18）年に「高齢者，障害者等の移動等の円滑化の促進に関する法律」（以下，バリアフリー新法）が制定された。法律の名称にあった身体障害者から障害者と変更され，対象が拡大されていることがわかる。またこれまでは対象外であった道路や駐車場，公園等も対象となり，既存の建築物等もバリアフリー化の努力義務の対象とされた。2018（平成30）年には，2020東京オリンピック競技大会・パラリンピック競技大会の開催を契機とし，全ての国民が共生する社会の実現を目指し，全国においてさらにバリアフリー化を推進することが必要として，バリアフリー化への取り組みにあたって，共生社会の実現や社会的障壁の除去に留意すべき旨を明確にし，国民の責務に鉄道利用の高齢者・障害者等に対する声掛けなど「心のバリアフリー」の取り組み推進を明記した。またエレベーター，ホームドアの整備等のハード面での対策や駅員による介助等のソフト面の対策を新たに国土交通大臣から提示された。市町村に対しては，駅・道路・公共施設等の一体的で計画的なバリアフリー化を促進するため，あらかじめバリアフリーの方針を定める「マスタープラン制度」を創設する等の改正が行われた。

　法の定める移動等円滑化基準適合義務があるのは①旅客施設および車両等，②一定の道路，③一定の路外駐車場，④都市公園の一定の公園施設，⑤特別特定建築物とされている。特別特定建築物ではない特定建築物については基準適合の努力が求められる（**表6-2**）。

　市町村は**重点整備地区◆3**におけるバリアフリー化を重点的・一体的に推進するために，基本構想を作成することができるが，その時に特定事業実施者，高齢者・障害者等の住民が計画段階から参加できるよう，協議会制度を設けることができるとされている。

## ■ その他のバリアフリー施策

　情報のバリアフリーを目的とし，障害のある人や高齢者が円滑に電気通信・放送サービスを利用し情報の均衡ある発展に資するために，1993（平成5）年に「身体障害者の利便の増進に資する通信・放送身体障害者利用円滑化事業の送信に関する法律」が制定された。1998（平成10）年には，電気通信設備に求められる機能の指標を定めた「障害者等電気通信設備アクセシビリティ指針」が告示され，2022（令和4）年に「障害者による情報の取得及び利用並びに意思疎通に係る施策の推進に関する法律」が制定された。

　また2002（平成14）年度より，障害者がパソコン等の使用方法について相談できるパソコンボランティアの養成・派遣事業を開始し，2003（平成15）年度からはITに関する情報提供等を行う総合的なサービス拠点として「**障害者ITサポートセンター◆4**」運営事業を開始した。この事業は現在，障害者総合支援法の地域生活支援促進事業（都道府県）の任意事業と（障害者ICTサポート総合推進事業）して位置づけられている。

　2019（令和元）年6月には，「視覚障害者等の読書環境の整備の推進に関する法律」（読書バリアフリー法）が制定・施行された。国や地方公共

表6-2
バリアフリー化対象施設の概要

| 種　　類 | 概　　要 |
|---|---|
| 旅客施設 | 鉄道・軌道施設，バス・旅客船・航空旅客ターミナルの他，1日当たりの利用者が概ね5,000人以上の施設 |
| 車両 | 鉄道・軌道車両，自動車，船舶，航空機 |
| 特定道路 | 生活関連経路を構成する道路法による道路のうち，多数の高齢者・障害者等の移動が通常徒歩で行われるものであって，国土交通大臣が指定したもの |
| 特定路外駐車場 | 自動車の駐車面積が500 m²以上で，かつ，その利用について駐車料金を徴収する駐車場 |
| 都市公園の特定公園施設 | 都市公園の出入口及び駐車場と主要な公園施設との間の経路を構成する園路及び広場，休憩所，便所，掲示板，標識等 |
| 特別特定建築物<br>(2,000 m²以上の建物) | 公立小中学校，特別支援学校，病院，劇場，集会場，展示場，百貨店，ホテル，保健所，老人ホーム，体育館，博物館，公衆浴場，飲食店，銀行，公衆便所，公共用歩廊等 |
| 特定建築物 | 学校，病院，劇場，集会場，展示場，百貨店，ホテル，事務所，共同住宅，老人ホーム，老人福祉センター，体育館，博物館，公衆浴場，飲食店，銀行，自動車教習所，工場，公衆便所，公共用歩廊等 |
| 建築物特定施設 | 出入口，廊下等，階段，傾斜路，エレベーター，その他昇降機，便所，ホテル又は旅館の客室，敷地内の通路，駐車場等 |

注：特定建築物は基準適合の努力義務があり，その他はすべて基準適合義務があるとされる。

出所：高橋儀平（2007）「第6章第5節生活環境の改善」社会福祉士養成講座編集委員会編集『第2版　障害者福祉論（第5版）』（新版社会福祉士養成講座）中央法規出版，257頁を一部改変。

団体の責務の規定と共に，基本的施策として①視覚障害者等の図書館利用に係る体制整備等，②インターネットを利用したサービス提供体制の強化，③特定書籍・特定電子書籍等の製作支援，④アクセシブルな電子書籍等の販売等の促進等，⑤外国からのアクセシブルな電子書籍等の入手のための環境整備，⑥端末機器等（情報入手支援含む），⑦情報通信技術の修得支援，⑧アクセシブルな電子書籍等・端末機器等に係る先端的技術等の研究開発の推進等，⑨製作人材・図書館サービスの人材育成等が掲げられた。

　住宅改修は，市町村の地域生活支援事業の必須事業である日常生活用具給付等事業に居宅生活動作補助用具（住宅改修費）があり，市町村長に申請し，給付決定後利用できるものもある。

| 間違いやすい用語 |
|---|

**「特別特定建築物」と「特定建築物」**

- - - - - - - - - - - - - - - - - - - - - -

特別特定建築物は不特定多数の人々が利用し，主として高齢者，障害者等が利用する特定建築物であって，移動等円滑化が特に必要と認められるもの。特定建築物は学校・病院・劇場・観覧場・集会場・百貨店・ホテル等の多数の人々が利用する建築物又はその一部とされている。特定特別建築物の建築主等は基準に適合させる義務があり，特定建築物の建築主等は基準に適合させる努力が求められている。

注　　(1)　総理府編『障害者白書平成12年版』18頁
　　　　参照。

さらに学びたい人への基本図書

松井亮輔・岩田克彦編著『障害者の福祉的就労の現状と展望──働く権利と機会の拡大に向けて』中央法規出版, 2011年
内容は若干難しいが, 国際的な動向や, 権利として障害者の就労をどのようにとらえて支援するのか等様々な内容が網羅されている一冊。

文部科学省『文部科学白書』(各年版)
特別支援教育の説明を簡潔に, かつ現状を説明している政府刊行物。これ以外の内容に踏み込んだ理解を国家試験で求められることはまずないと思われる。

毎日新聞社会部取材班『福祉を食う──虐待される障害者たち』毎日新聞社, 1998年
障害者虐待を取材した事実を基に構成されており, 障害者虐待が発生してきている背景が理解できる一冊。障害者虐待防止法以前の内容であるので, 現状には即していないが, 重要な一冊。

青木聖久編著『精神・発達障害がある人の経済的支援ガイドブック』中央法規出版, 2022年
各制度について細かに解説がなされており, 現場での活用を念頭に作成されているが, 生活するうえで利用可能な制度を網羅していることから, 全体を概観するうえでも有用な1冊。

Try! 第6章

問：障害者虐待防止法と高齢者虐待防止法の違いについて説明しなさい。

ヒント：虐待の通報制度ではどのような違いがあるか。また虐待をする人はどのように分類されているか。担当する行政機関はどこか。

# 第 III 部

障害者支援と
ソーシャルワーク

# 第7章

# 障害分野における
# ソーシャルワーク

## 本章で学ぶこと

● ソーシャルワークの特徴を学ぶ。（第1節）

● 援助の焦点をミクロ・メゾ・マクロのレベルで理解する。（第2節）

● ソーシャルワークの援助プロセスを学ぶ。（第3節）

# 第 **1** 節　ソーシャルワークの特徴

- ● この節のテーマ
  - ●医療やリハビリテーションと，介護・介助との対比で，ソーシャルワークの特徴を理解する。
  - ●ソーシャルワークを「個別」援助として理解する。
  - ●ケアマネジメントは本人中心に展開することを理解する。

## ソーシャルワークが働きかける対象

「障害者と家族等に対する支援」を行う際に参照できる援助方法に**ソーシャルワーク**がある。

障害者本人を直接援助する技法としては，医療やリハビリテーション，介護・介助がある。前者は期間や目的をある程度限定して実施することで心身を動かしやすく楽にすることに有効であるし，後者は日常的な生活を支えるために欠かせない，いずれも重要な支援である。

このような支援に対して，ソーシャルワークは，障害者本人に直接的に働きかけることはもちろん，障害者を取り巻く環境に働きかける間接的な援助も技法に含んでいる。また，社会資源を活用して援助を展開することも特徴である。

## ソーシャルワークにおけるニーズ把握の視点

ソーシャルワークとリハビリテーションや介護・介助との共通点は，個別援助であることである。社会福祉は社会福祉政策と社会福祉実践（ソーシャルワーク）で構成されているが，制度施策[(1)]

を実現するために「一般化」を志向する社会福祉政策での用語・論理と，あくまでもかけがえのない固有の個人を「個別」に援助するソーシャルワークでは論理と思考が異なる。特に注意が必要なのはニーズという用語である。たとえば，三浦文夫のよく知られた社会的ニードの定義があるが，[(2)]この定義には「社会的」ニードともあるように，社会福祉政策の文脈におけるニーズの定義である。

ソーシャルワークにおいて参照すべき日本の論者は岡村重夫である。岡村は社会福祉の固有性[(3)]を論じ，社会制度側から規定される客体的側面ではなく，生活者主体である個人の条件に規定される主体的側面を重視した。そして，援助の原理として，社会性の原理，全体性の原理，主体性の原理，現実性の原理の４つをあげている。ソーシャルワークにおけるニーズとは，生活者＝障害者個人から把握されるニーズである。

## ソーシャルワークとケアマネジメント

障害者福祉の分野では，相談支援＝ケアマネジメントとして紹介されてきた。しかし，本章では[(4)]**ケアマネジメント**を介護・介助をはじめとした

日常的な生活支援に関する社会資源の調整・マネジメントととらえ，ソーシャルワークの一技法として理解し，ケアマネジメントについて節を改めて紹介することはしない。

　このような理解は，本書独自の見解ではない。2016（平成28）年３月14日から2019（平成31）年４月10日まで実施された「相談支援の質の向上に向けた検討会」の議論の取りまとめにおいても，「相談支援専門員の役割」を「ソーシャルワークの担い手として」位置づけており，指定相談支援事業者によるサービス利用計画策定などの支援のことを「いわゆるケアマネジメント」と書き分けを試みている。

　ソーシャルワークとケアマネジメントの用語を明確に区別する意義は何か。それは，働きかける対象と援助活動の範囲が異なることを意識することで，本人中心のケアマネジメントのみならず，家族の支援も適切に援助活動に含むことができる点にある。

　ケアマネジメントでは，障害者本人の思いや生活を支えるために，本人のニーズを中心に展開する。したがって，時として本人の希望と反することもある家族の意向や，援助者の都合にそったケアマネジメントになってはならない。

　一方で，突然，家族に障害者を抱えてしまった人々もまた，何らかの支援が必要なのである。ソーシャルワークでは，サービス利用者本人ではなく，その家族あるいは家族の一員を援助対象とすることがある。障害者本人とは独立した個人として，その家族も各々が特有かつ個別のニーズを抱えているのである。

**必ず覚える用語**

- [ ] **ソーシャルワーク**
- [ ] **ケアマネジメント**

注

(1)　日本学術会議社会学委員会社会福祉分野の参照基準検討分科会（2015）「大学教育の分野別質保証のための教育課程編成上の参照基準　社会福祉分野」(http://www.scj.go.jp/ja/info/kohyo/pdf/kohyo-23-h150619.pdf)。

(2)　「ある種の状態が，一定の目標なり，基準からみて乖離の状態にあり，そしてその状態の回復・改善等を行う必要があると社会的に認められたもの」（三浦文夫〔1995〕『〔増補改訂〕社会福祉政策研究』全国社会福祉協議会, 60-61頁）。

(3)　「社会福祉は，社会関係の主体的側面の困難に着目する援助として，他の社会的施策や援助と区別される」（岡村重夫〔1983〕『社会福祉原論』全国社会福祉協議会, 91頁）。

(4)　障害者相談従事者初任者研修テキスト編集委員編（2013）『三訂　障害者相談支援従事者初任者研修テキスト』中央法規出版。

(5)　「『相談支援の質の向上に向けた検討会』における議論のとりまとめ」（平成28年７月19日）(https://www.mhlw.go.jp/file/05-Shingikai-12201000-Shakaiengokyokushougaihokenfukushibu-Kikakuka/0000130647_1.pdf)，６頁,「『相談支援の質の向上に向けた検討会』（第６回〜第９回）における議論の取りまとめ」（平成31年４月10日）(https://www.mhlw.go.jp/content/12201000/000500486.pdf)，１頁。

(6)　「『相談支援の質の向上に向けた検討会』における議論のとりまとめ」（平成28年７月19日）(https://www.mhlw.go.jp/file/05-Shingikai-12201000-Shakaiengokyokushougaihokenfukushibu-Kikakuka/0000130647_1.pdf)，１頁。

(7)　障害者の親による書物は多いが，たとえば，児玉他（2019）の一連の著作では，親は障害児の主介護者としてだけではなく，親にも支援が必要であった／必要であることを痛切に論じている。児玉真美（2019）『殺す親　殺させられる親』生活書院。

# 第 2 節 援助活動の焦点

○ この節のテーマ
- ●ソーシャルワークには直接援助と間接援助があることを理解する。
- ●ミクロ・メゾ・マクロそれぞれのレベルでどのような援助活動があるかを学ぶ。
- ●援助者と当事者との関係を考える。

## ソーシャルワークのグローバル定義

ソーシャルワークには，障害者本人に働きかける直接援助と，障害者を取り巻く環境に働きかける間接援助がある。

国際ソーシャルワーカー連盟（IFSW）は2014年7月，次のように**ソーシャルワークのグローバル定義**を改定した。すなわち，「ソーシャルワークは，社会変革と社会開発，社会的結束，および人々のエンパワメントと解放を促進する，実践に基づいた専門職であり学問である。社会正義，人権，集団的責任，および多様性尊重の諸原理は，ソーシャルワークの中核をなす。ソーシャルワークの理論，社会科学，人文学，および地域・民族固有の知を基盤として，ソーシャルワークは，生活課題に取り組みウェルビーイングを高めるよう，人々やさまざまな構造に働きかける。この定義は，各国および世界の各地域で展開してもよい」[(1)]。

この定義は，ソーシャルワークの目的や基盤とする価値を述べている他，ソーシャルワークは個人と環境の両方に働きかけることを示している。また，現代のソーシャルワークでは，個人と環境との関係に着目し，その調整を行う。

このようなソーシャルワークを実践する人のことを**ソーシャルワーカー**という。

## ミクロ・メゾ・マクロ

個人に対する直接援助と環境に対する間接援助といっても漠然としているため，援助の焦点をミクロ・レベル，メゾ・レベル，マクロ・レベルとに分けて考えてみよう（**図7-1**）。

**ミクロ・レベル**は個人や家族を焦点に合わせ，個人に直接働きかけたり（**図7-1**の①，丸付き数字以下同），個人と環境との調整を行う（②）。また，個人をよりよく援助するために集団の力を活用するグループワークも含まれる（①②）。**メゾ・レベル**は組織や地域への働きかけである（③）。

そして，**マクロ・レベル**では政策や制度に焦点を合わせる。制度政策に不備があったり，あるいは社会資源が不足している場合，ソーシャルワーカーは障害当事者や地域の人びとと協働して，制度改善への働きかけや社会資源を創設する活動を行う（④）。また，マクロ・レベルには制度や政策の背景となっているイデオロギー・信念体系・習慣といった無形のものが含まれる。たとえ

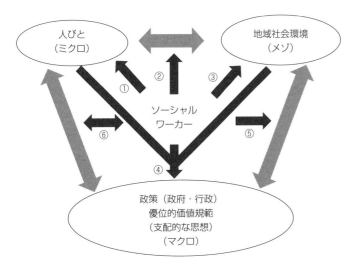

**図7-1**
ソーシャルワークのミクロ・メゾ・マクロ
出所：井手英策・柏木一恵・加藤忠相・中島康晴（2019）『ソーシャルワーカー――「身近」を革命する人たち』ちくま新書，73頁の図に示唆を受け，筆者が作成。

ば，地域住民が障害者への無知や偏見のゆえに障害者を排除するような動きがあった場合には，それを軽減・解消する働きかけが必要となる（⑤）。障害者本人やその家族が，「内なる健全者幻想」（第1章第1節参照）にとらわれていれば，個別場面での対話や，そのような不安を安心して吐露できるように同じ背景をもつ人びととのグループの場を活用することが考えられる（⑥）。ソーシャルワーカー自身も価値前提の問い直しが求められるだろう（⑥）。

　そして，たとえば「障害を持って生まれてくるのは不幸だ」という価値前提（第1章第2節参照）に対して，それとは異なる現実と価値規範を提示していく活動が求められている（④）。

## ■ ミクロ・レベルの援助活動 ：個人への援助

　ミクロ・レベルの援助活動には，障害者本人あるいは障害者の家族への支援，そして，グループワークがある。

### 必ず覚える用語

- ☐ ソーシャルワークのグローバル定義
- ☐ ソーシャルワーカー
- ☐ ミクロ・レベル
- ☐ メゾ・レベル
- ☐ マクロ・レベル
- ☐ セルフヘルプグループ
- ☐ 自立生活プログラム
- ☐ 社会生活技能訓練・生活技能訓練（SST）
- ☐ 協議会
- ☐ 障害福祉計画

### Check

**自助グループの特性に関する次の記述の正誤を答えなさい。**

1 専門職がリーダーとして問題や課題を専有している。
2 本人や家族が参加している。

（答）1：×
　　　2：○
社会福祉士国家試験の問題においては，近年，セルフヘルプグループは自助グループと表記されることが多い。自助グループ（セルフヘルプグループ）は，同じ悩みや苦しみを抱えている者同士が支え合う当事者活動のグループであり，その参加者に専門職は含まれない。したがって，1は誤りで2が正答である。なお，本人と家族とでは抱えている悩みや課題が異なるため，本人の会と家族の会は自助グループとしては別になる。（第29回社会福祉士国家試験問題116より）

障害者本人あるいは障害者の家族に対する個別援助場面では，目の前にいる相談者が，どのような希望や願いをもち，いかなることに生きづらさを感じているのか，他にかけがえのない固有名詞をもった個として受けとめることから始まる。病名や障害や活用可能な制度からみた一般像を当てはめてはならない。

また，たとえば，日中活動の作業中に利用者がみせたふとした表情や言動の変化から，あるいは，利用者送迎時に接した家族がふともらした一言から，新たなニーズが見出されるかもしれない。このような日常生活の場面で行われる面接のことを生活場面面接という。

## ■ ミクロ・レベルの援助活動
## ：グループの活用

個人への関わりより集団の相互作用を活用した援助の方が効果的と考えられる場合，グループワークを行う。

グループワークは，メンバー相互の助け合いの中で問題解決をすることを通して，個人をよりよく援助するために，集団の力を活用する援助活動のことである。

たとえば，障害者やその家族が「障害」を否定的にとらえ，自らの生活に消極的になっている状態の時，援助者が個別に相談に応じるより，同じような体験を共有する仲間との場に身をおく方がどれだけ力づけられることだろうか。このような同様の体験を共有する仲間同士の活動を**セルフヘルプグループ**といい，そこでの支え合いをピ

ア・サポート（仲間同士の支えあい）という。

また，親元を離れて自立生活をしたいと希望している障害者にとって，障害と折り合いをつけながら暮らす日々の生活の知恵や，介助者とのつきあい方，制度の活用方法といった事柄は，**自立生活プログラム**◆1によって具体的なイメージをつかむことができる。このプログラムは，自立生活を実践している障害当事者がリーダーとなって，参加者同士が刺激しあいながら実施される。

ソーシャルワーカーや他の専門職が行うグループワークとしては，**社会生活力プログラム**や認知行動療法の一つとして実施する**社会生活技能訓練・生活技能訓練（SST）**がある。

ここで注意しなければいけないのは，援助者と当事者との関係である。援助者あるいは当事者のどちらがグループを主導しているのか，援助を展開していく上でグループの性質と特徴の混同は避けなければならない。(2)また，窪田暁子は，セルフヘルプグループはあくまでも当事者の自発的なグループであるため，専門職が公的制度と同様の感覚でサービスの応答を求めることを戒めている。(3)

## ■ メゾ・レベルの援助活動

メゾ・レベルの援助活動の例としては，以下のとおりである。

まず，当事者グループに対する側面的援助がある。たとえば，セルフヘルプグループとともに生きていく生き方を提唱したり，セルフヘルプグループが公共の場でより発言できるようにする等

の支援があるだろう。[(4)]

　次に，障害者本人あるいはその家族をとりまく組織—学校，職場など—への働きかけがある。たとえば，ジョブコーチ（職場適応援助者）による利用者の勤務先の職員に理解を求める援助活動や，職場環境を整えるといった職場組織への働きかけがあげられる。

　そして，地域での援助活動がある。自主的な地域活動としては，たとえば，地域のお茶の間活動やプログラム活動を企画実施することを通した交流の場・居場所づくりがある。

　制度上の位置づけがある活動の例としては，障害者総合支援法における**協議会**がある。協議会は，個別の相談支援の事例を通じて明らかになった地域の課題を踏まえて，地域のサービス基盤の整備を進めていく資源開発の役割を担っている。また，協議会を設置する自治体は**障害福祉計画**策定にあたり協議会の意見を聴くように努めることとされている。

## マクロ・レベルの援助活動

　マクロ・レベルの援助活動の例としては，政府内に位置づけられた障がい者制度改革の一連の動きがある（2009〜2012年）。マクロ・レベルにおいてこれまでに力強い動きをみせてきたのは，ソーシャルワークというよりもむしろ，制度創設や変更を求めて展開されてきた様々な障害者運動であろう。たとえば，国際的な動きとして障害者権利条約の成立過程がある。

　また，マクロ・レベルにはイデオロギー・信念

体系・習慣といった無形のものが含まれることを考えると，たとえば「青い芝の会」が直接的にかかわる健常者に対してその価値観を問い直したことは，フェミニズムの「個人的なことは政治的である」という命題と同様に，ミクロ・レベルがマクロ・レベルに直結した活動といえるだろう。

1

◆1　自立生活プログラム
地域で自立生活をしている障害者がリーダーとなって行われる実践的なプログラム。自立生活を始めるサポートが目的で，対人関係のつくり方，介助者との接し方，社会資源の使い方等を学ぶことによって参加する障害者自身が力をつけることを目指す。内容としては，フィールド・トリップ（外出プログラム），介助者に指示を出しながら行う調理実習等がある。プログラム形態には，個人プログラムとグループプログラムがある。

注

(1)　公益社団法人日本社会福祉士会「ソーシャルワークのグローバル定義の見直しに係る進捗状況の報告」(http://www.jacsw.or.jp/06_kokusai/IFSW/files/07_sw_teigi.html)。

(2)　岡知史・Borkman, T. (2011)「セルフヘルプグループとセルフヘルプ・サポーター，そしてソーシャルワーク——自死遺族「本人の会」の事例を用いた理論的考察」『ソーシャルワーク研究』37(3)，168-183頁。

(3)　窪田暁子 (2013)『福祉援助の臨床——共感する他者として』誠信書房，201頁。

(4)　岡知史・Borkman, T.，前掲論文。

# 3節 援助プロセス

○ **この節のテーマ**

● ソーシャルワークの援助プロセスを学ぶ。
● 各援助プロセスでは活用する援助技法が異なることを理解する。
● ストレングスモデル（ストレングス視点）の重要性を認識する。
● エンパワメントはアセスメント場面でこそ重要であることを理解する。

## ソーシャルワークにおける援助プロセス

　ソーシャルワークの援助技法の重要な要素が援助プロセスである。一般的に紹介されるソーシャルワークのプロセスと，ケアマネジメントのプロセスとをあわせて示したものが**図7-2**である。<sup>(1)</sup>以下，相談をする人のことを相談者（障害者本人のこともあれば家族等の周囲の人々のこともある）とし，相談援助のプロセスを紹介する。<sup>(2)</sup>

　援助プロセスは次のように展開される。相談につながる経路は様々ある。相談者が自ら相談窓口を訪れることもあれば，他機関から紹介されて相談につながる場合もある。また，相談窓口や活用できる福祉サービスを広報したり（情報の提供），自発的に相談には訪れないが何らかの困りごとを抱えている人びとに対してソーシャルワーカーが地域に出向いて接点を持とうとすることもある（**アウトリーチ**）。

　いずれの経路であれ，相談者とソーシャルワーカーが出会ってからまず行うことは，どのようなことに困難を感じているのか主訴を確認し，援助を展開するかどうかを決めることである（**インテ**

ーク）。そして，相談者とともに相談者がおかれている状況の情報を整理し，ニーズや課題を見立てる（**アセスメント**）。その見立て・アセスメントに基づいて課題の優先順位や援助目標を設定し，課題解決の手立てを検討して援助計画を立てる（**プランニング**）。手立てを検討する際には，前節で紹介したように，どの援助レベルに焦点を合わせるのかを考慮する。また，援助計画には，誰が何をどの程度の頻度でどのくらいの期間行うのか，具体的な内容が盛り込まれる。

　手立てを考え，どのような援助を展開するかを決めたら，それを実行する（援助活動，**インターベンション**）。そして，援助の実施状況の確認・見直しをする（**モニタリング**）。

　援助活動が援助目標に照らしてうまく展開されているかどうかを振り返り（**エバリュエーション**），状況が芳しくない場合や新たな課題やニーズが生じた場合は再度見立てを行う（**再アセスメント**）。相談者が抱えていた困難が解消されたり，他機関で対応することになった場合等は援助プロセスを終える（別れ，**終結**）。

　援助プロセスは必ずしも整然と展開されるとは限らず，循環的に進行していくものであるし，一連の過程に要する時間や期間にも幅があるが，

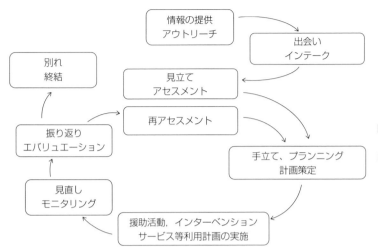

図7-2
ソーシャルワークの援助プロセス
出所：イギリス保健省／白澤政和・広井良典・
　　　西村淳訳 (1997)『ケアマネージャー実践ガ
　　　イド』医学書院，10；東美奈子・大久保
　　　薫・島村聡 (2015)『障がい者ケアマネジメ
　　　ントの基本――差がつく相談支援専門員
　　　の仕事33のルール』中央法規出版，5等を
　　　元に筆者作成。

相談者の困難をよりよく解決するためには，このような援助プロセスを意識することが重要である。

## 各援助プロセスの局面で活用する援助技法

　援助プロセスを意識することが重要である理由の一つは，プロセスの各段階でソーシャルワーカーが活用する援助技法が異なるからである。

　たとえば，最初の出会いの場面であるインテークでは，傾聴や**バイスティックの7原則**[◆1]にもある非審判的態度等が良好な援助関係を築く上での基本的姿勢である。たとえば，アセスメントにおいては客観的な事実確認もしなければ状況を見誤り不適切な援助計画を作成してしまうことになる（ただし，事実確認は障害者本人が状況をどのようにとらえているのかという主観を無視することではない）。

　あるいはまた，援助活動をメゾ・レベルの地域で展開する際には対立する利害関係が生じているコミュニティでの意見調整をしたり，マクロ・レベルでの制度の不備に対する働きかけ等では交渉の技法を採ることもあるだろう。

　今この援助場面や段階ではどのような援助技

**必ず覚える用語**

☐ **アウトリーチ**
☐ **インテーク**
☐ **アセスメント**
☐ **プランニング**
☐ **インターベンション**
☐ **モニタリング**
☐ **エバリュエーション**
☐ **再アセスメント**
☐ **終結**
☐ **バイスティックの7原則**
☐ **ストレングスモデル**
☐ **解決志向アプローチ**

◆1　バイスティックの7原則
バイスティックが『ケースワークの原則』（日本では尾崎新・福田俊子・原田和幸訳，誠信書房，2006年）の中で示したソーシャル・ケースワークにおけるワーカーとクライエントの関係を示す原則。①クライエントを個人としてとらえる（個別化），②クライエントの感情表現を大切にする（意図的な感情表出），③援助者は自分の感情を自覚して吟味する（統制された情緒的関与），④受けとめる（受容），⑤クライエントを一方的に非難しない（非審判的な態度），⑥クライエントの自己決定を促して尊重する（自己決定），⑦秘密を保持して信頼感を醸成する（秘密保持）。

法を用いることが適切かを判断するために，援助プロセスを意識することが重要なのである。

援助プロセスでとりわけ重要な場面は，相談者と出会い，どのような困難を抱えているのかを見立てる初期の段階である。この初期の局面でのキーワードであり，援助プロセス全体の基盤となるのが，ストレングスモデル（あるいはストレングス視点）とアセスメント場面でのエンパワメントである。

## ストレングスモデル

たとえば，中途障害で脊髄損傷を負い回復期リハビリテーション病院から退院して間もないAさんがいたとする。Aさんは「外出する気にならないし，家族の手を煩わせてしまうので，家で静かに暮らしたい」と希望を述べている。

Aさんは，なぜ「外出する気にならない」のだろうか。もちろん，Aさんがインドア派で穏やかに暮らすことを大切にしている人ならば，外出を強く勧めることもないだろう。しかし，もし，心の奥底では，障害を負う前と同様に外出したい気持ちがあるのにもかかわらず，何らかの理由でそれを諦めている状態なのだとしたら，その諦めから脱することがエンパワメントなのであって，「外出する気にならない」という自己決定を尊重することは逆にパワレスな状態のままに留めてしまうことになる。

さて，外出を諦めてしまっているAさんの姿をみると弱々しい印象をもつかもしれないが，果たしてそうなのだろうか。そもそもAさんにはAさんの人生をこれまで生きてきたというストレングス（強み）がある。たとえば，実はAさんは大の鉄道ファンで，同じ趣味を持つ友人が何人かいたとする。そのような友人の協力も得た外出プランを立て始めると，過去の楽しい思い出がよみがえり，俄然，外出意欲が湧くかもしれない。

このように，Aさんの関心や願望や得意なこと，かつてうまく対処していたこと，Aさん自身がコミュニティに有しているつながりといった強みに注目することを**ストレングスモデル**（あるいはストレングス視点）という[(3)]。

相談者のストレングスに着目する視点に立つと，相談者が抱えている困難の原因となっている問題を探す問題志向アプローチではなく，相談者の「○○したい」という夢や人生目標（ゴール）に焦点を当てる**解決志向アプローチ**[◆2]が採用される[(4)(5)]。

## アセスメント場面でのエンパワメント

Aさんが「外出する気にならない」から「外出してみようかな」という気持ちになるためには，様々な援助技法があるだろう。ソーシャルワーカーの情報提供によって外出する気になるかもしれないが，外出に対して漠然とした不安を抱いているのであれば，情報提供だけでは不十分である。そのような場合には，自立生活プログラム等のグループプログラムへの参加を勧めてみることも有効かもしれない。そのプログラムにおいて，障害のある人達が外出している様子や工夫を見聞きしたり，グループでのフィールドトリップ（外出プログラム）を通して「自分もできるかも」と

いう気持ちになってくるかもしれない。

　ここで注目したいのは，自立生活プログラム等の位置づけである。ソーシャルワークのプロセスにおいては，一見，援助活動の段階にもみえるが，実は，利用者にとってはアセスメント段階ともいえるのである。「外出」という場面で，自身の障害の状態からどのような〈困りごと〉が生じるのか，逆に大変だろうと思っていたことが案外そうでもないことがわかるといった具体的な自分自身の体験として理解することができるのである。

　オリバーとサーペイは，社会モデル（第1章第1節参照）に基づくアセスメントを提示し，障害者自身がアセスメントに参画して自らのニーズを決める権利を支援するために，ソーシャルワーカーが決然とした権利擁護（アドボカシー）の立場を貫くことが求められると述べている。[6]ニーズの把握や課題の見立てはソーシャルワーカーだけが行うのではなく，むしろ，相談者自身が自らの状況を把握しながら，自分の力を見出し，自らの意思決定を示していくように支援するのである。

　なお，Aさんが「外出する気にならない」理由としてあげていた「家族の手を煩わせてしまう」ことに関して，Aさんが家族に頼らず行動できるような社会資源が地域に不足していることが背景にあるのであれば，社会資源を開発する援助活動を展開する必要がある。これは本章第2節で述べたメゾ・レベルあるいはマクロ・レベルでの援助活動にあたる。

2

◆2　解決志向アプローチ
相談者が状況をどのように体験しているのか，また，どのような解決を望んでいるのかを重視し，ストレングスを生かして少しずつ解決に近づくように働きかける実践アプローチ。

注　(1)　社会福祉士養成講座編集委員会編 (2010)『相談援助の理論と方法 I　第2版』中央法規出版。
　　(2)　社会福祉やソーシャルワークのテキストでは一般的にクライエントと表記されている。
　　(3)　ラップ，C.A.・ゴスチャ，R.G.／田中英樹監訳 (2008)『ストレングスモデル——精神障害者のためのケースマネジメント（第2版）』金剛出版。ストレングスモデルの発祥地であるカンザス大学研修センターのテキスト翻訳をベースとし，日本の研修で扱った事例に入れ換えて作成された解説書・テキストとして，小澤温監修・埼玉県相談支援専門員協会編 (2015)『相談支援専門員のためのストレングスモデルに基づく障害者ケアマネジメントマニュアル　サービス等利用計画の質を高める』中央法規出版。
　　(4)　前掲書，小澤温監修 (2015)，31頁。
　　(5)　解決志向アプローチの特徴とその進め方については，長沼 (2012) が明快に解説をしている。長沼葉月 (2012)「解決志向アプローチの理解」副田あけみ・土屋典子・長沼葉月『高齢者虐待防止のための家族支援——安心づくり安全探しアプローチ（AAA）ガイドブック』誠信書房，11-28頁。
　　(6)　オリバー，M.・サーペイ，B.／野中猛監訳・河口尚子訳 (2010)『障害学にもとづくソーシャルワーク——障害の社会モデル』金剛出版。

## ［コラム］ソーシャルワーク再考：反抑圧的実践と障害者福祉

### 反抑圧的実践とは何か？

反抑圧的実践とは Anti-Oppressive Practice(AOP) のことをさす。欧米のソーシャルワークで理論化されてきた概念で，坂本いづみによれば，「『抑圧』は人々が日々社会で感じている社会の様々な『生きにくさ』や『モヤモヤ違和感』，『やりきれなさ』，ひいては『絶望感』として現れる」と述べている。[(1)]

### 障害当事者による反抑圧的実践

日本の障害者福祉の領域で，この反抑圧的実践を主導してきたのはソーシャルワーカーではなく，障害者の自立生活運動（第2章第2節参照）であった。家族によるケアか入所施設や精神病院で暮らすしかない，という「家族丸抱えか施設丸投げ」の二者択一的現状（第2章第5節参照）のなかで，障害当事者は「様々な『生きにくさ』や『モヤモヤ違和感』，『やりきれなさ』，ひいては『絶望感』」を抱いていた。そして，それは経済的自立や身辺自立ができない現実を，医学モデルや能力主義で否定的にとらえるのではなく，「構造的な力の不均衡に端を発する」と障害者自立生活運動に関わる当事者たちは考えた。その象徴的なものが，青い芝の会の行動綱領だ。[(2)]

　　「一，われらは，自らが脳性マヒ者であることを自覚する。

　　一，われらは，強烈な自己主張を行う。

　　一，われらは，愛と正義を否定する。

　　一，われらは，健全者文明を否定する。

　　一，われらは，問題解決の路を選ばない。」

この行動綱領のなかには，反抑圧的実践の中核的な内容が詰まっている。

まず，「強烈な自己主張を行う」障害者は，家族や専門家の意向に従わない「わがまま」な障害者だとその当時みなされていた。だが，「家族丸抱えか施設丸投げ」の二者択一的状況は嫌だ，と声を上げない限り，その状況は変わらなかった。その中で，「愛と正義を否定する」と宣言する。「かわいそうな障害者に○○してあげよう」という温情主義（パターナリズム）を否定したのだ。障害者は二級市民ではなく，人間として対等に権利が尊重されたい，という強烈な自己主張でもあった。

その上で，物議を醸したのが，「健全者文明を否定する」である。「○○ができること」が良いこととされる能力主義や生産性至上主義，あるいは新自由主義といった「健全者文明」が，それらの主流の価値を実践できない・そのつもりがない障害者を排除しているのではないか。そのような「構造的な力の不均衡」を拒否するならば，健全者文明を否定する必要があるのだ。

こういう風に言うと，「まあまあ，そんなに怒らないで」「落ち着いて」といった譲歩や諫める声が聞こえてきそうだ。そういう声に対しても，「問題解決の路を選ばない」ときっぱり否定する。マジョリティの抑圧的構造に異議申し立てをする必要があるという。中途半端に妥協案に従うと，結局のところ構造的抑圧には手が付けられず，見た目の改善で終わるかも知れないのだ。なので，安易な問題解決の路を選ん

で，「なかったこと」にするのではなく，その問題がどのような構造的抑圧のなかで生じているのか，を建設的に対話しようとしてきた。

そのような，抑圧や支配の構造にさらされている当事者だからこそ，「われらは，自らが脳性マヒ者であることを自覚する」と宣言したのである。この障害当事者の姿勢から，私たちは何を学ぶことができるだろうか。

### ソーシャルワークに求められる反抑圧的実践

前項で見てきたのは，抑圧・差別の歴史と当事者運動から学ぶことであった。本書の執筆者たちは，日本の障害者運動から抑圧や差別の歴史を学んできた。そういう意味ではアライ（当事者の味方）であろうと意識し続けてきた。だが，最初から障害者運動や抑圧・差別の歴史を知っている人なんていない。この本を読んで「はじめて知った」人も，初心・謙遜の心を持てば，相手の話をじっくり，先入観を持たずに聞くことができる。専門職になってもこれができるか，が問われている。

その上で，障害当事者の抑圧や差別の歴史を学ぶうちに，実は支援者になろうとしている自分自身の中にも，抑圧したり諦めたり，蓋をしてきた部分があることに気づく人もいるかもしれない。「支援者として強く・立派に・しっかりしなくちゃ」と奮い立たせず，その自らの弱さや愚かさ，至らなさといった多面的な自分を認めること。これは他者の多面性を認める上でも鍵になる。

そのようにして，支援者である自らの中の弱

さや障害当事者の強さに気づいていくうちに，「いい子」であることがぐらついてくるかもしれない。でも，ぐらつく「いい子」とは，「主体性を持って抑圧に立ちむかういい子」ではなく，「世間的な評価基準を内面化した，支配・抑圧的システムの中で都合のいい子」である。教育学者パウロ・フレイレの言葉を用いれば，抑圧者の二重性，というか，被抑圧者が抑圧者の論理を内面化した姿が「いい子」に現れているとは言えないだろうか。

…とこのように分析を深めていくことは，「当たり前」とされていることに疑問を持ち，新しい言説を作ることにつながる。厚労省が言うことを理解できたから，国家試験で合格点が取れたから，立派な実践ができるとは限らない。厚労省の政策や国家試験・ソーシャルワーク教育の現状の中にも，様々な矛盾や問題点が内包されている。その現実を「ほんまかいな？」と問い，「社会の様々な『生きにくさ』や『モヤモヤ違和感』，『やりきれなさ』，ひいては『絶望感』」を少しでも減らしていくには，支援者として何ができるのかを考え，問いあい，仲間や先輩，教員や障害当事者と議論をし続ける。

そこに，反抑圧的実践が既存のソーシャルワークの限界を捉え直す可能性があるのだ。

注 (1) 坂本いづみほか（2022）『脱「いい子」のソーシャルワーク
　　　　──反抑圧的な実践と理論』現代書館，11頁。
　　(2) 荒井裕樹（2017）『差別されてる自覚はあるか──横田弘と
　　　　青い芝の会「行動綱領」』現代書館，169-170頁。

さらに学びたい人への
基本図書

オリバー，M.・サーペイ，B.／野中猛監訳／河口尚子訳『障害学にもとづく
　　ソーシャルワーク　障害の社会モデル』金剛出版，2010年
訳者の河口によれば，オリバーはソーシャルワークを学ぶ学生や他の専門職
が理解できるような認識の枠組みを意図して，本書の第1版ではじめて「障
害の社会モデル」概念を提示した。障害分野のソーシャルワークに関心を抱
く者にとっての必読書。

窪田暁子『福祉援助の臨床　共感する他者として』誠信書房，2013年
各出版社が社会福祉援助の概説書を発行しているが，ここでは，著者の65年
にわたる福祉援助の臨床と大学教育の蓄積から醸し出された，明快でありな
がら含蓄に富む文章に満ちた本書をお勧めしたい。精神障害領域の「寸景」
が多く取り上げられている。

朝比奈ミカ・北野誠一・玉木幸則編著『障害者本人中心の相談支援とサービ
　　ス等利用計画ハンドブック』ミネルヴァ書房，2013年
「本人中心の相談支援」の理論編，ある地域での相談システム構築過程を示し
た実践編，そして，個別具体的な場面でどのように「本人中心の相談支援」
が展開するのかを紹介した事例編から構成されている。実践に役立つアドバ
イスが豊富である。

伊藤健次・土屋幸己・竹端寛『「困難事例」を解きほぐす──多職種・多機関
　　の連携に向けた全方位型アセスメント』現代書館，2021年
援助プロセスの中でもとりわけ重要なアセスメントについて，問題を把握す
る客観的な視点と当事者の主観の両方を視野に入れた「全方位型アセスメン
ト」が，豊富な例と図表で示されている。「全方位型アセスメント」には，ソー
シャルワークの様々な実践アプローチが取り入れられている。

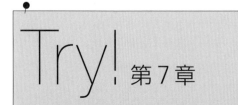

Try! 第7章

問：障害のある人の手記等を読み，周囲から得られた支援について，ミ
　　クロ・メゾ・マクロの視点から，あるいは，ソーシャルワークの
　　援助プロセスの観点から，考察しよう。

ヒント：障害分野のソーシャルワークとしてどのような援助が必要になるか，知見
　　　　を増やそう。

# 第 **8** 章

## 事例から考える
## 障害者支援の実態

**本章で学ぶこと**

● 精神障害者の地域移行支援事例を学ぶ。（第1節）

● 就労支援に必要な援助と関連機関を知る。（第2節）

● ALS 患者の居住支援に必要な社会資源と多職種連携を学ぶ。（第3節）

# 第 **1** 節 地域相談支援 ：精神科病院からの退院を目指す

## ● この節のテーマ

- ● 精神障害による本人や家族の生きづらさについて考える。
- ● なぜ一人暮らしのイメージが持ちにくいのかについて考える。
- ● 「ピア」が持つ意味を知る。
- ● 地域移行支援について学ぶ。
- ● 精神障害者の地域移行に向けて関わる専門職にはどのような職種があるかを知る。

### 現在の状況と生活歴

Uさん（40歳，男性）は，統合失調症によりZ精神科病院に入院して約20年になる。精神障害者保健福祉手帳2級，障害基礎年金2級。家族は母親（67歳）が自宅で一人暮らし，父親は2年前に病気で他界，結婚し県外に住む妹（35歳）がいる。両親は長く自営業を営んでいたが，父の病気により店を閉じていた。

Uさんは高校在学中に発症し，症状の悪化から20歳で**医療保護入院**◆1となり現在に至る。現在は薬物療法によってUさんの症状は改善し，安定している。Uさんは40歳の誕生日を迎えたことを境に，将来を考え始めた。家族のもとに戻ってもよいのだろうかという思いから，一人暮らしを想像しようとするが，20年間を病院の中でしか過ごせてこなかったUさんには生活を営むイメージがわかず，退院する自信がもてないままだった。

### 相談支援専門員， ピアサポーターとの出会い

Uさんが入院しているZ精神科病院は，数年前

より入院患者の地域移行に向けて体制を整える機運が生まれており，社会的理由による長期入院の解消に動き始め，現在に至っていた。

病院の夏祭りで，Uさんは出店やブースの一角に，地域移行に関する相談コーナーを見つけた。Uさんがのぞいてみると，これまで長くZ精神科病院に入院していたHさんが，**ピアサポーター**◆2と称し，現在の生活について周囲に話しているところだった。自分よりも年上で，入院歴も長かったHさんが，今はアパートを借り一人暮らしをしている。病院にいる時に比べ，表情が明るく，服装や髪型などが軽やかに映ったこともUさんの印象に強く残った。

ただじっとピアサポーターHさんの話を聞くだけに終わっていたUさんに，地域移行支援事業を行う指定一般相談支援事業所に所属する**相談支援専門員**が声をかけてきた。その場では何も話せなかったUさんに相談支援専門員は名刺を渡し，何か相談があればいつでも連絡してほしいこと，また相談支援専門員はZ精神科病院と連携しているため，病院内の精神保健福祉士に相談してほしいと伝えた。

## 地域移行支援のはじまり

　Uさんが将来に向けて悩んでいることを察知していたZ精神科病院の精神保健福祉士は，院内でのレクリエーションや日常生活の場面でUさんに夏祭りのことを話しかけた。何度かそうした話を重ねた結果，Uさんは，もう一度ピアサポーターHさんの話を聞き，どうやって一人暮らしをしているのか聞きたいと精神保健福祉士に伝えた。そこで精神保健福祉士は，指定特定相談支援事業所・指定一般相談支援事業所それぞれの相談支援専門員とピアサポーター，Uさんとの面談をセッティングした。面談は2週間に1回のペースで続けられ，3か月後にUさんから，「退院して暮らしてみたい」という言葉が繰り返し話された。

　その言葉をきっかけに，指定特定相談支援事業所の相談支援専門員はUさんに同行して，市の障害福祉課でUさんの**地域移行支援**[◆3]申請を行い，サービス等利用計画案の作成に取りかかりはじめた。

　同時に，精神保健福祉士はUさんの母親と退院に向けた話し合いを始めていく。母親は退院への不安を隠せなかった。母親の語りを，精神保健福祉士は傾聴し受け止める中で，しかし入院の継続でよいのかと迷い続けてきたとも母親は話し出した。その後の母親や妹との面談の中で，家族に全面的に依存するのではなく，様々な制度や専門職を活用しながら退院に向けて進んでいくということを確認し，家族はUさんの意向に賛成する

**◆1　医療保護入院**

医療保護入院では，指定医による診察の結果，精神障害者であり，かつ医療や保護のため入院が必要であると認められる場合等に，家族（後見人又は保佐人，配偶者，親権を行う者及び扶養義務者）の同意があれば，本人の同意がなくても入院させることができる。精神保健福祉法に基づく精神科病院への入院の形態として，医療保護入院の他に，任意入院や措置入院がある。

**◆2　ピアサポーター**

ピアとは「仲間」のことを指す。障害者福祉をはじめ，社会福祉援助においては，同じ障害や課題，悩みをもった者を「ピア」と位置づけ，障害等をもたない「専門家」からの指導助言だけではない，当事者としての立場からの相談助言の価値が評価されている。ピアサポーターの存在は，課題を抱える本人にとっても身近なロールモデル（手本）となりうるため，その積極的活用が重要視されている。

　なお，2020（令和2）年度から「障害者ピアサポート研修事業」が都道府県等の地域生活新事業の任意事業として位置づけられ，2024年度から「入院者訪問支援事業」が都道府県等を実施主体として地域生活支援促進事業内の一事業として創設された。

**◆3　地域移行支援**

障害者支援施設等または精神科病院に入院している精神障害者につき，住居の確保その他の地域における生活に移行するための活動に関する相談や便宜（たとえば新生活への準備や関係する機関との連携・調整）等を行うことをいう。地域移行支援の利用期間は原則6か月である。

| 間違いやすい用語 |
| --- |

**「地域移行支援」と「地域定着支援」**

- - - - - - - - - - - - - - - - - - - - - - - -

地域移行支援は，障害者支援施設や精神科病院等に入所・入院している障害者に対し，地域生活への移行のための支援を行うのに対し，地域定着支援は居宅において単身等で生活する障害者への相談・支援の実施をいう。

ようになった。

## 地域移行に向けた計画の作成へ

その後，市より地域移行支援の支給決定が下り，地域移行支援が開始されることとなり，**指定一般相談支援事業者**は，Ｚ精神科病院と連携し，Ｕさんの地域移行のための地域移行支援計画を作成する。

退院までの準備や退院後の住まいや日中の過ごし方について，Ｕさんの意向を中心にした計画を立てる必要がある。しかしＵさんには，退院希望はあるものの，具体的かつ明確な暮らしのビジョンがあるわけではない。また，本当に一人で暮らしていけるのかという不安があった。相談支援専門員は，Ｕさんの意見や思いを傾聴した上で，6か月という地域移行支援の有効期間の間で，退院までに何をすべきかを計画していき，計画に対しＵさん本人の同意を得た。

## 地域移行に向けての具体的な取り組み

計画に沿って，関係機関との**個別支援会議**を開催するとともに，指定一般相談支援事業者は院内の精神保健福祉士や作業療法士と協力し，調理や金銭管理・服薬管理等のトレーニングや外出体験を始める。Ｕさんは何回か外出を重ねることで，具体的に街で暮らすイメージができてきた。そこには，同行したピアサポーターの経験を交えた心理的なサポートもあった。

地域移行支援の申請から3か月後，日中通う場

や住む場所の検討のために，**地域活動支援センター**の体験利用やグループホームでの体験宿泊を行った。グループホームでの体験宿泊では，Ｕさんはどのように時間を過ごせばよいのか分からず困っていた。しかし，ピアサポーターＨさんが訪ねてくれ，食事を共にしながらテレビを観るといったように，病院では感じられない自由な一人暮らしのイメージをつかむことができてきた。

外泊や体験利用を重ね，Ｕさんには自信が生まれてきた。これから，アパートの契約や必要な生活用品の購入などを行う必要があり，アパート契約後に再び体験宿泊が必要となる。指定一般相談支援事業者は，地域移行に向けた支援を行いながら，必要に応じて地域移行支援計画の見直し・修正を行う。体験宿泊の日数を増やし，徐々に一人暮らしに慣れていく段階の今，関係機関が一丸となってＵさんの退院支援に尽力している。

## 援助の焦点：家族への支援

第7章でソーシャルワークが働きかける対象は障害者本人のみならず，家族に焦点を合わせることがあると述べた。Ｕさんの場合も，Ｕさん自身への支援と並行して，Ｕさんの母親や妹との面談を精神保健福祉士が行っている。

Ｕさんが退院して地域生活をスタートさせるには，母親の不安を解消することも欠かせない。Ｕさんの支援のように他職種・他機関が関わっている場合は，援助プロセスのプランニング（援助計画）で，障害者総合支援法における地域移行支援の流れでは**地域移行支援計画**の作成及び個

別支援会議の段階で，たとえば，Uさんへの具体的及び心理的支援をピアサポーターと相談支援専門員が担当し，Uさんの母親や妹に対する援助をZ精神科病院の精神保健福祉士が担当するといった役割分担を確認することになる。

## Uさんに対する援助プロセス

長期入院のために退院する自信がもてないままだったUさんが，具体的に将来のことを考えはじめたきっかけは，病院の夏祭りで設置された相談コーナーだった。このコーナーの設置は，ソーシャルワークの援助プロセスで考えると，アウトリーチにあたる。関係者や情報に気軽に接する場を設定することは，明確に自発性のない人びとが相談につながる機会をつくる実践例の一つである。

また，Uさんはピアサポーターの支援を得たり，地域活動支援センターやグループホームでの体験を重ねながらアパート生活への自信を深めていった。このような過程はまさにストレングス視点のソーシャルワークであり，アセスメント場面でのエンパワメントをていねいに行っている実践である。

Uさんが退院し地域移行した段階で，Z精神科病院の精神保健福祉士にとってはソーシャルワークの終結となるが，相談支援専門員にとっては新たな援助プロセスが展開されることになる。

| 必ず覚える用語 |
| --- |

- ☐ 医療保護入院
- ☐ ピアサポーター
- ☐ 相談支援専門員
- ☐ 地域移行支援
- ☐ 指定一般相談支援事業者
- ☐ 個別支援会議
- ☐ 地域活動支援センター
- ☐ 地域移行支援計画

Check

**次の文の正誤を答えなさい。**

地域定着支援は，障害者支援施設に入所している障害者や精神科病院等に入院している精神障害者に対して，住居の確保や新生活の準備等について支援するものである。

(答)×：この説明は，地域定着支援についてではなく，地域移行支援についてである。
(第25回社会福祉士国家試験問題57より)

# 就労支援：自閉スペクトラム症をもちながらの就職活動

## この節のテーマ

● 発達障害ゆえの困難にはどのようなものがあるのかを知る。
● 発達障害者支援センターの機能について学ぶ。
● 地域障害者職業センターの機能について学ぶ。
● 発達障害者への支援はどうあるべきか考える。
● 就労支援における社会資源の活用を学ぶ。

### 本人の概要

Dさんは，知的能力に遅れのない**自閉スペクトラム症（アスペルガー症候群）◆1**との診断を受けている（障害者手帳未取得）。自閉症の主な特徴には，①社会性の障害，②言葉によるコミュニケーションの障害，③想像力の障害があると指摘されているが，②を除く特徴にDさんは合致している。Dさんは柔軟に物事に対処することが難しく，予定の変更に混乱してしまう。また対人関係の面では，周りとずれた行動をとってしまったり，場の空気を読むことが苦手である。

Dさんは現在大学3年生。就職活動開始にあたって，自身の将来を具体的に考え始めたところである。

### 生活歴

Dさんが自閉スペクトラム症（当時はアスペルガー症候群という診断名だった）であると専門医から診断を受けたのは中学3年の時だった。小学校時代から勉強はとてもよくできた。特に算数は得意であったし，社会など暗記を要するものも得意だった。一方，体育や音楽など，他者との協力が必要な科目は苦手だった。

小学校高学年時から，クラスメイトから悪口を言われることが増えてきた。また担任もDさんへの対応に困っている様子だった。中学校に進学すると，Dさんへのいじめはエスカレートし，Dさんは頻繁に学校を休むようになる。学校に通っても教室には入れず，保健室で過ごすことも度々だった。

そうした様子を両親は大変心配し，インターネットで調べたところ，発達障害の可能性が考えられた。そこで専門医をたずね，Dさんは診断を受けた。自閉スペクトラム症の診断が出たことで，Dさん自身は，なぜこだわりが強いのか，場の空気を読むことができないかの理由を知ることができた。そのことの意義は大きかったが，様々なことが周囲と同じようにはできず，それゆえ苦労するという点には変わりがない。Dさんは中学校卒業後，通信制高校に入学し，自宅にいる時間が多くなった。高校の進路指導で，就職のために社会福祉の資格取得が役立つと教えられたことが理由となり大学に進学した。

## 支援にたどり着くまで

　大学生活では，教室の移動や休講情報の確認，レポート提出など，これまでの学校生活にはない大きな変化があった。これまで暗記力でなんとか乗り越えた授業も，レポート提出では，調べ・考え・まとめることが求められ，その対応に大変苦労することになる。入学後1年間は退学を考えたほどだったが，**大学での学生相談室**^◆2^を中心とした教職員のサポートに加え，この大学ではウェブ上で時間割や大学から学生へのアナウンス事項が確認できるため，家族と協力してまめに確認することで急な変化への混乱を回避することができていた。学生相談室には学生が気軽に立ち寄れるフリースペースもあり，「授業時間外はこの場所で過ごせる」ということがDさんの安心感になっていく。

　しかし，大学3年生になると進路への不安が増す。自分自身は社会の中で働いていけるのだろうか，自分のやりたいことは何なのだろうかと考えるようになった。

## 発達障害者支援センターによる支援

　学生相談室はDさんとその家族に，県に設置されている**発達障害者支援センター**^◆3^に相談してはどうかと提案した。しかしDさんは，現在何に困っているか整然と説明ができないという不安があるため，どのような困りごとがあるのかを，学生相談室職員と少しずつ整理しはじめた。

1

**◆1　自閉スペクトラム症（アスペルガー症候群）**
アスペルガー症候群とは，言葉の発達や知的発達の遅れは伴わないが，社会性の障害や想像力の障害，こだわりの強さ等といった自閉症の特徴を備えた状態を指す。通常，3歳ぐらいまでの低年齢時に発症する。アスペルガー症候群は，発達障害者支援法における発達障害の定義にも包含されており，発達障害者支援法に規定される支援を受けることができる。なお，アメリカ精神医学会による精神医学の診断基準「DSM」の改訂が2013年に行われた。改訂後の「DSM-5」では，アスペルガー症候群は Autism Spectrum Disorder（日本精神神経学会訳では「自閉スペクトラム症／自閉症スペクトラム障害」）の一部とされた。

2

**◆2　大学での学生相談室**
障害者差別解消法において合理的配慮の提供義務が示され，また，障害のある学生を受け入れている大学等に対しては国あるいは日本私立学校振興・共済事業団からの財政支援が実施されることもあって，大学等での障害学生支援が広がっている。このような動きに先立つ民間の動きとしては，1999（平成11）年に全国障害学生支援センターが設立され，1994年にわかこま情報が発行した『大学案内95年度障害者版　東京編』（翌年からは全国版）を引き継いで毎年度情報を収集して公表している。また，独立行政法人日本学生支援機構が『教職員のための障害学生修学支援ガイド（平成26年度改訂版）』（2014年）を示している。

3

**◆3　発達障害者支援センター**
123頁参照。

発達障害者支援センターでの初回面接は社会福祉士が担当した。社会福祉士は面接において，Dさんのこれまでの生活の様子やどういうつらさや困難があるのかを確認した上で，現在の希望を聞き取っていった。こうしたインテーク面接後，月に1度の相談を行うこととなり，そこでDさんは，まだどのような職業に就きたいかのイメージが明確ではなく，自分にはどんな仕事が向いているのかもはっきりとしないことや，どのようなプロセスを経て就職するのかという点でも不安がある旨を相談した。

社会福祉士はこうした相談を受けて，Dさんの同意を得た上で，県内の**地域障害者職業センター**と連携をとることとなった。地域障害者職業センターの職業カウンセラーは，発達障害者支援センターの社会福祉士と情報を共有しつつDさんの相談に応じることとなった。今後，地域障害者職業センターはDさんに，各種適性検査を用いた職業評価や，職業リハビリテーション計画の作成とそれに基づく職業準備訓練や，**公共職業安定所**（ハローワーク）での求職活動のサポートといった支援展開が可能であることを示した。

また発達障害者支援センターは，生活全般での相談窓口として機能することをDさんに伝えている。大学内での学生相談室に加えて発達障害者支援センターはDさんにとって心強い味方だった。

## 今後に向けて

Dさんは，地域障害者職業センターや発達障害者支援センター，学生相談室や大学内の就職課とも相談しながら，事務関係の仕事に就くことを望むようになった。大学内でのトラブルは入学してからも続いていたが，発達障害者支援センターからの構造化による物事の整理等といった具体的なアドバイスにより，以前よりはストレスが軽減された。今後も就職活動中のDさんにとって何が適切な支援なのか，各種機関が連携の上，考えていく体制がとられつつある。

## 直接援助と間接援助・社会資源の活用

これまでみてきたように，Dさんは両親をはじめとした様々な人びとに支えられていた。大学の教職員のサポートも様々あっただろうが，たとえば，学内でDさんを見かけた時にちょっと気にかけるといった関わりをしていた教職員であれば，そのような支援を提供する人等をインフォーマルな社会資源という。インフォーマルな社会資源の典型例は家族，地域住民やボランティアであり，あるいは，当事者団体等によるボランタリーな活動もその例である。これに対し，行政や社会福祉法人等による各種法制度に基づく公的なサービスのことをフォーマルな社会資源という。

また，大学の学生相談室から紹介された発達障害者支援センターでの個別面談（インテーク面接）では，まず，Dさんの生活状況や困難について丁寧に確認している。そして，構造化による物事の整理等といった具体的なアドバイスも行われている。こういった直接援助と並行して，地域障害者職業センターといったフォーマルな社会

資源と連携をとっている。

　ソーシャルワークの特徴は，直接援助と間接援助の両方を行うことと，社会資源の活用である（第7章参照）。Dさんの例でも，学生相談室はDさん自身への直接援助の他，教職員へのサポート要請等の間接援助を行っており，発達障害者支援センターというフォーマルな社会資源を活用している。今後のDさんの就職活動や，就職後の職業生活においても，Dさん自身を支えることと，職場等のDさんを取り巻く環境に働きかけること，そして，フォーマル・インフォーマル両方の社会資源を活用しながら援助が展開されることであろう。

## 必ず覚える用語

- ☐ 自閉スペクトラム症（アスペルガー症候群）
- ☐ 発達障害者支援センター
- ☐ 地域障害者職業センター

### Check

**次の文の正誤を答えなさい。**

　市町村は，発達障害者への相談支援，就労支援，発達支援等を行う発達障害者支援センターを設置しなければならない。

（答）×：発達障害者支援センターは，市町村設置ではなく都道府県設置のため。
（第22回社会福祉士国家試験問題134より）

## 間違いやすい用語

### 「障害者職業総合センター」と「地域障害者職業センター」

------------------------------

障害者職業総合センターは日本で1か所であり，職業リハビリテーションに関する研究開発を軸に，各機関への指導助言等を役割とするのに対し，地域障害者職業センターは都道府県に1か所設置され，地域に密着した職業リハビリテーションを実施する。

## 間違いやすい用語

### 「フォーマルな資源」と「インフォーマルな資源」

------------------------------

「フォーマルな資源」とは行政や社会福祉法人等による，各種法制度に基づく公的なサービスを指すのに対し，「インフォーマルな資源」とは当事者団体等によるボランタリーな活動を指す。

### Check

**事例を読んで，この段階における相談支援事業所の相談支援専門員（社会福祉士）の対応に関する次の記述の正誤を答えなさい。**

［事例］
筋萎縮性側索硬化症（ALS）と診断されたEさん（30歳，女性）は，現在，病院に入院中であり退院を控えている。家族は夫と娘（8歳）で，近くに頼れる親戚はいない。Eさんの障害支援区分は現在のところ5であり，障害状況は四肢の運動麻痺があるが，徐々に全身に進行し，将来的には人工呼吸器装着の選択を迫られるとのことである。退院後は，在宅生活を強く希望している。

夫に，仕事を辞め在宅介護に備えることを勧める。

（答）×：まず，家族が介護を抱え込まないように障害福祉サービス等の社会資源の活用を検討することが先である。また，家族も援助の対象であるという視点が必要である。
（第30回社会福祉士国家試験問題60より）

# 第 **3** 節

## 居住支援：在宅療養のために転居した ALS 患者

### この節のテーマ

- ●ALS とはどのような疾患かを知る。
- ●なぜＴさんは人工呼吸器装着にとまどったのかを考える。
- ●介護保険と障害福祉サービスとの対応関係について知る。
- ●ピアサポートの役割と意義について学ぶ。
- ●在宅療養生活をなりたたせるための多職種連携を学ぶ。

## 本人の概要

Ｔさん（女性43歳）は **ALS**◆1（筋萎縮性側索硬化症）に罹患している。約10年前に離婚し，長女（18歳）がいる。Ｔさんは現在，賃貸住宅に独居で住み，様々な制度やサービスを組み合わせて暮らしている。長女は居住地近隣県の看護専門学校で学んでおり，学生寮で暮らしている。

## 診断に至るまでと診断直後

Ｔさんは１年前から手に持っているものをよく落としたり，腕が上がらなくなるといった症状が出始めていた。疲れなのかと思っていたが，ゆっくり休んでも一向によくならない。近所の整形外科等を転々とした後に大学病院神経内科での検査入院の結果，ALS と診断を受けた。

ALS は現時点では治療法のない病気であり，進行性でいずれ呼吸筋を含むすべての筋肉に麻痺が生じる。このことを医師から告げられたＴさんは，将来に対し悲観に暮れてしまった。そして，あらゆる介護が必要になることは，長女の進路選択に大きな影響を及ぼしてしまうとＴさんは考

え，この時点では「人工呼吸器をつけて生きたい」と伝えることができなかった。

Ｔさんには生活上のことで心配になることが他にもあった。住まいのことである。Ｔさんは当時，エレベーターのない民間賃貸アパートの２階に住んでおり，階段の上り下りに支障を感じていた。医師の説明から，この身体状況は良くならずにむしろ悪化することを理解したＴさんは，途方に暮れてしまった。

## 検査入院の退院後のＴさんの奮闘

Ｔさん自身も長女も診断結果の動揺を抱えたままではあったが，退院後はしばし日常生活に戻ることで気が紛れる面もあった。Ｔさんの職場に相談すると，幸い理解を得られ，業務内容や仕事時間を軽減しながら通院を続けた。通院には約２時間かかるため，病院に行く日は仕事を休まなければならなかった。

長女は高校卒業後の進路を考えていた。早く経済的自立をして母親に楽をさせたいので，奨学金を得ながら学ぶことができる看護学校への進学を希望していた。その学校はＴさんの居宅からは離れており，長女は学生寮に入るつもりであった。

しかし，その夢は諦め，一人娘である自分がＴさんの面倒をみなければいけないのではないかと悩んでいた。

　Ｔさんの頭を悩ましているもう一つの問題，つまり，住まいの問題も暗礁にのりあげていた。身体状況や通院のことも考慮し，Ｔさんは引越しを考え始め，大学病院近くの不動産屋を訪ねた。ところが，転居理由を話すと難色を示され，なかなか物件を紹介してもらえない。

　そうこうしている間に徐々に麻痺が進み，ある日アパートの階段で転倒したＴさんは，急遽，診断を受けた病院に入院することになった。

## ▌Ｔさんの苦悩

　入院早々に，Ｔさんは医療ソーシャルワーカー（MSW）と面談をした。MSW はＴさんのこの間の奮闘を労い，今後の意向をたずねた。Ｔさんは告知直後の動揺を抑えてここまで気丈に振舞ってきた緊張が緩み，また，長女の将来や住まいのことを考えると，このまま入院し続けられないだろうかと言った。

　MSW は，「今の状況でＴさんが入院を希望されるお気持ちになることはわかります。でも，Ｔさん，本当に病院で過ごしたいのですか，それとも，住み慣れたお住まいのある地域で暮らしたいですか」と問いかけた。Ｔさんは「それはもちろん，今，暮らしている場所で暮らし続けたいですよ！　でも，無理じゃないですか！」と泣き出してしまった。MSW はＴさんが落ち着くまで待って言った。「そうですね，Ｔさんと娘さんだけで

1

◆1　ALS（筋萎縮性側索硬化症）
随意運動を司る運動神経細胞が進行性に変性・消失していく原因不明の神経難病。主に中年以降に発症する。主な症状は筋肉の萎縮と筋力低下であり，四肢や言葉，嚥下，呼吸など様々な面で障害が生じる。排尿・排便機能には障害が見られないが，腹筋の減退により導尿や摘便などのケアが必要になる。そして感覚には障害をきたさない。痛み，痒さ，不快感，暑さ，寒さなどは健常者と同様に感じ取る。

頑張ろうとしても無理ですね。……実は，Ｔさんのお住まいの近隣市にご自宅で様々なサポートを得ながら暮らしている ALS 患者のＭさんがおられます。ＭさんやＭさんを支えている方たちの協力を得ることで，Ｔさんの退院後の生活を支えることができるのではないかと私は考えています。Ｔさん，どのようなことを『無理』だとお感じになっているのか，3日後にまたお話ししませんか」。

3日後，Ｔさんはすっきりした表情で医療相談室にあらわれた。診断されてからどこにも吐き出せなかった怒りを表出したことで冷静さを取り戻し，落ち着いて考えることができたのだ。しかし，不安ばかりが先に立って，病を抱えて地域で暮らすことがイメージできない。

そこで，MSW は一度Ｍさん宅を訪問してみたらどうかと提案した。Ｔさんは長女とともにＭさん宅を訪問することになった。

## ALS 患者の自立生活を知る

Ｍさん宅の訪問はＴさんにとって驚くことばかりだった。人工呼吸器を装着したＭさんは，訪問看護はもちろん**介護保険**[◆2]の訪問介護の他に障害者総合支援法に基づく重度訪問介護も利用しており，介護を担っているのは同居しているＭさんの妻だけではなかった。また，Ｍさんの娘は別の地方で仕事をしており，休みの日に時折帰ってくることをＭさん夫婦は楽しみにしていた。

さらにＭさんはスイッチで操作するパソコンを使って ALS 患者当事者の会の活動をしたり，友人がしばしば訪ねてきては趣味の囲碁を楽しんだりしているという。Ｔさん親子はＭさんの暮らしぶりに圧倒されてしまった。

Ｍさん宅から病院への道すがら，長女はやはり看護学校へ進学したいとＴさんに告げた。Ｔさんもまた気持ちが動いたことを感じていた。生活の中に福祉サービスが入りつつ，自分らしく暮らすイメージがつかめたのである。

## 退院後の生活構築にむけた
## カンファレンス

Ｔさんは MSW にＭさん宅への訪問の感想を伝え，Ｍさんを紹介してくれたことを感謝した。そして，転居を希望すること，長女の進学に伴い独居になることを告げた。そこで，まず，介護保険の要介護認定申請や身体障害者手帳交付申請をすることにした。

そして，MSW は，居宅介護支援事業所のケアマネージャー，基幹相談支援センターの相談支援専門員，病院内でＴさんのリハビリテーションを担当している作業療法士，Ｔさんと長女でカンファレンスを実施することにした。

入院中にＴさんの病状は徐々に進行しており，訪問介護と訪問看護を利用することになった。介護保険サービスの調整はケアマネージャーの担当である。住環境の整備については，住まいを探すサポートは相談支援専門員が担当し，住む場所が決まってからは介護保険の住宅改修の活用と工務店及び福祉住環境コーディネーターの紹介はケアマネージャーが，Ｔさんや介助者の動きやすさ

や道具の工夫のアドバイスを作業療法士が、担当することになった。

このような準備を経てＴさんは退院し、新しい生活を始めた。今後の病状の進行に備え、障害支援区分の申請も行った。そして、長女は看護学校に進学し、Ｔさんから巣立っていった。

## 連携は一日にしてならず

Ｔさんの退院支援に関わった人びとは、これまでＭさんのように地域で暮らす重度障害者に鍛えられてきた過程があり、その結果、Ｔさんを支援する連携がスムーズに展開した。

ケアマネジャーは、これまで介護保険制度の枠組みでのみ援助を考えてきた。しかし、地域包括支援センターが開催した勉強会でＭさんの自立生活を学ぶ機会があり、障害者福祉についての理解を深めていた。

相談支援専門員は、Ｔさんが不動産屋で経験したように、障害者が物件探しで苦労するという問題提起を以前より自立生活センターから受けていた。また、地域包括支援センターから独居高齢者も同様の課題を抱えていることを聞いていた。そこで、協議会での検討を経て、地域の関係者と協力して**居住支援協議会**[◆3]を立ち上げるべく動き始めていた。その準備で知り合った不動産屋がＴさんの物件を紹介してくれたのである。

このように地域における実際的な連携がつながりはじめたところで、Ｔさんの支援が展開されたのである。

2

### ◆2　介護保険
介護保険の被保険者は第１号被保険者と第２号被保険者に分かれる。第２号被保険者は40～64歳までの医療保険加入者であり、このうち、介護保険サービスを受けることができるのは特定疾病が原因で、要支援・要介護状態になった者である。この特定疾病は初老期における認知症など全部で16種類あり、その中にALSも含まれる。よって事例に登場するＴさんは、43歳と若年であるが介護保険サービスを受けることができるのである。

3

### ◆3　居住支援協議会
住宅確保要配慮者居住支援協議会の略称。住宅確保要配慮者の民間賃貸住宅への円滑な入居促進等を図るために、地方公共団体、不動産関係者、居住支援団体等が連携して設立する協議会。「住宅確保要配慮者に対する賃貸住宅の供給の促進に関する法律」第51条に基づいている。2023年3月31日現在、全都道府県の他、87区市町村で設立されている。たとえば、名古屋市住宅確保要配慮者居住支援協議会が作成したガイドブックが参考になる。名古屋市住宅確保要配慮者居住支援協議会 (http://www.city.nagoya.jp/jutakutoshi/page/0000113055.html, 2019年11月26日閲覧)、『居住支援ガイドブックなごや』(http://www.city.nagoya.jp/jutakutoshi/cmsfiles/contents/0000113/113055/gaidobukku201910.pdf, 2019年11月26日閲覧)。

## さらに学びたい人への基本図書

**川口有美子『逝かない身体──ALS的日常を生きる』医学書院，2009年**
ALSにより身体が動かなくなるとはいかなる経験なのか，また家族はどのようにケアし，その人の身体や思いをとらえるのか。ALSに罹患した母親について，発症から自宅で看取るまでを綴る本書から考えることができる。

**ニキ・リンコ・藤家寛子『自閉っ子，こういう風にできてます！』花風社，**
**2004年**
アスペルガー症候群の2人と定型発達の編集者が，自閉症の特徴について語る。一般的に自閉症の特徴には対人関係の困難やこだわりの強さ等があげられるが，本書では特に自閉症の身体感覚や世界観に着目する。

Try! 第8章

問：本章の事例で取り上げられなかった障害に関して，どのような地域相談支援，就労支援，居住支援の事例があるか調べてみよう。

ヒント：各々の支援として共通することと，障害特性によって異なることは何だろうか。

# 第9章

 第**9**章

障害者福祉の担い手

## 本章で学ぶこと

- ●障害者総合支援法の相談支援に関する都道府県と市町村の役割の違いを理解する。（第1節）
- ●障害者総合支援法における相談支援の体系を理解する。（第2節）
- ●地域生活支援に向けた体制整備の視点から協議会等を理解する。（第3節）
- ●様々な専門職についてその業務を学ぶ。（第4節）
- ●当事者団体等にはどのような組織があるかを理解する。（第5節）

# 第1節 相談支援事業の実施枠組み

○ この節のテーマ
- ● 相談支援に関する国−都道府県−市町村の役割の違いを理解する。
- ● 相談支援事業の変遷を学ぶ。
- ● 基幹相談支援センターに求められていることを考える。

## 相談支援事業の変遷

現代の社会福祉の実施体制は, 国および地方公共団体の責務を, 福祉サービスを実際に提供することよりむしろ, 福祉サービスの提供体制を確保することにシフトさせている。

障害者福祉施策においても, 障害のある人にとって最も身近な自治体である市町村が制度の給付及び地域生活支援事業を行うと位置づけられており, 都道府県は市町村への支援の役割等を, そして国は支給決定等やサービス内容についての基本指針を定める役割等を担っている。

また, 給付される制度に基づいた具体的な福祉サービスの提供は, 行政や社会福祉法人の他, 特定非営利活動法人や株式会社等の多様な運営主体が担っている。

措置制度の時代においては, 福祉事務所, 児童相談所, あるいは身体障害者更生相談所や知的障害者更生相談所といった行政機関が, 障害者に関する相談機関として主要な役割を果たしていた。現在においても, たとえば**身体障害者更生相談所**（都道府県の設置義務）は, 身体障害者の医学的・心理的及び職能的判定や, 必要に応じた補装具の処方及び適合判定等も行っているが, 市町村相互間の連絡調整や市町村に対する情報の提供といった内容も規定されている（身体障害者福祉法, 第5章第2節参照）。

このような行政の相談機関以外に,「障害者プラン」（1995年）で創設された次のような事業があった。すなわち, 身体障害者を対象とした「市町村障害者生活支援事業」（市町村が実施主体），知的障害者・障害児を対象とした「障害児（者）地域療育等支援事業」（都道府県が実施主体），精神障害者を対象とした「精神障害者地域生活支援事業」（実施主体は, 地方公共団体及び精神障害者社会復帰施設を運営する非営利法人）である。これらの事業の具体的な運用は, 社会福祉法人や特定非営利活動法人への委託も可能であった。

そして, 障害者自立支援法の枠組みでは, 相談支援事業は**地域生活支援事業**に位置づけられ, 障害種別にかかわらず市町村に一元化された。2012（平成24）年からはさらに相談支援が強化され, 総合支援法に引き継がれている。相談支援事業は, 地域生活支援事業の必須事業として位置づけられている。

## 市町村における相談支援事業

市町村地域生活支援事業の必須事業として相談支援事業がある。その事業内容には, 基幹相談支援センター等機能強化事業と住宅入居等支援

事業（居住サポート事業）がある。前者の事業において，市町村は，**基幹相談支援センター**を設置することができる。

基幹相談支援センターは，地域の相談支援の拠点として，総合的な相談業務及び成年後見制度利用支援事業等を地域の実情に応じて実施することとされている。総合的な相談業務であることから，福祉サービス事業者，医療機関，民生委員，身体・知的障害者相談員等との連携に努めなければならないと規定されている。

また，2012年10月から施行された障害者虐待防止法により設置されることになった市町村障害者虐待防止センターを兼ねることもできる。

さらに，基幹相談支援センターは，2010（平成22）年より法定化された協議会（自立支援協議会）の運営の中心的な役割を担うことも期待されている（協議会については，第3節で述べる）。

相談支援事業が規定されている地域生活支援事業の各地域の実情に応じて展開するという性質上，各市町村において実際にどのような相談支援体制を構築するのか，すなわち，市町村直営で実施するのか，それとも社会福祉法人や特定非営利活動法人に委託するのかは，自治体によって異なっている。

このような市町村による相談支援事業の他，相談支援事業者が第一線の相談の担い手となっている（相談支援事業者の指定や種類については第2節で述べる）。

## 都道府県における相談支援事業

都道府県地域生活支援事業は，専門性の高い相談支援事業や，障害福祉サービスや相談支援に携わる人々の育成や研修等を行う。

専門性の高い相談支援事業としては，**発達障害者支援センター運営事業**（根拠法：発達障害者支援法），**高次脳機能障害及びその関連障害に対する支援普及事業**，**障害児等療育支援事業**，**障害者就業・生活支援センター事業**（根拠法：障害者の雇用の促進等に関する法律）がある。

以上の専門性の高い相談事業が必須事業であるのに対し，障害福祉サービスや相談支援に携わる人々の育成や研修は任意事業となっている。研修事業には，次のようなものがあげられる。障害支援区分認定調査員等研修事業，相談支援従事者研修事業，サービス管理責任者研修事業，居宅介護従事者等養成研修事業，強度行動障害支援者養成研修事業，身体障害者・知的障害者相談員活動強化事業，音声機能障害者発声訓練事業，等。

任意事業とはいえ，第2節で述べる相談支援専門員やサービス管理責任者の要件には該当する研修を修了することが含まれており，研修実施の主体である都道府県の役割は重要である。

地域生活支援事業の他，都道府県は障害福祉サービス事業者等の指定を行っており，これらの事業者に対し指導・監査を実施し，基準に従って適正な運営がされていないときには，基準を遵守するよう勧告・命令をすることができる。

# 第2節 相談支援の体系

## この節のテーマ
- 障害者総合支援法における相談支援の種類を学ぶ。
- 相談支援専門員の業務を学ぶ。
- サービス等利用計画と個別支援計画の違いを理解する。

## 相談支援事業者

「障害者総合支援法」における相談支援体系は，①市町村による相談支援事業，②サービス等利用計画，③地域移行支援・地域定着支援の３つから構成されている。各々を実施する事業者及び事業者指定権者と，担当する相談事業については，**図9-1**の通りである。

相談支援には，①基本相談支援，②計画相談支援，③地域相談支援がある。基本相談支援と計画相談支援を行う事業を**特定相談支援事業**といい，基本相談支援と地域相談支援を行う事業を**一般相談支援事業**という。各々の事業を実施し，障害者総合支援法による相談支援給付に該当するとして指定されたものを，**指定特定相談支援事業者**，**指定一般相談支援事業者**という。

## 相談支援の種類

相談支援の説明は第４章第３節にもあるが，相談事業の担い手をみる上でも再確認をしておく。
**基本相談支援**とは，まさに基本的な相談支援事業で，地域の障害者等の福祉に関する問題について，障害者等，障害児の保護者または障害者等の介護者からの相談に応じ，必要な情報の提供及び助言を行う。そして，相談者と関係機関（市町村，障害福祉サービス事業者，障害者支援施設等）との連絡調整等を行う。

**計画相談支援**には，サービス利用支援と継続サービス利用支援がある。ケアマネジメントのプロセスに照らし合わせれば，サービス利用支援はアセスメント及びサービス利用計画の作成とサービス調整に，継続サービス利用支援はモニタリングと再アセスメントに該当する。

サービス利用支援では，サービスの利用意向の聴取やアセスメントを行いサービス等利用計画案を作成する。サービス等利用計画案は，介護給付等の支給決定に先立ち作成される。さらに，作成されたサービス等計画利用案に基づき，サービス担当者会議を経るなどして，具体的な障害福祉サービス等の種類及び内容や担当する者等を記載した**サービス等利用計画**を作成する。なお，サービス等利用計画は，利用者やその家族・自らが作成することもできる（セルフプラン）。

**地域相談支援**には，地域移行支援と地域定着支援がある。地域移行支援は，施設や病院から地域生活に移行するための活動に関する相談等を行

| | 障害者 | 障害児 | |
|---|---|---|---|
| 市町村による相談支援事業 | 市町村／指定特定（計画作成担当）・一般相談支援事業者（地域移行・定着支援）に委託可<br><br>○障害者・障害児等からの相談（交付税） | | |
| サービス等利用計画 | 指定特定相談支援事業者（計画作成担当）<br>※事業者指定は，市町村長が行う。<br><br>◎計画相談支援 ( 個別給付 )<br>　・サービス利用支援<br>　・継続サービス利用支援<br>○基本相談支援(障害者等からの通常の相談) | 居宅サービス | 指定特定相談支援事業者（計画作成担当）<br>※事業者指定は，市町村長が行う。<br><br>◎計画相談支援 ( 個別給付 )<br>　・サービス利用支援<br>　・継続サービス利用支援<br>○基本相談支援(障害者等からの通常の相談) |
| | | 通所サービス | 障害児相談支援事業者【児童福祉法】<br>※事業者指定は，市町村長が行う。<br><br>◎障害児相談支援 ( 個別給付 )<br>　・障害児支援利用援助<br>　・継続障害児支援利用援助 |
| | | ※障害児の入所サービスについては，児童相談所が専門的な判断を行うため，障害児支援利用計画の作成対象外 | |
| 地域移行支援・地域定着支援 | 指定一般相談支援事業者（地域移行・定着担当）<br>※事業者指定は，都道府県知事が行う。<br><br>◎地域相談支援 ( 個別給付 )<br>　・地域移行支援(地域生活の準備のための外出への動向支援・入居支援等)<br>　・地域定着支援(24 時間の相談支援体制等)<br>○基本相談支援(障害者等からの通常の相談) | 事業者（担い手：実施機関） | |

図9-1

**相談支援事業者**

出所：東京都社会福祉協議会（2013）『障害者総合支援法とは…』東京都社会福祉協議会，16頁。

う。地域定着支援は，地域での暮らしを継続するために，居宅において単身または同居している家族の障害・疾病等のため，緊急時の支援が見込めない状況で生活する障害者に対し，常時の連絡体制を確保し，緊急の事態が生じた場合に相談等を行う。

## 相談支援事業の担い手

　個別の障害者等に相対して相談支援を担う人は，**相談支援専門員**である。相談支援事業所ごとに専ら相談支援の職務に従事する者をおかなければ障害者総合支援法の指定を受けることができない。

　相談支援専門員の要件は厚生労働省令で定められており，障害者の保健・医療・福祉・就労・

教育の分野における実務経験が 3 〜10年以上あること（業務内容や有資格者か否かによって期間が異なる），相談支援事業者初任者研修を修了することが要件となる。また，相談支援従事者現任研修を 5 年に 1 回以上受講しなければならない。

## 相談支援と
## 福祉サービス事業者との関係

　ところで，障害福祉サービス事業者には，それぞれの事業所に**サービス管理責任者**（療養介護，生活介護，共同生活介護，自立訓練，就労移行支援，就労継続支援，共同生活援助など）や，**サービス提供責任者**（居宅介護の各事業）をおかなければならない。サービス管理責任者は個別支援計画を，サービス提供責任者は居宅介護計画等を作

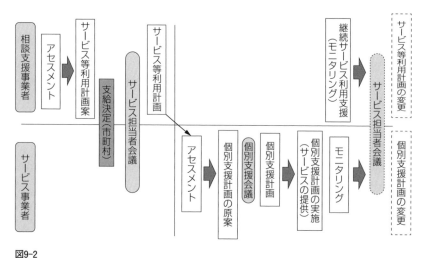

図9-2
指定特定相談支援事業者（計画作成担当）と障害福祉サービス事業者の関係
出所：平成23年10月31日厚生労働省障害保健福祉関係主管課長会議等資料。

成することが業務となる。

　ここで，相談支援専門員が作成するサービス等利用計画と**個別支援計画**あるいは居宅介護計画等との関係を整理しておく（**図9-2**）。個別支援計画あるいは居宅介護計画等は，当該事業所内でのサービス提供に関する計画であるのに対し，サービス等利用計画は複数事業所や障害者総合支援法以外の社会資源をも含んだ計画となる。

## ▌相談支援の基本姿勢

　以上みてきたように，障害者総合支援法では，相談支援に関して様々な種類を設定し，相談支援の担い手の役割分担を規定している。しかし，相談支援すなわちソーシャルワークは，本来，このように分断されて展開するものではない。

　どのような立場で相談支援を担うとしても，あるいはサービス事業者で個別支援計画を立てる場合であっても，第7章で紹介したソーシャルワークの知見を踏まえて実践することが肝要である。

# 第3節 協議会

## この節のテーマ

● 協議会に求められている役割や機能を理解する。
● 協議会が有効に運営されるにはどのような取り組みが必要か考える。
● 地域生活支援拠点等の5つの機能を把握する。
● 協議会，基幹相談支援センター，地域生活支援拠点等の位置づけと関連を理解する。

## 協議会の概要

　障害者総合支援法では，地域の関係者が集まり，個別の相談支援の事例を通じて明らかになった地域の課題を共有し，その課題を踏まえて，地域のサービス基盤の整備を進めていくために，関係機関等により構成される**協議会**が設置されている。これは，2010（平成22）年の法改正により2012（平成24）年より法定化された**自立支援協議会**を引き継ぐものである。ここでは市町村の協議会について概説する。

　障害者等への支援体制の整備を図るため，構成員には，関係機関（行政機関，サービス事業者，相談支援事業者等），障害当事者，障害者の家族，障害者等の福祉・医療・教育・雇用に関連する職務に従事する者，その他の関係者といった，当該自治体の障害者に関わる様々な立場の者が規定されている。

　協議会の役割として期待されていることは次の通りである。

・サービス等利用計画等の質の向上を図るための体制整備
・地域移行支援や定着支援を効果的に実施する

ための相談支援事業者，病院，施設，事業所等による地域移行のネットワークの強化
・地域の社会資源の開発
・障害者虐待防止等のためのネットワークの強化　等

## 地域生活支援の体制整備

　協議会は，障害当事者も含め，福祉分野のみならず多様な分野の関係者が同じテーブルに着き，個別の課題から地域課題を見出し，社会資源のネットワーク化や開発を視野にいれて総合的に議論し，当該地域における体制整備を検討する場である。

　このような協議会に加え，基幹相談支援センター（第9章第1節）と地域生活支援拠点等の整備が市町村に対して努力義務化される（**図9-3**）。

　地域生活支援拠点等は，障害者総合支援法制定時の附帯決議を受けて開催された「障害者の地域生活の推進に関する検討会」（2013〔平成25〕年度）を経て，第4期障害福祉計画（2015〔平成27〕～2017〔平成29〕年）で新規事業として提示された。障害者の重度化・高齢化や「親なき後」を見据えた居住支援のための5つの機能——①

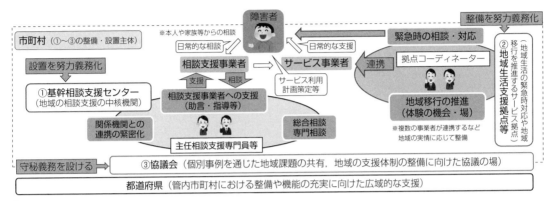

**図9-3**
**本人・家族等の支援に向けた体制整備のイメージ**
出所：社会保障審議会障害者部会（2023）「資料1　障害者の日常生活及び社会生活を総合的に支援するための法律等の一部を改正する法律の施行に関する政省令事項について」5頁（https://www.mhlw.go.jp/content/12601000/001112946.pdf，2023年8月15日閲覧）。

相談，②緊急時の受け入れ・対応，③体験の機会・場，④専門的人材の確保・養成，⑤地域の体制づくり──をもつ場所や体制として整備が目指されたが設置数が延びず，2024（令和6）年施行の障害者総合支援法改正において市町村の努力義務となった。

　自立支援法とその枠組みを引き継ぐ障害者総合支援法では，制度上，日中活動の場と生活の場を分離することにより利用者の選択の可能性を増やして地域移行を進めることが目指された。しかし，諸制度やサービスがバラバラに提供されているままだと安心できる地域生活は成り立たない。そのため，相談支援の強化が進められてきたが，地域生活を支えるもう一つの柱であるサービス提供の側面を市町村で支える仕組みとして地域生活支援拠点等が位置づけられている。

### 必ず覚える用語

- ☐ **協議会**
- ☐ **自立支援協議会**
- ☐ **基幹相談支援センター**
- ☐ **地域生活支援拠点等**

## Check

**地域福祉の推進に携わる人材や機関に関する次の記述の正誤を答えなさい。**

　「障害者自立支援法の一部改正」により，地域自立支援協議会の設置や運営について，同協議会が障害者に対する直接的な相談支援機能を有することが法律上明記された。

（答）×：協議会は直接的な相談機能を有していない。求められているのは，調整機能，開発機能，教育機能，権利擁護機能，評価機能である。
（第24回社会福祉士国家試験問題39より）

# 第 **4** 節 様々な専門職との連携

## この節のテーマ

- どのような相談援助の専門職があるのか学ぶ。
- どのようなリハビリテーション専門職があるのか学ぶ。
- 地域での日常生活を支える専門職について知る。
- 障害福祉サービス事業者や行政機関等に配置される職種を知る。
- 多職種連携の意義を確認する。

## 相談援助の専門職

相談援助の専門職の総称をソーシャルワーカーといい, 国家資格では社会福祉士と精神保健福祉士がある。いずれも業務独占資格ではなく名称独占資格, つまり医師のように有資格者でなければ当該業務に携わることができないのではなく, 資格を有していない者であってもたとえば相談業務に携わっても差し支えないが, 社会福祉士を名乗って業務にあたってはいけないという資格である。

**社会福祉士**は, 1987年に制定された「社会福祉士及び介護福祉士法」によって規定された国家資格である。同法では「社会福祉士の名称を用いて, 専門的知識及び技術をもつて, 身体上若しくは精神上の障害があること又は環境上の理由により日常生活を営むのに支障がある者の福祉に関する相談に応じ, 助言, 指導, 福祉サービスを提供する者又は医師その他の保健医療サービスを提供する者その他の関係者との連絡及び調整その他の援助を行う」と規定されている。

**精神保健福祉士**は, 精神保健分野に特化した社会福祉専門職で, 1997年に制定された「精神保健

福祉士法」によって規定された国家資格である。同法では, 「精神保健福祉士の名称を用いて, 精神障害者の保健及び福祉に関する専門的知識及び技術をもって, 精神科病院その他の医療施設において精神障害の医療を受け, 又は精神障害者の社会復帰の促進を図ることを目的とする施設を利用している者の地域相談支援の利用に関する相談その他の社会復帰に関する相談に応じ, 助言, 指導, 日常生活への適応のために必要な訓練その他の援助を行う」と規定されている。

ソーシャルワーカーは様々な幅広い分野で活動している。たとえば, 小・中学校や高等学校で活動しているスクールソーシャルワーカーや, 病院等に勤務している医療ソーシャルワーカー（MSW）等がいる。

**医療ソーシャルワーカー（MSW）**は, 「医療ソーシャルワーカー業務指針」（厚生労働省保健局長通知）において, 「保健医療の場において, 社会福祉の立場から患者のかかえる経済的, 心理的・社会的問題の解決, 調整を援助し, 社会復帰の促進を図る」こととされている。必要に応じて相談支援専門員等と連携をとりながら, 患者や家族と地域の社会資源を適切に結びつけ, ソーシャルワークの視点に立った退院援助を行うことが

求められる。

## リハビリテーション専門職

　リハビリテーション分野では医師や看護師の他に，以下のような国家資格を有する様々な専門職が存在する。

　**理学療法士**は，身体に障害のある者に対して，移動能力の獲得に主眼を置きながら，機器（温める・電気・超音波）を使ったり，運動メニューを処方する（筋力強化・バランス訓練・動作訓練）等の直接介入をすることで関節の動きを良くしたり，痛みの改善をすること等を通して，日常生活が良くなるように動作の改善を目指す理学療法を行う。

　**作業療法士**は，身体または精神に障害のある者，またはそれが予測される者に対し，その主体的な生活の獲得を図るため，諸機能の回復，維持及び開発を促す作業活動を用いて治療・指導・援助を行うことを業務としている。具体的には，手芸や工作等の作業，食事や洗面など日常生活動作，レクリエーションなど人間の生活全般に関わる幅広い援助を行っている。

　**義肢装具士**は，利用者の体の状態や身体機能を適切に見極めて義肢装具や福祉用具の選定・作成を行う。

　**言語聴覚士**は，脳梗塞等の後遺症で言語障害が生じた場合や，児童のことばの発達の遅れ，声や発声の障害など，コミュニケーションや嚥下に問題がある利用者の社会復帰をサポートし，自分らしい生活ができるように支援することを業務と

必ず覚える用語

- [ ] 社会福祉士
- [ ] 精神保健福祉士
- [ ] 医療ソーシャルワーカー（MSW）
- [ ] 理学療法士
- [ ] 作業療法士
- [ ] 義肢装具士
- [ ] 言語聴覚士
- [ ] 介護福祉士
- [ ] 医療ケア
- [ ] 居宅介護従事者（ホームヘルパー）
- [ ] 生活支援員
- [ ] 地域移行支援員
- [ ] 職業指導員
- [ ] 就労支援員
- [ ] 身体障害者福祉司
- [ ] 知的障害者福祉司
- [ ] 精神保健福祉相談員
- [ ] 身体障害者相談員
- [ ] 知的障害者相談員

**Check**

**多職種チームに関する次の記述の正誤を答えなさい。**

　多職種チームによる連携では，チームの各メンバーができる限り同じ役割を果たすように努める。

（答）×：多職種チームによる連携では，各メンバーの異なる役割，すなわちそれぞれの職種による専門性や経験の違いこそが求められている。
（第23回社会福祉士国家試験問題104より）

している。

このようなリハビリテーション専門職は，病院や福祉施設等で活躍している他，近年は地域を基盤としたリハビリテーションが展開され，訪問リハビリテーション等も実施されている。また，従来より地域を活動の場としている医療職に保健師がある。保健師は，保健所や市町村で地域住民の健康管理や保健指導をしたり，地域づくりの活動をしている他，企業等で働いている者もいる。

## 地域での日常生活を支える専門職

**介護福祉士**は，社会福祉士と同様，「社会福祉士及び介護福祉士法」を根拠法とした国家資格である。

介護福祉士は，様々な活動領域において介護サービスを必要とする人々が自らの力で解決できなくなった生活課題を自らの力での解決が可能となるように支援する生活支援の専門職である。同法第2条第2項では次のように規定されている。すなわち，「身体上又は精神上の障害があることにより日常生活を営むのに支障がある者につき心身の状況に応じた介護（喀痰吸引その他のその者が日常生活を営むのに必要な行為であつて，医師の指示の下に行われるもの（厚生労働省令で定めるものに限る。以下「喀痰吸引等」という。）を含む。）を行い，並びにその者及びその介護者に対して介護に関する指導を行う」。

喀痰吸引等の**医療ケア**は，2011（平成23）年の法律改正によって加えられた。これは，生活の中で医療ケアを必要としていた利用者に対して，介護福祉士等に痰吸引や経管栄養といった医療行為を法的に認めたものである。

**居宅介護従事者（ホームヘルパー）**は，高齢者や障害児者宅を訪問し，家事援助，介護，外出援助等を行い，日常生活を支援する介護職員である。介護職員初任者研修等の研修課程を修了することで認められる認定資格である。なお，訪問介護員においても，上記の介護福祉士と同様，一定の教育・研修を受けた者は痰の吸引等の医療行為も認められる。

## 障害福祉サービス事業者等に配置される職種

障害福祉サービス事業者及び障害者支援施設には第2節で述べた通りサービス管理責任者が配置されなければならないが，直接サービスの提供を行う者を**生活支援員**という。各利用者の個別支援計画に沿った支援を行う。この他に，自立訓練（生活訓練）事業には**地域移行支援員**が，就労移行支援事業と就労継続事業には**職業指導員**が，就労移行支援事業には**就労支援員**が配置されている。

これらは利用者と直接的に日々長い時間接する職種であるため，生活支援員等の支援の質を向上させることが，利用者の生活の質の向上に直結する。たとえば，利用者のエンパワメントやストレングスに着目した支援や，ソーシャルワークの観点からサービス管理責任者との適切な役割分担と協働が求められる。

## 行政機関に配置される任用資格

　都道府県が設置する身体障害者更生相談所及び知的障害者更生相談所や福祉事務所に配置されている職員に，**身体障害者福祉司及び知的障害者福祉司**がいる。身体障害者福祉司及び知的障害者福祉司は，社会福祉主事の資格を有しており福祉に関する事業に2年以上従事した者か，医師や社会福祉士等のなかから任用される。市町村の援護の実施や，身体及び知的障害者に関する相談や指導のうち，専門的な知識や技術を必要とするもの等が業務とされている。

　また，精神保健福祉センター及び保健所には，精神障害者やその家族などの精神保健及び精神障害者の福祉に関する相談に応じたり必要な指導を行う**精神保健福祉相談員**が配置されている。精神保健福祉相談員は，精神保健福祉士や政令で定める資格を有する者のうちから，都道府県知事または市町村長によって任命される。

　なお，**身体障害者相談員**あるいは**知的障害者相談員**は，市町村から委託された相談員だが，これは民間の協力者で，特定の機関に配置されるわけではない（110，113頁参照）。

## 多職種・多機関の連携

　第3節で述べた協議会も地域を舞台とした多職種連携の場といえるが，個別の相談支援やリハビリテーションにおいても多職種連携は極めて重要である。そして地域生活支援では，ライフステージのあらゆる場面でのかかわりが必要になるため，教育機関関係者や労働関係機関関係者との連携が欠かせない。たとえば，教育分野では，学校教諭はもちろんのこと，養護教諭との連携も必要であろう。

　ソーシャルワークの主要な技能に社会資源の活用があることを踏まえれば，利用者のニーズと専門機関・専門職を的確につなぐためには，様々な専門職がどのような業務に携わっているのか，そして地域にはどのような関係機関があり，その特色はいかなるものかを把握しておく必要があるだろう。

　利用者のある状況に対して，多職種でチームを組んで対応する場合には，利用者のニーズと援助目的を共有するためにサービス担当者会議を開催することになる。第7章でみたソーシャルワークのプロセスにおける，アセスメントからプランニングの段階で個別支援会議を設定する。よりよい援助を展開するためには，各専門職のアセスメント結果をもちより，援助目標を共有することが不可欠である。個々の専門職がいかに有能であったとしても，利用者のニーズを置き去りにバラバラな目標で援助を実施したら，利用者は困惑してしまう。利用者を中心として目指す方向性を同じくすることで，各専門職の本領を発揮し，単独の専門職だけでは取り組めない課題に関して，各々の力量を足し合わせたもの以上の力を生み出すことが期待できる。

## この節のテーマ

● 障害者団体にはどのようなタイプの団体・組織があるかを理解する。
● どのような当事者団体があるかを知る。
● 社会資源を創ってきた各種団体を知る。
● 特定の課題に取り組んでいる団体・組織を知る。

## 当事者団体

ここまで相談支援の実施枠組みや様々な専門職を概観してきた。これらのいわば職業として障害者福祉に関わる人々に勝るとも劣らない役割を果たしているのが当事者団体である。

障害者自身，あるいは障害者の家族が，各々の当事者として仲間をつくり，自らの権利を主張するために結成された団体には，異なる特色と様々な規模の団体や組織が存在する。小規模なセルフヘルプグループから全国的な組織，あるいは国際的な広がりをもつ組織まで，多種多様である。障害者福祉を実践する上では，自分の地域でどのような当事者団体が活動しているのか把握することは重要なことである。

代表的な当事者団体としては，全日本ろうあ連盟，日本盲人連合会，日本身体障害者団体連合会，全国脊髄損傷者連合会，全国「精神病」者集団，全国精神障害者団体連合会，**ピープルファースト**[◆1]ジャパン，**障害者インターナショナル（DPI）**などがある。

家族の当事者団体としては，全日本手をつなぐ育成会連合会，全国重症心身障害児（者）を守る会，全国肢体不自由児者父母の会連合会，全国精神保健福祉会連合会，全国障害者とともに歩む兄弟姉妹の会などがある。

このような当事者の活動を背景として，自らの経験を活かしながら障害者福祉の実践現場で働き，同様の背景をもつ仲間（ピア）のために支援やサービスを提供する者を**ピアサポーター**という。

## 社会資源を創ってきた各種団体

障害者が地域社会で暮らすために，社会資源を創りだしてきた団体や組織もある。たとえば，**自立生活センター**は，運動体であると同時に地域における自立生活に必要不可欠な支援を障害当事者が担うサービス提供組織でもある（連絡協議会として全国自立生活センター協議会）。

他に，結核回復者による生きる場の確保のための活動を原点として授産施設等をつくってきたゼンコロ，小規模作業所づくりに取り組んできたきょうされん，「福祉就労」ではない社会的事業所づくり等を目指す共同連，全国各地での地域生活支援をより一層推進する活動に邁進する全国

地域生活支援ネットワークなどの団体がある。

　なお，前項の当事者団体でも，各種事業を展開している組織もある（たとえば，各地の手をつなぐ育成会）。

## 特定の課題や関心に焦点化した組織

　当事者団体は，その性質上，自身が障害当事者あるいは障害者の家族が集う組織である。また，第4節で紹介した各専門職は，自己の専門性の維持・向上等のために職能団体を組織している。

　当事者団体や職能団体のように，参加者に共通の背景がある団体とは別に，立場が異なる参加者から構成され，特定の課題に取り組む団体や組織がある。

　たとえば，日本ダウン症協会，日本肢体不自由児協会，日本ALS協会，日本障害者リハビリテーション協会，日本障害者協議会などがある。

　このような全国的な組織以外にも，各地の実情に即したネットワークがある。第3節で述べた協議会のように法律で定められたフォーマルなネットワークの他に，インフォーマルなネットワークが重層的に存在することは，暮らしやすい地域づくりの基盤である。

1

◆1　ピープルファースト
知的障害のある当事者が，自分たちの問題を自分たちで自分たちのために発言するセルフ・アドボカシーの団体。1973年，アメリカのオレゴン州で，知的障害のある人たちの会合で，ある少女が「わたしは，障害者としてではなく，まず人間として扱われたい」と発言したことがきっかけとなって，この運動名が生まれた。

### Check

**障害者運動及び民間活動に関する次の正誤を答えなさい。**

　障害者インターナショナル（DPI）は，1981年の国際障害者年を契機に設立され，身体障害にとどまらず知的障害や精神障害等様々な種類の障害のある人が活動する場となっている。

（答）○：なお，障害者インターナショナル（DPI）の設立・結成の経緯については，33頁を参照。
（第21回社会福祉士国家試験問題95より）

## さらに学びたい人への基本図書

**小島美津子編著『介護・福祉・医療の仕事ガイド』日本実業出版社，2007年**
世の中には実に様々な仕事があり，第9章で述べた専門職はその一部にすぎない。本書は介護・福祉・医療に関する51職種の実像を，取材をもとに簡潔に描いている。仕事ガイドだが，社会資源としての専門職を把握するためのガイドにもなる。
残念ながら，本書は絶版になっている。専門職に関しては，各職能団体がWebページで自らの専門職について紹介している内容が参考になる。また，各種団体・組織もWebページを開設していることが多いので，それらを参照するとよい。

**全国自立生活センター協議会編『自立生活運動と障害文化──当事者からの福祉論』現代書館，2001年**
障害者福祉の進展は，様々な立場の先達による障害者運動抜きには考えられない。本書には，日本の自立生活運動に連なる当事者運動・障害者解放運動を担ってきた29人と15団体が登場する。また，シンポジウム「自立生活運動の21世紀への展望」や戦後障害者運動史年表も掲載された圧巻の書である。

## Try! 第9章

**問：自分が暮らしている地域の，障害者に関連する社会資源を，調べてみよう。**

ヒント：どのような障害福祉サービス事業所があるだろうか，どのような障害者団体があるだろうか。

# さくいん

# 執筆者紹介 （カッコ内は分担）

やました　さちこ
## 山下　幸子 （第4版はじめに，第1章第3節，第2章第2・4節，第3章第1節，第4章第1・2節，第5章第7節，第8章〔共著〕）

2007年　大阪府立大学大学院社会福祉学研究科博士後期課程修了
現　在　淑徳大学総合福祉学部教授，博士（社会福祉学）


たけばた　ひろし
## 竹端　寛 （第1章第2節，第2章第1・3・5節，第3章第2・3節，コラム）

2003年　大阪大学大学院人間科学研究科博士後期課程修了
現　在　兵庫県立大学環境人間学部准教授，博士（人間科学）


おざき　たけし
## 尾﨑　剛志 （第4章第3節，第5章第1～6節，第6章）

2005年　佛教大学大学院博士後期課程社会学研究科社会学・社会福祉学専攻満期退学
現　在　静岡県立大学短期大学部准教授


まるやま　さとこ
## 圓山　里子 （第1章第1節，第7章，第8章〔共著〕，第9章）

東京都立大学大学院社会科学研究科社会福祉学専攻博士課程単位取得満期退学
現　在　新潟医療福祉カレッジ社会福祉科専任講師

新・基礎からの社会福祉④

障害者福祉 ［第4版］

| 2014年2月25日 | 初　版第1刷発行 |
| 2016年2月20日 | 初　版第3刷発行 |
| 2017年4月10日 | 第2版第1刷発行 |
| 2018年4月30日 | 第2版第2刷発行 |
| 2020年3月30日 | 第3版第1刷発行 |
| 2023年2月20日 | 第3版第4刷発行 |
| 2024年2月20日 | 第4版第1刷発行 |

〈検印省略〉
定価はカバーに
表示しています

| 著　者 | 山下　幸子 |
| | 竹端　　寛 |
| | 尾﨑　剛志 |
| | 圓山　里子 |

発行者　杉　田　啓　三

印刷者　田　中　雅　博

発行所　株式会社　ミネルヴァ書房
607-8494　京都市山科区日ノ岡堤谷町1
電話代表　(075)581-5191
振替口座　01020-0-8076

©山下・竹端・尾﨑・圓山, 2024　　創栄図書印刷・新生製本

ISBN978-4-623-09686-2

Printed in Japan

# 新・基礎からの社会福祉

**B5判美装**

①社会福祉

●

②ソーシャルワーク

●

③高齢者福祉

●

④障害者福祉

●

⑤社会保障

●

⑥地域福祉

●

⑦子ども家庭福祉

●

⑧権利擁護とソーシャルワーク

ミネルヴァ書房

https://www.minervashobo.co.jp/